THOMAS KIRKALDY · J. KIRKHAM · CHARLES LEONARD KIRKLAND · ARTHUR ALFRED KITCHING · HERMAN KLABER · KLAS ALBIN KLASÉN · GERTRUD EMILIA KLASÉN · HULDA KRISTINA EUGENIA KLASÉN · HERBERT KLEIN · ROBERT J. KNIGHT · LEONARD GEORGE KNIGHT · THEODOR KRAEFF · GEORGES ALEXANDRE KRINS · SIMON KUTSCHER · JOHAN HENRIK JOHANNESSON KVILLNER · BERT W. LACY · SARKIS LAHOUD ISHAQ MOWAD · WILLIAM LAHTINEN · ANNA AMELIA LAHTINEN [illegible] LAITINEN · WILLIAM LAKE · KRISTO LALEFF · LEN LAM · JOHN JOSEPH LAMB · FLETCHER FELLOWS LAMBERT-WILLIAMS · PATRICK LANE · ALBERT ED[illegible] LAROCHE · AUGUST VIKTOR LARSSON · BENGT EDVIN LARSSON · EDVARD A. LARSSON-RONDBERG · ANDREW L. LATIMER · ARTHUR LAW[illegible] MARIE LEFEBVRE · HENRY LEFEBVRE · IDA LEFEBVRE · JEANNIE LEFEBVRE · MATHILDE LEFEBVRE · PAUL GEORGES LEFEBVRE · ANTTI GU[illegible] LEONARD · MATTHEW LEONARD · JAMES LESTER · GEORGE ALFRED LEVETT · RENÉ JACQUES LÉVY · ERVIN G. LEWY · ROBERT WILLIAM [illegible] CHRISTOPHER WILLIAM LIGHT · W. LIGHT · C. LIGHT · AGDA THORILDA VIKTORIA LINDHAL · AUGUSTA CHARLOTTA LINDBLOM [illegible] BENGTSSON LINDELL · ELIN GERDA LINDELL · MICHAEL LINEHAN · LEE LING · WENZEL LINHART · JOHN LINNANE · DAVID LIVSHIN [illegible] ARTHUR LOBB · CORDELIA K. LOBB · A. LOCKE · EDWARD THOMAS LOCKYER · MILTON CLYDE LONG · F. LONG · W. LONG · JOHN DICKSO[illegible] CHARLES ALEXANDER LOUCH · JOHN HALL LOVELL · JOHN LOVELL · JOHAN SVENSSON LUNDAHL · CHARLES LYDIATT · PANAGIOTIS K. LYMPEROPOULUS · [illegible] WILLIAM HENRY LYONS · J. MABEY · MARY MACK · GEORGE WILLIAM MACKAY · WILLIAM DICKSON MACKIE · GEORGE WILLIAM MACKIE · MATTI ALEXANTERI MÄENPÄÄ · JOHN EDWARD MAGUIRE · BRIDGET DELIA MAHON · SIMON MAISNER · THOMAS EDGAR MAJOR · KALLE EDVARD MÄKINEN · JEAN-NOËL MALACHARD · ALBERT MALLET · MARY MANGAN · SERAFINO EMILIO MANGIAVACCHI · ROLAND FREDERICK MANTLE · JOHN STARR MARCH · SARKIS MARDIROSIAN · DMITRI MARINKO · MARIN MARKOFF · J. MARKS · JOHANN MARKUN · G. MARRETT · J. W. MARRIOTT · FREDERICK CHARLES MARSH · DANIEL WARNER MARVIN · LEOPOLD ADOLPHUS MASKELL · J. MASON · DAVID MATHERSON · MONTAGUE VINCENT MATHIAS · NICOLA MATINOFF · WILLIAM JOHN MATTHEWS · ADOLF MATTMANN · JOHN MAXWELL · ARTHUR MAY · ARTHUR WILLIAM MAY · FRANK HUBERT MAYBERY · WILLIAM PETER MAYO · ALFED MAYTUM · THOMAS MCANDREW · WILLIAM MCANDREWS · THOMAS FRANCIS MCCAFFRY · TIMOTHY J. MCCARTHY · FREDERICK MCCARTHEY · W. MCCASTLAN · THOMAS W. MCCAWLEY · ARTHUR GORDON MCCRAE · JAMES MATTHEW MCCRIE · HUGH WALTER MCELROY · MICHAEL MCEVOY · EDWARD JOSEPH MCGARVEY · EROLL V. MCGAW · KATHERINE MCGOWAN · JAMES MCGRADY · J. MCGREGOR · THOMAS MCINTERNEY · PETER DAVID MCKANE · MARTIN MCMAHON · BENJAMIN TUCKER MCMICKEN · JAMES MCMULLIN · WILLIAM ERNEST MCMURRAY · NEAL MCNAMEE · EILEEN MCNAMEE · BRIDGET MCNEILL · WILLIAM MCQUILLAN · WILLIAM ALEXANDER MCRAE · WILLIAM MCREYNOLDS · MARIAN MEANWELL · JOHN MEEHON · ANNIE LOUISE ROWLEY MEEK · ARTHUR MELLOR · ALFONZO MEO · ROBERT MERNAGH · EDGAR JOSEPH MEYER · AUGUST MEYER · ALFRED PIRRIE MIDDLETON · M. V. MIDDLETON · STOYTCHO MIHOFF · LAZAR MINKHOFF · FRANK MILES · GEORGE MILFORD · ROBERT MILLAR · THOMAS MILLAR · FRANCIS DAVIS MILLET · JACOB CHRISTIAN MILLING · WILLIAM EDWARD MINAHAN · IVAN MINEFF · WILLIAM MINTRAM · ABRAHAM MISHELLAMY · HENRY MICHAEL MITCHELL · LAURENCE MITCHELL · MITO MITKOFF · SIGURD HANSEN MOEN · HARRY MARKLAND MOLSON · GIOVANNI MONTEVERDI · JUOZAS MONTVILA · JAMES PAUL MOODY · CLARENCE BLOOMFIELD MOORE · LEONARD CHARLES MOORE · RALPH WILLIAM MOORE · ALFRED ERNEST MOORE · RICHARD HENRY MOORES · DANIEL JAMES MORAN · ERNEST MORAWECK · R. MORELL · ARTHUR HERBERT MORGAN · THOMAS A. MORGAN · CHARLES FREDERICK MORGAN · HENRY SAMUEL MORLEY · WILLIAM MORLEY · ARTHUR MORRIS · W. MORRIS · THOMAS ROWAN MORROW · WILLIAM MOSS · JEAN/JAVIER MOUROS · RAHAMIN HAIM MOUTAL · WILLIAM YOUNG MOYES · THOMAS CHARLES MUDD · THOMAS A. MULLEN · L. MÜLLER · MARY MULLEN · JOSEPH MURDLIN · WILLIAM MCMASTER MURDOCH · PEHR FABIAN OLIVER MALKOLM MYHRMAN · THOMAS FRANCIS MYLES · PENKO NAIDENOFF · TOUFIK NAKHLI · WILLIAM HENRY NANCARROW · MINKO NANKOFF · FRANCESCO LUIGI ARCANGELO NANNINI · MUSTAFA NASR ALMA · NICHOLAS NASSER · SAADE NASSR RIZQ · CHALRES NATSCH · HANNAH NAUGHTON · MICHAEL NAVRATIL · CHRISTO NENKOFF · ISRAEL NESSON · GEORGE NETTLETON · ARTHUR WEBSTER NEWELL · CHARLES THOMAS NEWMAN · JOSEPH CHARLES NICHOLLS · SIDNEY NICHOLLS · ALFRED NICHOLS · A.D. NICHOLS · ARTHUR ERNEST NICHOLSON · MANTA JOSEFINA NIEMINEN · SAMUEL NIKLASSON · AUGUST FERDINAND NILSSON · LISAKKI ANTINO ÄIJÖ NIRVA · MANSOUER NOFAL · JOHN NOON · ROBERT DOUGLAS NORMAN · J. NORRIS · BERTRAM ARTHUR NOSS · RICHARD CARTER NOSWORTHY · JOHAN HANSEN NYSVEEN · TIMOTHY O´BRIEN · THOMAS O´BRIEN · PATRICK DENIS O´CONNELL · MAURICE O´CONNOR · PATRICK O´CONNOR · THOMAS PETER O´CONNOR · WILLIAM FRANCIS NORMAN O´LOUGHLIN · BRIDGET MARY O´SULLIVAN · NILS MARTIN ÖDAHL · CHARLES OLIVE · ERNEST ROSKELLY OLIVE · KARL SIEGWART ANDREAS OLSEN · HENRY MARGIDO OLSEN · OLE MARTIN OLSEN · NILS JOHAN GÖRANSSON OLSSON · ELINA OLSSON · THOR ANDERSON OLSVIGEN · LUKA ORESKOVIC · JELKA ORESKOVIC · MARIJA ORESKOVIC · WALTER HAYWARD ORPET · J. ORR · WILLIAM EDWARD OSBORNE · OLAF ELON OSÉN · ENGELHART CORNELIUS OSTBY · RICHARD OTTER · SERVANDO JOSE FLORENTINO OVIES Y RODRIGUEZ · LEWIS OWEN · REGINALD IVAN PACEY · JEAN BAPTISTE STANISLAS PACHERA · RICHARD CHARLES JOHN PAICE · ALFRED PAIN · CHARLES PAINTER · FRANK FREDERICK PAINTER · JAMES ARTHUR PAINTIN · THOMAS PALLES · ALMA CORNELIA PÅLSSON · GÖSTA LEONARD PÅLSSON · PAUL FOLKE PÅLSSON · STINA VIOLA PÅLSSON · TORBORG DANIRA PÅLSSON · MAIJA EMELIA ABRAHAMINTYTAR PANULA · JAAKO ARNOLD PANULA · ERNESTI ARVID PANULA · JUHA NIILO PANULA · URHO ABRAHAM PANULA · EINO VILJAM PANULA · CLIFFORD RICHARD PARKER · FRANCIS PARKS · WILLIAM HENRY MARSH PARR · FRANK ALFRED PARSONS · EDWARD PARSONS · RICHARD PARSONS · AUSTIN PARTNER · JAKOB PASIC · GEORGE PATCHETT · STEFO PAVLOVIC · VIVIAN PONSONBY PAYNE · EDITH PEACOCK · ALFRED EDWARD PEACOCK · TREASTEALL PEACOCK · ERNEST PEARCE · ALFRED ERNEST PEARCE · THOMAS CLINTON PEARS · OLAF PEDERSEN · ALESSANDRO PEDRINI · GUISEPPE PEDUZZI · EDVARD PEKONIEMI · NIKOLAI JOHANNES PELTOMÄKI · VICTOR PEÑASCO Y CASTELLANA · FREDERICK WILLIAM PENGELLY · THOMAS FRANCIS PENNAL · WILLIAM FARR PENNY · JOHN POOLE PENROSE · ALBERTO PERACCHIO · SEBASTIANO PERACCHIO · JOHN HENRY PERKIN · LAURENCE ALEXANDER PERKINS · RENÉ PERNOT · ALFONSO PEROTTI · WILLIAM CHARLES PERRIN · HUBERT PROUSE PERRITON · H. PERRY · JOSEF PERUSCHITZ · KATIE PETERS · MARIUS PETERSEN · MATILDA PETRANEC · NEDIALCO PETROFF · PASTCHO PETROFF · JOHAN EMIL PETTERSSON · ELLEN NATALIA PETTERSSON · EDWIN HENRY PETTY · ESCOTT ROBERT PHILLIPS · A. G. PHILLIPS · JOHN GEORGE PHILLIPS · WALTER JOHN PHILLIPS · LOUIS PIATTI · POMPEO PIAZZA · WILLIAM JAMES PITFIELD · W. PLATT · VASIL PLOTCHARSKY · EMILIO POGGI · MATE POKRNIC TOME POKRNIC · DIE OPFER · GEORGE POND · MARTIN PONESELL · P. POOK · WALTER CHAMBERLAIN PORTER · THOMAS PORTEUS · THOMAS CHARLES ALFRED PRESTON · ERNEST PRICE · JOHN ARTHUR PRIDEAUX · CHARLES PROCTOR · RICHARD PROUDFOOT · CHARLES WILLIAM PRYCE · PERCY PUGH · FRANZ PULBAUM · USCHER PULNER · JOHN E. PUSEY · ALEXANDER RADEFF · FRANK HENRY RANDALL · JAMES RANSOM · LENA JAKOBSEN RASMUSSEN · ENRICO RATTI · WILLIAM HENRY RATTONBURY · RAIHED RAZI · J. READ · ROBERT READ · JAMES GEORGE REED · THOMAS CHARLES PROWSE REED · DAVID REEVES · F. REEVES · TIDO REKIC · PETER HENRY RENOUF · JONKHEER JOHAN GEORGE REUCHLIN · WILLIAM REVELL · HAROLD J. REYNOLDS · RINALDO RENATO RICALDONE · MARGARET RICE · ALBERT RICE · GEORGE HUGH RICE · ERIC RICE · ARTHUR RICE · EUGENE FRANCIS RICE · JOHN REGINALD RICE · PERCY RICE · EMILE PHILLIPPE RICHARD · JOSEPH JAMES RICHARDS · GEORGE ALBERT RICKMAN · CYRIL G. RICKS · W. RIDOUT · SANTE RIGHINI · ABELE RIGOZZI · SUSANNA JUHANTYTÄR RIIHIVUORI · GILBERT RIMMER · MATTI RINTAMÄKI · SAMUEL BEARD RISIEN · EMMA RISIEN · VICTOR ROBBINS · GEORGE EDWARD ROBERTON · ROBERT GEORGE ROBERTS · FREDERICK ROBERTS · HUGH H. ROBERTS · ALEXANDER A. ROBINS · GRACE CHARITY ROBINS · JAMES WILLIAM ROBINSON · WASHINGTON AUGUSTUS II ROEBLING · REGINALD HARRY ROGERS · WILLIAM JOHN ROGERS · EDWARD JAMES WILLIAM ROGERS · MICHAEL ROGERS · KNUD PAUST ROMMETVEDT · HUGH ROSCOE ROOD · HELENA WILHELMINA ROSBLOM · SALLI HELENA ROSBLOM · VICTOR RICHARD ROSBLOM · GEORGE ROSENSHINE · JOHN HUGO ROSS · MARTIN ROTHSCHILD · ANGELO MARIO ROTTA · ARTHUR J. ROUS · RICHARD HENRY ROUSE · PIERRE ROUSSEAU · ALFRED G. ROWE · EDWARD M. ROWE · HENRY RUDD · ALFRED GEORGE JOHN RUSH · BOYSIE RICHARD RUSSELL · SIDNEY FRANK RUTTER · PATRICK RYAN · TOM RYAN · ARTHUR LARNED RYERSON · AMIN SAAD · KHALIL SAAD · GIOVANNI GIUSEPPE EMILIO SACCAGGI · MATTHEW SADLIER · HARRY SADOWITZ · JOHN GEORGE SAGE · ANNIE ELIZABETH SAGE · STELLA ANNE SAGE · GEORGE JOHN SAGE · DOUGLAS BULLEN SAGE · FREDERICK SAGE · DOROTHY SAGE · ANTHONY WILLIAM SAGE · ELIZABETH ADA SAGE · CONSTANCE GLADYS SAGE · THOMAS HENRY SAGE · KARL JOHAN SALANDER · JOHAN WERNER SALONEN · GOVANNI SALUSSOLIA · HANNA ELIAS SAMAAN · ELIAS SAMAAN · YOUSSEF SAMAAN · OWEN WILMORE SAMUEL · CHARLES SANGSTER · LAZAR SARTORI · WILLIAM HENRY SAUDERCOCK · F. SAUNDERS · WALTER EDWARD SAUNDERS · W. SAUNDERS · D. E. SAUNDERS · FREDERICK CHARLES SAWYER · ROBERT JAMES SAWYER · JAMES SCANLAN · CANDIDO SCAVINO · AUGUST SCHMIDT · ARCHIBALD SCOTT · JOHN SCOTT · ROBERT SCOVELL · TODOR SDYCOFF · CHARLES FREDERICK WADDINGTON SEDGWICK · SIDNEY FRANCIS SEDUNARY · ALFRED HENRY SELF · BETROS SEMAN · GIACOMO SESIA · PERCIVAL JAMES R. SHARP · PATRICK SHAUGHNESSY · HENRY SHAW · THOMAS SHEA · JOHN SHEA · DAHER SHEDID · FREDERICK WILLIAM BLAINEY SHELLARD · JONATHAN SHEPHERD · CHARLES FREDERICK SHILLABEER · CHARLES JOSEPH SHORNEY · SIDNEY CONRAD SIEBERT · WILLIAM BAIRD SILVEY · JOHN SIMMONS · FREDERICK C. SIMMONS · W. SIMMONS · JOHN EDWARD SIMPSON · ORSEN SIRAYANIAN · MAURICE SIROTA · HUSEIN SIVIC · WILLIAM SIVIER · ANTTI WILHELM SIVOLA · ERNST ADOLF SJÖSTEDT · WILLIAM SKEATES · EDWARD SKINNER · WILHELM SKOOG · ANNA BERNHARDINA SKOOG · KARL THORSTEN SKOOG · HARALD SKOOG · MABEL SKOOG · MARGIT ELIZABETH SKOOG · PETCO SLABENOFF · RICHARD JAMES SLEMEN · HARRY JOHN SLIGHT · WILLIAM H. SLIGHT · PETER SLOAN · SELMAN FRANCIS SLOCOVSKI · WILLIAM SMALL · JOHN MONTGOMERY SMART · MILE SMILJANIC · JOHN SMILLIE · JAMES CLINCH SMITH · RICHARD WILLIAM SMITH · LUCIAN PHILIP SMITH · EDWARD JOHN SMITH · WILLIAM SMITH · ERNEST GEORGE SMITH · JAMES M. SMITH · CHARLES SMITH · CHARLES EDWIN SMITH · F. SMITH · J. SMITH · JOHN RICHARD JAGO SMITH · ROBERT G. SMITH · HARRY JOHN SMITHER · THOMAS SMYTH · LUCY VIOLET SNAPE · G. SNELLGROVE · W. SNOOKS · SAMUEL JAMES HAYDEN SOBEY · FRANCIS WILLIAM SOMERTON · WOOLF SPECTOR · WILLIAM AUGUSTUS SPENCER · HENRY JOHN SPINNER · JOHN HENRY STAGG · ALFRED AUGUSTUS STANBROOK · IVAN STANEFF · IVAN STANKOVIC · EDWARD ROLAND STANLEY · SAMUEL WARD STANTON · WILLIAM THOMAS STEAD · SYDNEY FREDERICK STEBBINGS · ROBERT EDWARD STEEL · ALBERT A. STEWART · H. STOCKER · PHILIP JOSEPH STOKES · EDMOND J. STONE · EDWARD THOMAS STONE · THOMAS STOREY · ILIA STOYTCHEFF · IDA SOFIA STRANDBERG · ISIDOR STRAUS · ROSALIE IDA STRAUS · IVAN STRILIC · ELNA MATILDA STRÖM · TELMA MATILDA STRÖM · EDWARD ALFRED ORLANDO STROUD · HARRY JOHN STROUD · JOHN H. STRUGNELL · HARRY ROBERT STUBBINGS · JAMES HENRY STUBBS · S. SULLIVAN · HENRY SUTEHALL JR. · FREDERICK SUTTON · OLOF SVENSSON · JOHAN SVENSSON · W. SWAN · GEORGE SWANE · GEORGE FREDERICK SWEET · J. SYMONDS · SIMON SIVERTSEN SÆTHER · PETER ANDREAS LAURITZ ANDERSEN SØHOLT · GEORGE FREDERICK CHARLES TALBOT · FREDERICK TAMLYN · EMIL TAUSSIG · PERCY CORNELIUS TAYLOR · C. TAYLOR · J. TAYLOR · JOHN TAYLOR · BERNARD CUTHBERT TAYLOR · LEONARD TAYLOR · WILLIAM JOHN TAYLOR · GEORGE FREDERICK TAYLOR · BERTRAM TERRELL · ERCOLE TESTONI · THOMAS MOORE TEUTON · MONTAGUE DONALD THALER · JOHN BORLAND THAYER · THOMAS LEONARD THEOBALD · CHARLES R´AD THOMAS · JOSEPH THOMAS · TANNOUS THOMAS · JOHN THOMAS · ALEXANDER MORRISON THOMPSON · HERBERT HENRY THOMPSON · WILLIAM THORLEY · HARRY JOHNSON THORNE · PERCIVAL THORNEYCROFT · CARLO TIETZ · JUHO TIKKANEN · ARTHUR TIZARD · ROGER TOBIN · LALIO TODOROFF · ERNEST PORTAGE TOMLIN · THOMAS FREDERICK TOPP · ERNST WILHELM TÖRBER · ASSAD TORFA · JAMES ADAMSON TOSHACK · JAMES TOZER · MOSES AARON TROUPIANSKY · STJEPAN TURCIN · RICHARD TURLEY · L. TURNER · WILLIAM JOHN ROBERT TURPIN · DOROTHY ANN TURPIN · CHARLES TURVEY · ROBERTO URBINI · MANUEL RAMIREZ URUCHURTU · ETTORE LUIGI VALVASSORI · AUSTIN BLYLER VAN BILLIARD · JAMES WILLIAM VAN BILLIARD · WALTER JOHN VAN BILLIARD · JOHANNES JOSEF VAN DE VELDE · LEO PETER VAN DEN STEEN · WESSEL ADRIANUS VAN DER BRUGGE · WYCKOFF VAN DER HOEF · JEAN BAPTISTE VAN IMPE · ROSALIE PAULA VAN IMPE · CATHERINA VAN IMPE · PHILEMON VAN MELCKEBEKE · VICTOR VANDERCRUYSSEN · JULIUS VANDERPLANCKE · EMILIE MARIA VANDERPLANCKE · AUGUSTA MARIA VANDERPLANCKE · LEO EDMONDUS VANDERPLANCKE · NESTOR CYRIEL VANDEWALLE · JAMES VEAL · ARTHUR VEAL · THOMAS HENRY EDOM VEAL · H. VEAR · WILLIAM VEAR · OLOF EDVIN VENDEL · HULDA AMANDA ADOLFINA VESTRÖM · ALPHONSE JEAN EUGENE VICAT · PIERRE LÉON GABRIEL VILLVARLANGE · H. VINE · ROBERTO VIONI · JOHANNES VOEGELIN-DUBACH · JANKO VOVK · ACHILLE WAELENS · PERCY WAKE · WILLIAM ANDERSON WALKER · CATHERINE JANE WALLIS · JAMES WALPOLE · CATHERINE WALSH · ARTHUR WARD · J. WARD · EDWARD WARD · PERCY THOMAS WARD · ALBERT WARDNER · JOHN JAMES WARE · WILLIAM JEFFERY WARE · FREDERICK WARE · ROBERT ARTHUR WAREHAM · FRANK MANLEY WARREN · CHARLES WILLIAM WARREN · TOM WARWICK · EDWARD LEWIS WATERIDGE · ENNIS HASTINGS WATSON · W. WATSON · W. A. WATSON · MR. WATTS · YOUSIF AHMED WAZLI · THOMAS HERBERT WEATHERSTONE · S. WEBB · BROOKE HOLDING WEBB · JAMES WEBBER · FRANCIS ALBERT WEBBER · JOHN WEIR · LEOPOLD WEISZ · W. H. WELCH · EDWY ARTHUR WEST · EDWARD H. WHEADON · EDWIN CHARLES WHEELER · PERCIVAL WAYLAND WHITE · RICHARD FRASAR WHITE · ARTHUR WHITE · J. W. WHITE · LEONARD LISLE OLIVER WHITE · FRANK LEONARD WHITE · ALFRED HENRY WHITFORD · GEORGE DENNICK WICK · CHARLES PETER WIDEGREN · GEORGE DUNTON WIDENER · HARRY ELKINS WIDENER · KARL JOHAN WIKLUND · JAKOB ALFRED WIKLUND · HENRY TINGLE WILDE · AARON WILLER · EDWARD WILLEY · CHARLES DUANE WILLIAMS · ARTHUR J. WILLIAMS · HOWARD HUGH WILLIAMS · LESLIE WILLIAMS · SAMUEL S. WILLIAMS · JAMES BERTRAM WILLIAMSON · W. WILLIS · WILLIAM AUDREY WILLSHER · BERTIE WILSON · WILLIAM WILTON · EINAR WINDELØV · ROWLAND WINSER · ALBERT WIRZ · PHILLIPPE WISEMAN · ALBERT ERNEST WITCHER · HENRY DENNIS WITT · CAMILIUS ALOYSIUS WITTEVRONGEL · HENRY WITTMAN · HENRY WOOD · JAMES THOMAS WOOD · FREDERICK WOODFORD · JOHN WESLEY WOODWARD · OSCAR SCOTT WOODY · FREDERICK WILLIAM WORMALD · FREDERICK BERNARD WRAPSON · GEORGE WRIGHT · FREDERICK WRIGHT · JAMES WYETH · ANTONI YASBECK · FRANCIS JAMES YOUNG · GERIOS YOUSSEFF · GERIOS YOUSSIFF · HENRIETTE YVOIS · ORTIN ZAKARIAN · MAPRIEDEDER ZAKARIAN · MINIO ZANETTI · L. ZARRACCHI · LEO ZIMMERMANN

*Eine solche Medaille erhielten alle
Überlebenden der TITANIC–Katastrophe
von der White Star Line*

EIGEL WIESE

TITANIC

VIER TAGE BIS ZUR UNSTERBLICHKEIT

Hamburger Abendblatt | *maritim*

Koehler

„Es war ein Geräusch, als wenn wir über tausend Murmeln führen."

Mrs. J. Stuart White aus Briarcliff Manor über die Kollision

„Ich glaube, der Eisberg hat ein bisschen von der neuen Farbe abgekratzt, und der Kapitän will nicht weiterfahren, bis sein Schiff frisch gestrichen ist."

Ein Kartenspieler im Rauchsalon der Zweiten Klasse

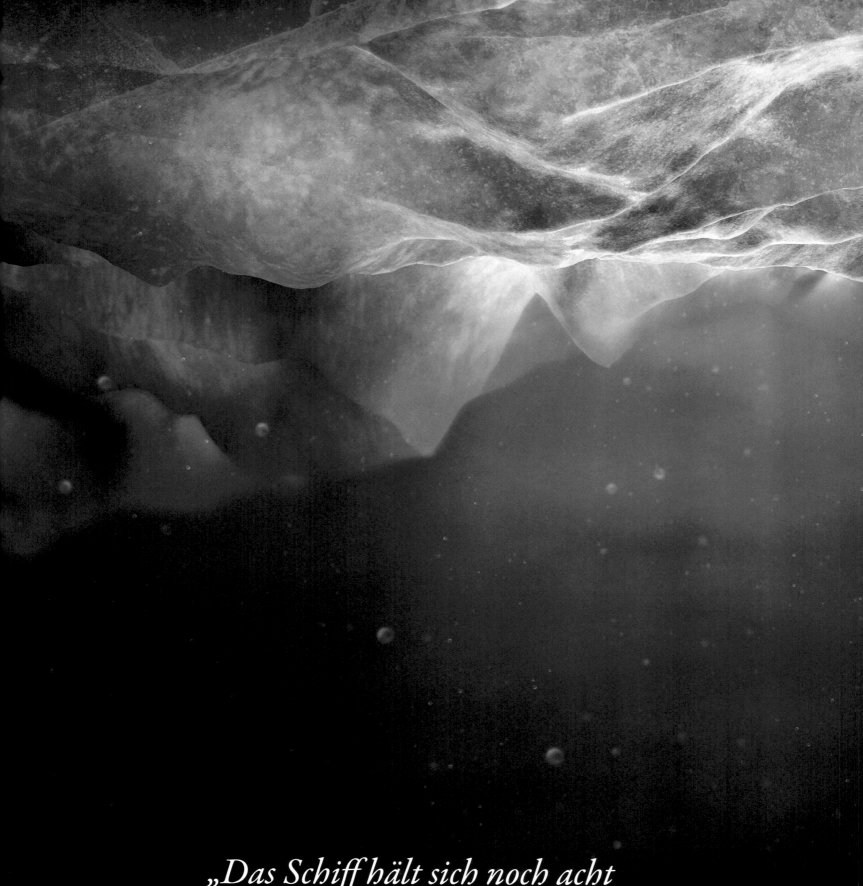

„*Das Schiff hält sich noch acht Stunden über Wasser.*"

Charles M. Hays, Präsident der kanadischen Grand Trunk Railway,
kurz nach Mitternacht. Um 2.20 Uhr sank das Schiff.

„*Ich erinnere mich an die vielen Ehemänner, die dem Boot den Rücken zukehrten, kaum dass es hinabgelassen wurde.*"

Eloise Hughes Smith aus Philadelphia

*„Ich habe nie einen so leuchtenden
Sternenhimmel und so viele
 Sternschnuppen gesehen".*

Elizabeth Shutes, Gouvernante

„*Ich sah wenig an dieser Stelle. Ein paar Bretter, Deckstühle und Kisten. Es sah mehr so aus, als wäre ein alter Fischdampfer untergegangen.*"

Kapitän Lord von der CALIFORNIAN über seine Eindrücke, als er an der Untergangsstelle eintraf.

VORWORT

Bücher über den Atlantikliner RMS Titanic, das berühmte Royal Mail Ship der britischen Reederei White Star Line, sind in den vergangenen hundert Jahren unzählig viele erschienen. Es ging um Theorien des Untergangs ebenso wie um Rivalitäten auf See. Es kamen Augenzeugen zu Wort und berichteten von persönlichen Schicksalen, es wurden weltweit Filme gedreht und gezeigt, Theaterstücke und Musicals aufgeführt. All dies, aber vor allem die Tatsache, dass dieser aufsehenerregende Oceanliner nur vier Tage in Fahrt war, bevor er im Nordatlantik unterging, ließen ihn zum medial meistbeachteten Passagierschiff der Welt werden. Allenfalls die Arche Noah erreichte bisher einen ähnlichen Bekanntheitsgrad.

Bleibt da angesichts des Jahrestages dieser menschlichen und technischen Katastrophe noch etwas Neues zu schreiben? Eine rhetorische Frage, die ich nur mit Ja beantworten kann. Denn es ist genau diese andauernde Faszination, die ich zu erklären versuche. Deshalb habe ich mir in Belfast angesehen, wie sehr die zum Bau der Titanic verwendeten Werftanlagen bis heute Menschen aus aller Welt anziehen, wie die wenigen Häfen, die dieses Schiff während der kurzen Jungfernfahrt anlief, noch immer dieses einmaligen Ereignisses gedenken, und ich habe mit Menschen gesprochen, die sich über diese Faszination ebenfalls ihre Gedanken gemacht haben. Außerdem interessierte mich als Journalist selbstverständlich, wie vor hundert Jahren die Kollegen des beginnenden Kommunikationszeitalters bei diesem ersten weltweiten Medienhype gearbeitet haben.

So ist ein Buch entstanden, das ein ganz anderes Licht auf den Untergang des titanischen Schiffes wirft. Hier stehen weder die Technik noch die Sensation im Vordergrund, hier geht es um Emotionen und um Menschen, die das Unglück miterlebten, die es von außen betrachteten oder an der Konstruktion des Schiffes beteiligt waren.

Zugleich ist damit ein Buch entstanden, das viele Titanic-Begeisterte darüber informiert, wo sie diesem Schiff nahe sein können, wo es Museen und Sammlungen zum Thema gibt und wo ganze Erlebniswelten nachgebaut wurden. Die Begeisterung für den Atlantikliner Titanic, so scheint es mir, ist hundert Jahre nach dem Stapellauf keineswegs geringer geworden. Es scheint gar, als habe der traurige Jahrestag des Untergangs diese erneut entfacht.

Eigel Wiese *Hamburg-Blankenese im Januar 2012*

INHALT

VORWORT	**11**
BELFAST	**15**
Das Werftgelände	17
Ein Besuch auf der Werft	20
Intensive Eindrücke vom Bau bis zum bitteren Ende	23
Leben wie auf dem Ozeanliner	25
Die Werft: gestern und heute	26
WIE ALLES BEGANN	**29**
Männer der ersten Stunde	33
Die Werftarbeiter	34
Dimensionen	39
Zahlen und Technik	40
Stapellauf	42
Größenwahn und Scheitern	44
Die Besatzung	48
LEINEN LOS	**52**
An Bord	55
Wertvolle Ladung	56
Lebensrettende Drinks	59
Prominente Passagiere	63
Man glaubt gar nicht, auf einem Schiff zu sein	64
Verladung von Fracht in Queenstown	69
Das Fotoalbum von Father Brown	70
Die TITANIC-Häfen heute	72
DIE KATASTROPHE WAR NICHT AUFZUHALTEN	**81**
IN DIE BOOTE	**89**
Nur noch Kampf ums Überleben	95
Panik oder Moral	97
DRAMEN IN DEN RETTUNGSBOOTEN	**98**
Gerettet	104
SOS	**106**
Funker	111
Hilfe wäre so nah gewesen	113
Umfassendes Protokoll des Funkverkehrs	114
NÄHER, MEIN GOTT, ZU DIR	**119**
DIE MEDIEN	**123**
Die Katastrophe in zeitgenössischen Zeichnungen	134
Hinterbliebene	136
DIE NEW YORKER UNTERSUCHUNG	**139**
AUSWIRKUNGEN BIS HEUTE	**143**
Wie es heute ist	145
MUSEEN	**147**
Halifax	149
Das Ulster Folk and Transport Museum	150
Museum Branson	153
FILME	**155**
Spielfilme	157
In der Hauptrolle eine Überlebende	158
A Night to Remember	159
TITANIC	160
DIE SUCHE NACH DEM WRACK	**163**
Expedition zum Wrack	165
Das Mützenband und seine Geschichte	166
MYSTERY	**168**
100 FRAGEN	**170**
TITANIC-Vereine	180
Bildnachweis/Quellen/Impressum	181

BELFAST

Nirgendwo ist man der Titanic so nahe wie in der Stadt, in der sie gebaut wurde.

In Belfast den Spuren der Titanic zu entgehen, ist ein schier unmögliches Unterfangen. Man kann dem wohl bekanntesten Schiff der Welt in der nordirischen Hauptstadt schlicht nicht entkommen. Das fällt schon in der Hotelbar kurz nach der Ankunft auf. Im Regal hinter dem Tresen steht unübersehbar eine Flasche Titanic-Whiskey, auf dem Etikett geschrieben mit „ey", wie es sich für ein original irisches Destillat gehört. In der Stadt ziehen rot gestrichene Container mit aufmontiertem Schornstein die Blicke auf sich und werben für Titanic-Bootstouren den River Lagan hinab bis zum Victoria Channel, zu jenen Docks, in denen der Gigant auf Kiel gelegt und nach seinem Stapellauf fertig ausgerüstet wurde. Die legendäre Werft Harland & Wolff gibt es noch immer. Riesig ragen ihre beiden fast 90 Meter hohen modernen gelben Bockkräne mit den Namen Samson und Goliath auf. Schiffe baut das Unternehmen heute nicht mehr, diese kommen nur noch zur Reparatur. Es ist das Schicksal so vieler renommierter europäischer Werften. Asiatische Unternehmen können heute einfach kostengünstiger bauen.

Bevor jedoch in den Sechziger- und Siebzigerjahren des zwanzigsten Jahrhunderts die europäische Werftenkrise begann, nahmen die Schiffsgrößen beständig zu. Damals waren die Docks am Victoria Channel, in denen immerhin einmal das größte Schiff der Welt gebaut wurde, zu klein, weshalb das Unternehmen seine Produktion weiter östlich an den Musgrave Channel verlagerte. Das alte Hauptgebäude an der Queen's Road mit den Büros und Zeichensälen blieb unangetastet, ebenso die zu klein gewordenen Trockendocks an der Clarence Wharf. Auch das Pumpenhaus, von dem aus das Dock gelenzt wurde, blieb erhalten. Lediglich die beiden Schornsteine, aus denen der Rauch der Dampfmaschinen abzog, sind aus Gründen der Baustabilität gesprengt worden, und die alte Helgenbahn, von der die TITANIC nach dem Bau ins Wasser rutschte, muss nun als Parkplatz herhalten.

Für historisch interessierte Menschen ist das ein Glück. Man kann heute zu Fuß durch die alten Anlagen streifen und der Entstehung der TITANIC so nahe sein, wie sonst nirgendwo auf der Welt. Das lockt zunehmend Touristen an. Sie alle wollen mehr von dem Mythos ergründen, der in den vergangenen 100 Jahren rund um dieses Schiff entstanden ist. Woher sie denn kommen, will die junge Touristenführerin wissen. England, Australien, Irland, Kanada, Italien, Deutschland, Österreich wird ihr zugerufen. Gesprochen wird während der zweieinhalbstündigen Führung englisch.

VIELE DER ALTEN WERFTANLAGEN SIND NOCH IMMER ERHALTEN

Die Tour beginnt in der Moderne zwischen neuen Gebäuden mit ausgefallener Architektur.

Dort, wo früher einmal Werftarbeiter an Schiffen von der Größenordnung der TITANIC nieteten, war lange Zeit nur eine Industriebrache übrig geblieben. Seit einigen Jahren entsteht dort ein neuer Stadtteil, der den Namen TITANIC Quarter trägt. Lange hatte man in Belfast alles rund um dieses Schiff geradezu schamhaft verdrängt, bis entsprechende Ausstellungen, Filme, Bücher und Fernsehbeiträge in aller Welt zeigten, welch starkes Interesse auch heute noch besteht und wie sehr das Thema die Menschen noch immer fasziniert. Seither sind die Belfaster geradezu stolz darauf, dass die TITANIC in ihrer Stadt gebaut wurde, und besonders darauf, welch große Leistung die damaligen Ingenieure und Werftarbeiter vollbrachten. Die nordirische Stadt war vor rund 100 Jahren ein Zentrum der fortschrittlichsten Technologie ihrer Zeit.

Die Führerin schließt das grün gestrichene schmiedeeiserne Tor zu dem roten Sandsteingebäude an der Queen's Road auf, in dem nicht nur die Geschäftsführung von Harland & Wolff residierte, sondern auch Buchhalter die Löhne der Arbeiter ausrechneten und diese in Lohntüten durch ein kleines Fenster auszahlten. Auch der alte Zeichensaal mit seiner tonnenförmigen Decke und den vielen Fenstern als Garanten für helle Arbeitsplätze ist noch erhalten. TITANIC-Fans kennen diesen Raum von historischen Abbildungen. Heute stehen hier Stellwände mit alten Fotos und Plänen, die zeigen, wie der Liner gebaut wurde, Stück für Stück wuchs, schließlich vom Stapel lief und Kurs auf Southampton nahm, wo die verhängnisvolle Jungfernfahrt begann.

Dazwischen immer wieder Kommentare von damals Beteiligten. So wie die Erinnerungen des Werftmitarbeiters John Parkinson, der beim Auslaufen des Schiffes am 2. April 1912 aus den Docks von Belfast sagte: „Wir dachten alle, das ist nun der Abschied, wir werden sie nie wiedersehen." Gemeint war natürlich, dass der Neubau nie wieder an den Ort seiner Entstehung zurückkehren würde, da der Hafen von Belfast nicht an den Transatlantikrouten lag. Damals konnte niemand ahnen, wie tragisch sich diese Gedanken auf ganz andere Art bewahrheiten sollten.

Schweigend stehen die Besucher in dem Saal, in dem mit ersten Zeichenstrichen das wohl bekannteste Schiff der Welt seinen Anfang nahm. Die meisten kennen sich aus mit der Geschichte der TITANIC, sind überaus sachkundig, viele nicken bei den Ausführungen der Fremdenführerin. Sie kennen die Namen von seinerzeit Beteiligten, Orte und Zahlen. Der Grund, weshalb sie mit all ihrem Wissen jetzt hier sind, ist die Suche nach Authentizität, das Gefühl, unmittelbar am Schauplatz zu sein.

EINE SKULPTUR VOM BUG ZEIGT DIE DIMENSIONEN

Dieses Empfinden steigert sich noch in dem lang gestreckten Pumpenhaus, einem typischen Industriegebäude aus den Anfangsjahren des 20. Jahrhunderts. Davor ragt eine mehr als zehn Meter hohe Skulptur auf. Es ist unverkennbar der scharfe Bug eines Schiffes. Eine Schautafel

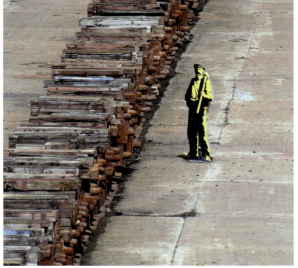

Figuren von Werftarbeitern verdeutlichen die Ausmaße des Trockendocks ebenso wie ein Bugsegment. Das Pumpenhaus (u.) ist heute ein Museum. Das Plakat im Fensterrahmen erweckt den Eindruck, man könne auf das Werftgelände sehen. (o. l.)

DAS WERFTGELÄNDE

erklärt, dass sie mehr als 16 Tonnen wiegt, weitgehend in den Produktionstechniken der damaligen Zeit und nach ursprünglichen Plänen gebaut wurde. Gut 3.500 Niete halten sie zusammen. Der Originalrumpf wog 46.382 Tonnen, und es waren mehr als drei Millionen Niete zu seinem Bau nötig. Um den überwältigenden Eindruck noch zu verstärken, zeigt eine Schautafel daneben, welch einen kleinen Teil die riesig wirkende Nachbildung am Originalrumpf ausgemacht hätte.

Neben dem Pumpenhaus hält ein Führer ein großformatiges Foto in die Höhe und zeigt aus dieser Perspektive, wie der Rumpf der TITANIC in eben diesem Dock lag. Der obere Teil des Beckens ist abgestuft, wie es zu jener Zeit üblich war, um den Rumpf seitlich mit Balken abstützen zu können. Menschengroße Figuren am Dockboden verdeutlichen dessen Ausmaße. Im Pumpenhaus selbst stehen die blaumetallisch schimmernden Gehäuse jener Turbinen, mit deren Hilfe das alte Trockendock einst leergepumpt wurde. Sie wirken so gepflegt, als seien sie gerade erst abgeschaltet worden. An der Stelle, an der die TITANIC auf dem Helgen wuchs und an der ihr Bug aufragte, streckt sich heute ein stählern glänzender Bau in die Höhe, dessen vier spitz zulaufende Flügel in alle vier Himmelsrichtungen zeigen. Vor einer dieser Spitzen steht Noel Molloy und weist nach oben: „Aus dieser Perspektive sahen die damaligen Werftarbeiter über ihren Köpfen den Bug aufragen. Das Gebäude ist genauso hoch wie damals der Vorsteven." Es ist ein überwältigender Eindruck.

600 MENSCHEN PRO STUNDE KÖNNEN SICH HIER MIT DER TITANIC BESCHÄFTIGEN

Noel Molloy ist Projektmanager des neuen Besucherzentrums mit dem schlichten Namen TITANIC Belfast. „Wer das Gebäude betritt, kommt erst einmal an Blaupausen der TITANIC vorbei, die auf interaktiven Bildschirmen dargestellt sind", erläutert er das Konzept. „600 Menschen pro Stunde können sich in diesem Zentrum mit der TITANIC beschäftigen." Es ist zu spüren, wie sehr er sich mit dem Projekt identifiziert. Die Besucher erwartet kein Rundgang wie durch ein herkömmliches Museum, in dem Ausstellungsstücke in Vitrinen liegen. Moderne Multimediatechnik ermöglicht es, Details der Pläne herauszuzoomen und Informationen zu erhalten, wie sie individuellen Interessen entsprechen. Sogar die Gerüche einer Werft vor 100 Jahren steigen den Besuchern in die Nase, und mit jedem Deck, das sie aufwärts steigen, nähert sich das virtuelle Schiff seiner Vollendung. Die Besucher können es auf großen Displays gänzlich erkunden, vom Maschinenraum bis zur Brücke.

Die Darstellung vom Beginn der Jungfernfahrt zeigt die einzigen Originalfotos vom Alltagsbetrieb des Schiffes. Father Frank Brown, ein Geistlicher, der den ersten Teil der Jungfernfahrt von Southampton aus mitmachte, nahm sie auf. Da er schon im irischen Hafen Cobh wieder von Bord ging, blieben seine Fotos als einzige erhalten.

In der Abteilung, die sich mit dem Untergang beschäftigt, sinkt die Temperatur. Der Raum beginnt aufgrund optischer Effekte zu fließen, Morsecodes sind zu hören und Stimmen Überlebender erzählen, was sie in den zwei Stunden und 40 Minuten zwischen der Kollision und dem Untergang durchlebt haben. Ein rekonstruiertes Rettungsboot gibt einen Eindruck, wie die viel zu wenigen Rettungsmittel aussahen, denen sich „Frauen und Kinder zuerst!" anvertrauen sollten.

Dann wieder gibt es eine Datenbank mit Namen von Menschen, die an Bord waren. Die Besucher können recherchieren, ob sie überlebten oder mit dem Schiff untergingen. Hier können Nachfahren forschen. Auch die noch immer ungelösten Rätsel um den Untergang und die vielen Legenden um die TITANIC finden Beachtung.

Nach der Hightech-Präsentation des TITANIC Belfast lohnt sich ein Besuch des Ulster Folk and Transport Museum in Holywood, einem Vorort von Belfast. Hier sind nicht nur Zeitdokumente aus der Werftzeit bei Harland & Wolff zu sehen, sondern auch mehr als 500 Gegenstände, die von der gesunkenen TITANIC geborgen wurden. Daneben gibt es großflächige Touchscreens mit Plänen des Schiffes. Tippt man mit dem Finger auf eine bestimmte Stelle des Plans, dann wird diese vergrößert, und es sind Details zu Planung und Bau zu sehen.

Zentraler Teil der TITANIC-Ausstellung ist ein großes Modell des sinkenden Schiffes. Es zeigt, wie der Bug langsam in die spiegelglatte See eintaucht. Besonders beeindruckend sind die kleinen Figuren am Rande des Modells, die vor Augen führen, wie die Menschen an Bord zwischen Erster, Zweiter, Dritter Klasse und Besatzung verteilt waren. Farbig sind die Figuren der Überlebenden, grau diejenigen der Ertrunkenen oder Erfrorenen. Die grauen Figuren überwiegen, besonders in der Dritten Klasse und bei der Besatzung. (Foto S. 151)

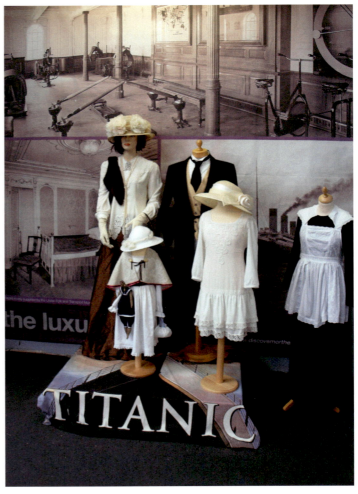

Das ehemalige Verwaltungsgebäude von Harland & Wolff ist noch immer gut erhalten und lädt zu einer Begegnung mit der Geschichte der TITANIC ein. Im ehemaligen Zeichensaal informiert eine Ausstellung nicht nur über den Bau des Schiffes, sondern auch über Zeitgeist und Mode zu Beginn des 20. Jahrhunderts. Zum Jahrestag wurden allerdings die über Jahrzehnte entstandenen Bauschäden repariert.

EIN BESUCH AUF DER WERFT

Es fällt nicht schwer sich vorzustellen, wie hier Buchhalter die Löhne addierten und die Arbeiter am Samstag ihre Lohntüten durch ein kleines Fenster des Kassenraumes in Empfang nahmen. Das Gebäude ist ein Stück englischer Industriearchitektur des Industriezeitalters. Die Werkzeuge, mit denen Arbeiter damals hantierten, waren in ihren Abmessungen der Größe des Schiffes angemessen. Sie liegen heute im Pumpenhaus.

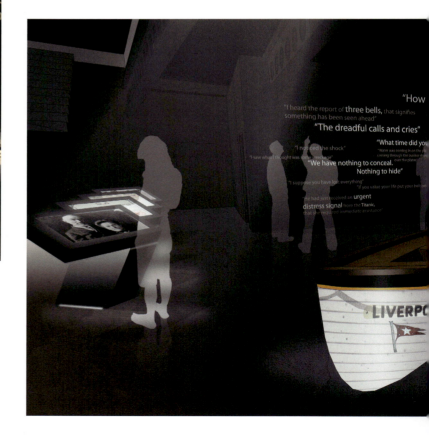

INTENSIVE EINDRÜCKE VOM BAU BIS ZUM BITTEREN ENDE

Multimediatechnik lässt das Schiff auf verschiedenen Decks des Besucherzentrums Titanic Belfast wieder lebendig werden. So erleben die Interessierten, wie das Schiff gebaut wurde, auf Jungfernfahrt ging und an dem Eisberg scheiterte. Auch die Rettungsaktion und die Tauchfahrt zum Wrack auf dem Meeresgrund sind dokumentiert.

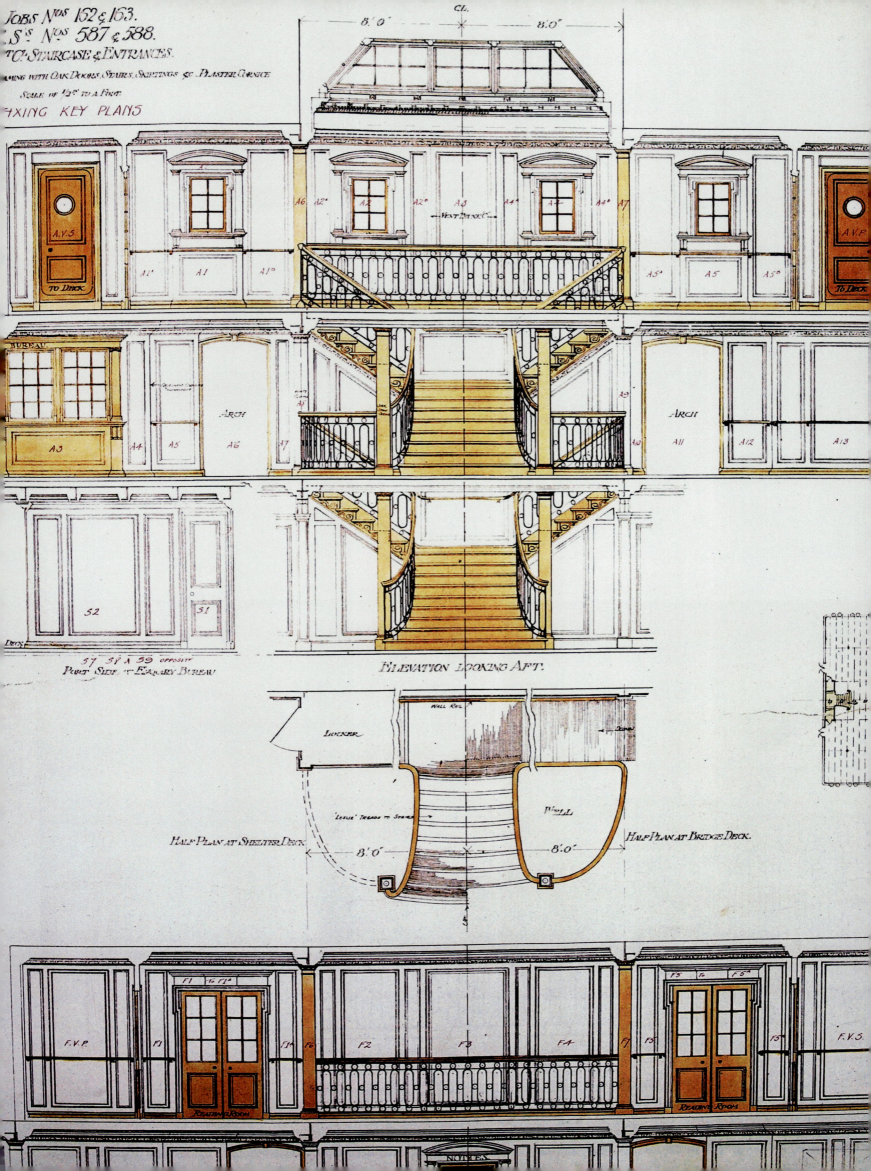

LEBEN WIE AUF DEM OZEANLINER

Innenräume der TITANIC wurden nach den alten Plänen nachgebaut. Mittelpunkt ist das große Treppenhaus. Auch einzelne Salons geben einen Eindruck von der luxuriösen Einrichtung der Ersten Klasse. Ein Bankettsaal ist der stilistisch passende Rahmen für größere Veranstaltungen.

DIE WERFT: GESTERN UND HEUTE

Der große Zeichensaal, in dem die Pläne für die Titanic gezeichnet wurden, ist bis heute fast unverändert. Dort sind heute Ausstellungen zur Geschichte der Werft, aus dem Leben der Werftarbeiter und zum Bau des Schiffs zu sehen.

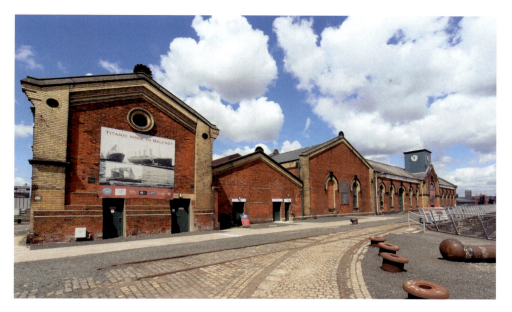

Das große Pumpenhaus neben dem Thompson Graving Dock ist heute so erhalten wie vor 100 Jahren, als die TITANIC *dort fertig ausgerüstet wurde. Nur der Schornstein für die Dampfmaschinen wurde mit dem Ende des Dampfzeitalters gesprengt.*

WIE ALLES BEGANN

Es sollte das größte und eleganteste
Schiff der Welt werden.

Die Geschichte der TITANIC geht zurück auf einen Juliabend des Jahres 1907. In Downshire House, einer repräsentativen viktorianischen Villa am vornehmen Londoner Belgrave Square, war J. Bruce Ismay mit seiner Frau zu Gast. Nach einem hervorragenden Essen in diesem Londoner Anwesen des ehrenwerten Lord Pirrie zogen die Damen sich zurück, und die Herren zündeten ihre Zigarren an, schenkten noch einmal Wein nach und begannen wie so oft ein Gespräch über Schiffe.

Ismay war Chairman der White Star Line, die ein sehr wesentlicher Teil der International Mercantile Marine Corporation war, der IMM, wie man sie in Schifffahrtskreisen kurz nannte. Es handelte sich im Wesentlichen um ein amerikanisches Unternehmens-Konglomerat, das dem bekannten Banker und Millionär J. Pierpont Morgan gehörte. Er hatte 1901 damit begonnen, eine Reederei nach der anderen aufzukaufen und daraus die neue Monsterreederei IMM zu formen.

1912 betrug ihr Kapital 37 Millionen Pfund, nach heutigem Wert etwa dreieinhalb Milliarden Euro. Sie besaß 120 Schiffe mit einer Gesamttonnage von 1.067.425 BRT; sechs Schiffe befanden sich in jenem Jahr im Bau. Thomas Henry Ismay, der Vater von J. Bruce Ismay, hatte zugestimmt, seine Firma mit der IMM unter der Führung von J. P. Morgan zu vereinen. Doch auch nach dem Verkauf an die amerikanische Reedereigruppe sollte er Direktor der White Star Line bleiben.

Es war die Zeit, in der Reedereien bei Atlantiküberquerungen immer neue Geschwindigkeitsrekorde meldeten. Größter Konkurrent der White Star Line war damals die Reederei Cunard, die mit ihren modernen Schiffen immer wieder im Blickpunkt der Öffentlichkeit stand. Gerade hatte die MAURETANIA das Blaue Band für die schnellste Nordatlantikpassage gewonnen. Die Männer waren sich einig, dass es wenig Sinn machte, Cunard in der Geschwindigkeit übertrumpfen zu wollen. Stattdessen wollten sie das größte und luxuriöseste Schiff bauen, das die Welt je gesehen hatte.

SOGAR DIE ZWEITE KLASSE ERHIELT EINEN FAHRSTUHL

Nachdem Pirrie zurück in Belfast war, traf er sich mit dem Leiter des Konstruktionsbüros von Harland & Wolff, Thomas Andrews, dessen Assistenten Edward Wilding und Werftdirektor Alexander M. Carlisle. Unter Federführung von Pirrie entstanden die ersten Entwürfe. Sie sahen eine große gläserne Kuppel im Speisesaal Erster Klasse vor, wie sie auf den Cunard-Dampfern MAURETANIA und LUSITANIA so bewundert worden waren. Als besonderer Luxus galt ein Personenfahrstuhl sogar für die Zweite Klasse. Angetrieben werden sollte die TITANIC von zwei konventionellen Kolben-Dampfmaschinen in Kombination mit einer Niederdruck-Dampfturbine. Diese Kombination hatte sich bereits auf den Schiffen MEGANTIC und LAURENTIC bewährt und besonders auf dem letztgenannten als sehr sparsam im Verbrauch erwiesen.

Am 28. Juli 1908 trafen sich Vertreter der Reederei und der Werft im Hauptbüro der White Star Line, um sich die Entwürfe anzusehen. Die zukünftigen Eigner sahen die Pläne kritisch durch, die Änderungswünsche wurden notiert, aber im Grundsatz schienen die Reeder einverstanden gewesen zu sein. Denn schon zwei Tage später, am 31. Juli 1908, unterzeichneten beide Seiten einen Vertrag über den Bau von zwei Riesenschiffen, die OLYMPIC und die TITANIC. Konstruktionsplanung, Ausstattung und Innenarchitektur übernahm Geschäftsführer Alexander M. Carlisle.

Harland & Wolff war damals größter Schiffbauer der Welt. Aber ein Auftrag über zwei so gigantische Schiffe stellte selbst diese Werft vor Probleme. Die bestehenden Schiffbauanlagen auf Queens Island reichten nicht annähernd aus, um Helgen für zwei solche Schiffsriesen zu errichten. So fasste man um Queens Island herum Musgrave, Abercorn und Victoria Shipyards zu einer großen Anlage zusammen. Über den Helgen baute man ein Krangerüst mit 256 Meter Länge, 45 Meter Höhe und einer Arbeitshöhe von 30 Metern.

FÜR DEN BAU WAR EIN NEUES TROCKENDOCK NÖTIG

Ein zeitgenössischer Beobachter notierte: „Monatelang hatte dieses monströse Eisengebilde nicht die mindeste Ähnlichkeit mit einem Schiff. Man hatte eher den Eindruck, als ob hier Gerüste für ein halbes Dutzend Kathedralen aneinandergereiht wären ... Dann begann das Gerippe innerhalb des Eisengerüstes Gestalt anzunehmen – ein atemberaubender Anblick. Es war die Gestalt eines Schiffes, eines so unvorstellbar großen Schiffes, dass es alle Häuser überragte und selbst die Berge an der Küste klein erscheinen ließ." In Deutschland bestellte man zudem bei der DEMAG, der gerade gegründeten Deutschen Maschinenbau-Aktiengesellschaft, einen Schwimmkran mit einer Hebekraft von 250 Tonnen. Außerdem war ein neues Trockendock nötig, in dem die Rümpfe nach dem Stapellauf fertig ausgerüstet werden konnten. Es erhielt den Namen Thompson Graving Dock, zu Ehren des Chairman der Harbour Commissoners, der zuständigen Hafenverwaltung. Auf diese Weise bedankte sich Pirrie für die Unterstützung beim Bau des Docks. Danach wuchsen beide Schiffe in kleinen Schritten nebeneinander weiter. Zu jener Zeit fertigte man noch keine einzelnen Sektionen an, die später im Dock oder auf den Helgen zusammengesetzt wurden. Damals nieteten Arbeiter die Spanten und Außenhautplatten noch Stück für Stück zusammen. Wäh-

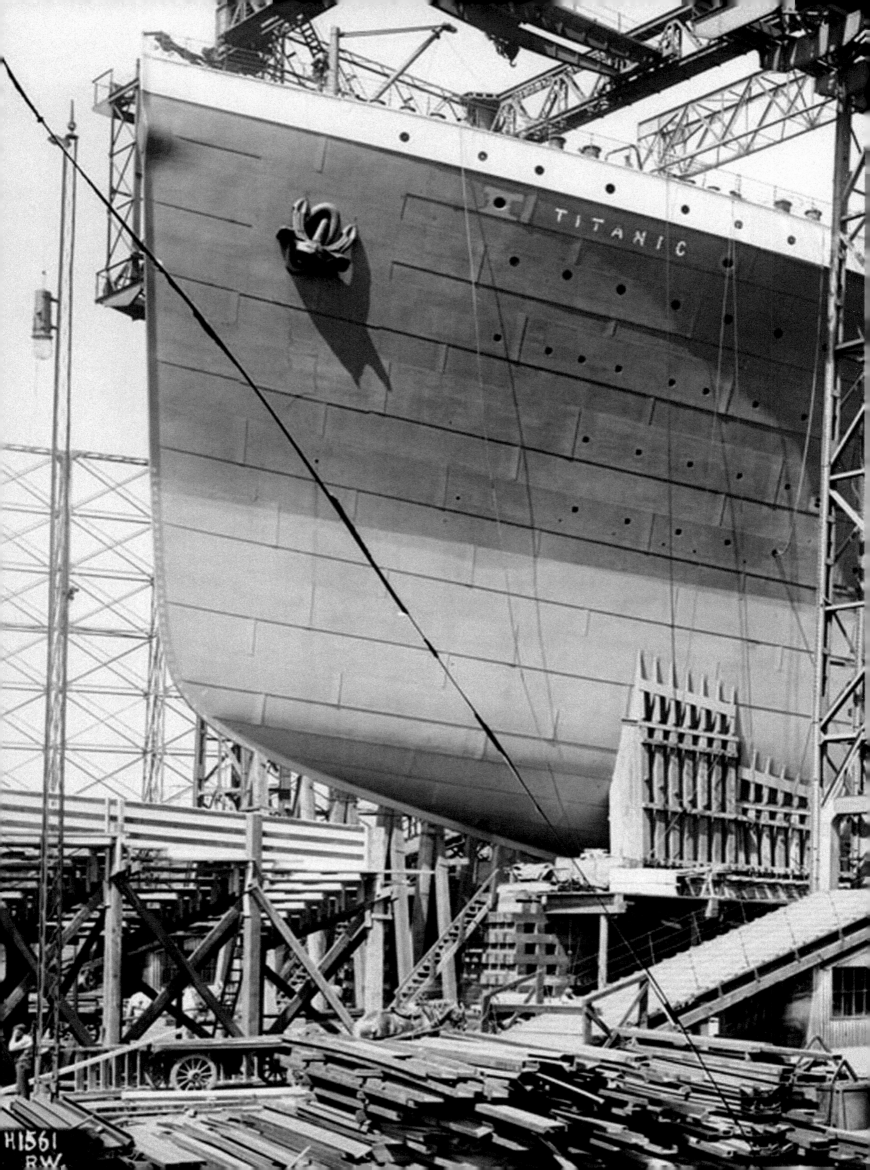

rend dafür in Werften auf dem Kontinent Nieterkolonnen ihre Hämmer von Hand schwangen, setzte Harland & Wolff für diesen Großauftrag erstmals eine innovative Technik ein. Mit pressluftgetriebenen Dampfhämmern waren die Arbeiter wesentlich schneller.

STAPELLAUF AN EINEM KLAREN UND SONNIGEN TAG

Im Frühjahr 1911 war die OLYMPIC fertig ausgerüstet für ihre Jungfernfahrt. Daneben bereiten Mitarbeiter der Werft die TITANIC für ihren Stapellauf vor. Es war das größte jemals von Menschenhand gebaute bewegliche Objekt, das dort zu Wasser gelassen wurde. Entsprechend aufwendig waren die Vorbereitungen. Allein der Rumpf lastete mit einem Druck von sechs Tonnen pro Quadratzentimeter auf der Ablaufbahn. Deshalb waren 22 Tonnen Seife und andere Schmiermittel nötig, um die 200 Meter lange schräge Fläche, die sich zum River Logan hin neigte, in eine Rutschbahn zu verwandeln.

Am 31. Mai 1911, einem klaren und sonnigen Tag, versammelten sich mehr als 100.000 Menschen auf dem Werftgelände und auf der anderen Seite des Flusses, um dabei zu sein, wenn dieses Wunderwerk der Ingenieurkunst ins Wasser rauschen sollte. Die Hafenbehörde hatte auf der County-Antrim-Seite des Flusses und am Albertkai sogar Eintrittsgeld kassiert, um die Besucherzahlen zu begrenzen. Die Einnahmen wurden später an mehrere Krankenhäuser der Stadt Belfast verteilt.

Aber auch auf den Höfen von hafennahen Firmen und auf den Dächern der Schuppen standen Schaulustige; sie hingen sogar in Schiffsmasten, wenn diese eine gute Aussicht gewährleisteten. Eine der Hafenfähren machte zum Zeitpunkt des Stapellaufes extra einen Umweg zum Werftgelände und ließ sich diese Tour besonders gut bezahlen. Damit die TITANIC auch schwimmend noch kontrollierbar war, hingen an jeder Seite des Bugs drei Anker, die von einer Gruppe von Arbeitern sofort fallen gelassen wurden, als das Schiff aufschwamm. Es hatte zu dieser Zeit ja noch keine Ruderanlage und erst recht keinen eigenen Antrieb.

Eine besondere Taufzeremonie gab es nicht, das war weder bei der White Star Line noch bei Harland & Wolff üblich. Lediglich einige bunte Wimpel flatterten zwischen den Masten. Im Mittelpunkt wehten drei Flaggen; der britische Union Jack, die amerikanischen Stars and Stripes und in der Mitte diejenige der White Star Line. Darunter hingen bunte Signalflaggen, die Seeleute in einer Reihe zu dem Wort „Erfolg" zusammengeknotet hatten. Dazu hing eine rote Flagge am Heck, als Warnung für Schiffe auf dem Fluss wegen des bevorstehenden Stapellaufs. Aus demselben Grund stiegen auch einige rote Leuchtraketen auf. Der eigentliche Stapellauf begann mit dem Schrillen von Trillerpfeifen. Sie waren das Warnsignal für alle Arbeiter, die noch unter dem Rumpf arbeiteten, sich eiligst zurückzuziehen.

DAS SCHIFF FORDERT EIN ERSTES TODESOPFER

Doch einer von ihnen schaffte es nicht mehr. Der 43 Jahre alte Jack Dobbins hatte noch versucht, eine Holzstütze von einer Bohle zu lösen. Dabei brach die Bohle und begrub ein Bein des Mannes unter sich. Kollegen zogen ihn zwar heraus und brachten ihn sofort in ein Krankenhaus, doch er starb am folgenden Tag an seinen Verletzungen.

Die TITANIC hatte ihr erstes Opfer gefordert.

MÄNNER DER ERSTEN STUNDE

Sie waren die Schöpfer der TITANIC: Reeder Bruce Ismay (r.) und Lord Pirrie. Während der Bauarbeiten waren sie oft auf der Werftanlage und informierten sich über den Fortgang der Arbeiten.

DIE WERFTARBEITER

Stolz ließen sich Werftarbeiter während des Baus ablichten. Besonders modern für die damalige Zeit waren die automatischen Schotts, die das Schiff in wasserdichte Abteilungen unterteilten. So kam fälschlich die Redewendung auf, die TITANIC sei unsinkbar.

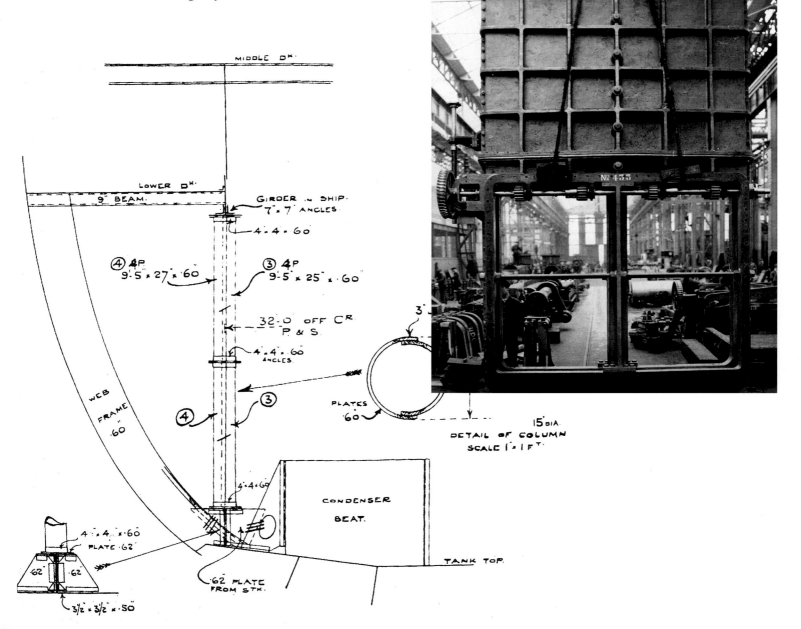

Bei Schichtende verließen Hunderte Arbeiter das Werftgelände. Wer nahe genug wohnte, ging nach dem anstrengenden Arbeitstag zu Fuß, um Geld zu sparen. Nur wenige benutzten die Straßenbahnen. Wenn Fotografen den Baufortschritt dokumentierten, stellten sich die Arbeiter auch gern als Größenvergleich in Pose.

Die Dimensionen waren für die damalige Zeit unvorstellbar. Durch den Schornstein konnten zwei Eisenbahnzüge nebeneinander fahren. Im Trockendock wirkten die Arbeiter winzig neben der aufragenden stählernen Rumpfwand. Die Zeichnung unten veranschaulicht das Größenwachstum der größten Schiffe ihrer Zeit, von der GREAT EASTERN (1858, 211 m), TITANIC (1912, 269,68 m) und QUEEN MARY 2 (2004, 345 m).

DIMENSIONEN

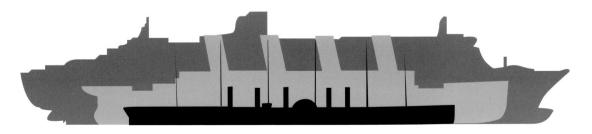

Schwarz: GREAT EASTERN / Hellgrau: TITANIC / Dunkelgrau: QUEEN MARY 2

ZAHLEN UND TECHNIK

Bauwerft	Harland & Wolff, Belfast
	Baunummer 401
	Stapellauf 1. Mai 1911
Reederei	White Star Line,
	Reg. Nr. 131428
Länge	269,68 m
Breite	28,19 m
Höhe Krähennest über Back	11,58 m
Höhe Kiel/Schornsteinspitze	53,33 m
Höhe Mastbaum ab Bootsdeck	46,02 m
Verdrängung	66.000 t bei 10,51 m Tiefgang
Bruttoregistertonnen	46.328 t
Nettoregistertonnen	21.831 t
Geschwindigkeit	Max. ca. 25 kn
Schrauben	3 Schrauben, 46.000 PS aus Dampfmaschinen für Backbord- und Steuerbordschrauben und einer Dampfturbine für die Mittelschraube
Durchmesser Seitenschrauben	7,16 m
Gewicht Seitenschrauben	38 t
Gewicht Mittelschraube	22 t
Schornsteine	4 Schornsteine. Nr. 4 diente zur Ventilation und wurde nur aus optischen Gründen installiert.
Höhe Nr. 2 & 3	24,84 m
Höhe Nr. 1 & 4	24,54 m
Rettungsboote	16 Rettungsboote und 4 Notfaltboote, insgesamt 20 Boote. Platz wäre für 36 Rettungsboote à 65 Personen gewesen.
Niete	ca. 3.000.000 Stck.
Gewicht der Niete	ca. 1.250 t
Höhe des Ruders	24,09 m
Größte Breite des Ruders	5,33 m
Gewicht des Ruders	101,25 t
Anzahl Buganker	2 u. 1 Reseveranker
Gewicht der Buganker	je 7,25 t
Gewicht des Reserveankers	15,5 t
Bunkerkohle	6.000 t
Verbrauch auf Fahrt	620–640 t täglich
Dampfkessel	29 Stck.
Einenderkessel	5 Stck.
Beidenderkessel	24 Stck.
Dampfturbinen	1
Elektrische Leitungen	32.000 m
Glühlampen	10.000 Stck.
Elektrische Heizkörper	520 Stck.
Elektrische Glocken	1.500 Stck.
Elektrische Uhren	45 Stck.
Elektrische Motoren	150 Stck.
Schwimmwesten an Bord	3.560 Stck.
Rettungsbojen	48 Stck.
Zugelassene Personenzahl	3.547 Personen
davon in der 1. Klasse	905 Personen
davon in der 2. Klasse	564 Personen
davon in der 3. Klasse	1.134 Personen
davon an Besatzungsmitgliedern	944 Personen
Anzahl Fahrstühle	9 Stck.
davon für die 1. Klasse	3 Stck.
davon für die 2. Klasse	2 Stck.
davon für Vorräte	1
davon Küchenfahrstühle	2 Stck.
davon für Postgüter	1

Zu Beginn des 20. Jahrhunderts wurden Schiffe noch aus einzelnen Stahlplatten zusammengenietet. Dafür setzte die Werft pressluftgetriebene Niethämmer ein, die das Bautempo beschleunigten. Die Dampfmaschine wurde in einer Halle erprobt, bevor man sie wieder auseinandernahm und in den Rumpf einbaute. (Mitte links) Solche hydraulischen Stempel drückten das Schiff beim Stapellauf vom Helgen. (Mitte rechts)

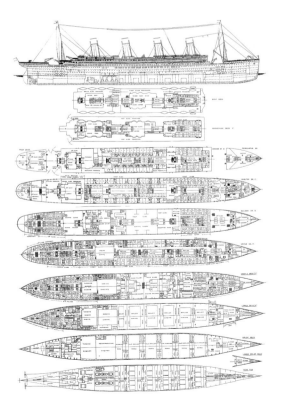

STAPELLAUF

Es dauerte nur 62 Sekunden, bis das größte Schiff der Welt vom Stapel gerauscht war. Dann fingen Anker es ab. Zugangskarten zu dem Spektakel waren sehr begehrt. Aber auch in den Hafenanlagen rund um das Werftgelände waren alle Plätze mit guter Sicht belegt. Fähren fuhren sogar einen Umweg, um ihren Gästen etwas Besonderes zu bieten.

GRÖSSENWAHN UND SCHEITERN

Der Glaube an die Allmacht der Technik beherrschte nicht nur den Schiffbau und hatte weitere Katastrophen zur Folge.

Nirgendwo ist man der TITANIC so nahe wie in Belfast, dem Ort, an dem sie entstand. Deshalb zieht es so viele Interessierte an den Lagan River und nach Queens Island, wo das Schiff damals entstand und vom Stapel lief. Es ist ihnen anzumerken, wie sehr sie der Mythos TITANIC noch immer gefangen hält, auch 100 Jahre nach der Katastrophe. Die Faszination zieht sich quer durch alle Altersgruppen – von Kindern bis zu Erwachsenen. Es ist bemerkenswert, welchen Wandel die Symbolik und der Mythos TITANIC durchgemacht haben. Als sie geplant und gebaut wurde, herrschte in Amerika und England eine Begeisterung für alles Große und technisch Machbare. Um die Bedeutung und die Umstände des Unglücks zu begreifen, muss man vor allem die Zeit verstehen, in der dieses Schiff geplant und gebaut wurde.

England war wegen seiner Insellage weitgehend von den politischen Wirren verschont geblieben, die das übrige Europa des ausgehenden 18. und der ersten Hälfte des 19. Jahrhunderts zerrissen hatte. Damit war das Land in der Lage, nach und nach in kleinen Schritten erste soziale Reformen durchzuführen. Die Menschen hatten gelernt, naturwissenschaftliche und technische Erkenntnisse auszuwerten und Maschinen zu entwickeln, die diese umsetzten. Mit den reichen Kohlenvorräten des Landes verfügten sie über ausreichend Energie, um bereits seit den

So viele Schiffsverluste ereigneten sich um die Wende zum 20. Jahrhundert jedes Jahr auf den Meeren der Welt.

Vierzigerjahren des 19. Jahrhunderts in großem Umfang Dampfkraft zum Antrieb unterschiedlichster Maschinen einzusetzen. Waren, die bis dahin handwerklich hergestellt worden waren, konnten erstmals in großen Mengen industriell produziert werden. Damals profitierten die Briten von Wissenschaft und Technik mehr als viele andere Länder der Erde.

Telefone und Marconis Funkgeräte revolutionierten die Kommunikation, Kraftwerke lieferten elektrisches Licht, das es erlaubte, nachts in den Fabriken durchzuarbeiten und einen bis dahin unvorstellbaren Güterausstoß zu erreichen. Jede Art von Wachstum schien grenzenlos zu sein. Die Menschen der Zeit erfasste ein Taumel, den kritische Beobachter als einen Optimismus von kindlicher Naivität mit sehr erwachsener Entschlossenheit beschrieben. Nur wenige bedachten, dass die Natur solchem Wachstum Grenzen setzen könnte.

Auch jenseits des Atlantiks, in Amerika, herrschte Aufbruchsstimmung. Die Einwanderer waren weit nach Westen vorgestoßen und hatten zusätzliche Gebiete, darunter Hawaii, die Philippinen und Puerto Rico, annektiert. Damit schwollen die den Vereinigten Staaten zur Verfügung stehenden natürlichen Ressourcen auf das Zehnfache an und die Industrialisierung des Landes eilte mit Riesenschritten voran. Eisenbahnlinien zogen sich quer durch den Kontinent, Eisen- und Stahlindustrie entstand und in den rasch wachsenden Städten schossen fast über Nacht gigantische Industriebetriebe aus dem Boden.

Die Gesetzgebung und das Fehlen einer Einkommensbesteuerung begünstigten die Ansammlung von Riesenvermögen in Privathand. 1861 hatte es in den Vereinigten Staaten nur drei Millionäre gegeben – um die Jahrhundertwende waren es mehr als 3.800. Diese sogenannten Industriekapitäne überflügelten mit ihren Vermögen mühelos ihre europäischen Konkurrenten. Viel lag ihnen daran, sich mit den Statussymbolen der Alten Welt zu umgeben. Sie errichteten prunkvolle Paläste und durchstöberten das alte Europa nach Kunstschätzen, um ihre Wohnsitze in der Neuen Welt entsprechend ausstatten zu können.

Aber es gab auch warnende Stimmen. Der britische Historiker Thomas Carlyle verdammte das „Evangelium Mammons", dessen einzige Hölle darin bestand, „nicht genug Geld zu scheffeln". In seinen Schriften trat er für einen sozialen Idealismus ein, der die Würde des Einzelnen wahrt, und bekämpfte den Materialismus. Der britische Dichter und Kulturkritiker Matthew Arnold versuchte, den viktorianischen Traum zu analysieren: „Das Ideal des Menschen ist es, sich endlos zu erweitern, seine Kräfte

Zeichner reagierten auf die TITANIC-*Katastrophe mit sehr symbolhaltigen Grafiken.*

und Fähigkeiten endlos zu steigern, endlos an Weisheit und Schönheit zuzunehmen." Aber diese Ausweitung, so mahnte er, dürfe nicht nur nach außen, sondern müsse auch nach innen gehen. Als bedrohlichste Gefahren bezeichnete Arnold das blinde Vertrauen in die Möglichkeit grenzenloser Expansion und die überzogene Maschinengläubigkeit. Der amerikanische Schriftsteller Mark Twain meinte, aus dem Goldenen Zeitalter sei ein „Vergoldetes Zeitalter" geworden, geprägt durch Geldsucht, lächerlichen Pomp und die Jagd nach Erfolg um jeden Preis.

Die Autoren Charles Dudley Warner und Mark Twain waren befreundet und lebten beide in Hartford, Connecticut. Sie diskutierten viel über die gesellschaftliche Fehlentwicklung und schrieben schließlich auf Anregung ihrer Ehefrauen gemeinsam den Roman „The Gilded Age – A Tale of Today", das „Vergoldete Zeitalter, eine Fabel von heute". Es ist eine Geschichte, die bis in unsere Zeit nichts an Aktualität eingebüßt hat, in Form eines Gesellschaftsromans geschrieben war, aber als Satire verstanden werden wollte.

Zum vergoldeten Zeitalter gehörte ein hart ausgefochtener Kampf um wirtschaftliche Überlegenheit. Es war die Zeit charismatischer Persönlichkeiten wie John D. Rockefeller, Andrew Carnegie, John Pierpont Morgan, Henry Frick sowie der Eisenbahnmagnaten Cornelius Vanderbilt, Edward Henry Harriman, James J. Hill und Leland Stanford. Sie bildeten oftmals offizielle oder inoffizielle Trusts, um den Markt dann untereinander aufzuteilen. Man manipulierte, suchte einzig den eigenen finanziellen Vorteil, wollte die Konkurrenz abhängen oder am besten gleich ganz beseitigen.

Aber auch diesseits des Atlantiks gab es Stimmen, die angesichts einiger Katastrophen vor zu viel Technikgläubigkeit warnten. Ein Auslöser war das Unglück der Firth-of-Tay-Brücke in Schottland am 28. Dezember 1879. Bei starkem Sturm war die erst zwei Jahre alte, drei Kilometer lange Eisenbahnbrücke eingestürzt und hatte einen Zug mit in die Tiefe gerissen. 75 Menschen fanden den Tod. Nur neun Tage später veröffentlichte Theodor Fontane seine Ballade „Die Brück' am Tay" mit dem bekannten Kehrreim „Tand, Tand / Ist das Gebilde von Menschenhand!"

Der Untergang der TITANIC wurde von vielen damals einerseits für das Scheitern menschlichen Strebens im Angesicht einer übermächtigen und nicht beherrschbaren Natur gesehen. Andererseits war der Untergang von Arm und Reich gleichermaßen aber auch ein Symbol, wenn nicht sogar eine Vorahnung für den Untergang einer Gesellschaftsordnung, wie er sich wenige Jahre später als Fol-

Zur Bearbeitung von Eisen und Stahl wurden zu Beginn der Industrialisierung eigens konstruierte Werkzeuge nötig.

ge des Ersten Weltkriegs vollziehen sollte. Der Krieg mit seinen unvorstellbaren Opferzahlen ließ die Katastrophe auf See zunächst weitgehend vergessen. Andererseits war ein Unglück mit so vielen Opfern nicht dauerhaft aus der Erinnerung zu tilgen. Immerhin war es der verlustreichste Schiffsuntergang in Friedenszeiten. Bei der Aufarbeitung des Kriegstraumas fielen den Menschen die Parallelen zwischen dem Schiffsuntergang und den Umwälzungen auf, die dazu führten, dass eine Gesellschaft mit klar getrennten Schichten ebenfalls unterging. Besonders bedrückend war aber die Erkenntnis, dass ein als unsinkbar angekündigtes Schiff gesunken war. Hatte nicht sogar der Kapitän in einem Interview erklärt, nunmehr sei die See endgültig besiegt? Der ungehemmte Fortschrittsglaube hatte erhebliche Risse bekommen.

Aber es gab eine weitere tiefe Symbolik. Der Marburger Philosoph Dr. Dr. Joachim Kahl, dessen Vater beim Norddeutschen Lloyd zur See gefahren war, schrieb: „Das Schiff an sich ist ein komplexes Sinnbild des menschliches Lebens. Je nach den Umständen kann es ein Traumschiff oder ein Narrenschiff, ein Luxusschiff oder ein Sklavenschiff, ein Geisterschiff sein.

Im Kern läuft die Metaphorik darauf hinaus, das Schiff als einen schwimmenden Mikrokosmos der menschlichen Gesellschaft, als einen Querschnitt menschlichen Lebens zu erkennen. Es ist ein gedrängter Schauplatz von sozialen Konflikten und privaten Schicksalen aller Art. In der Tiefe der Seele von Millionen Menschen ruht heute der Mythos TITANIC als Erfahrung von Größenwahn und Scheitern. In der Tiefe der Seele ruht dieser Mythos, in der Tiefe der See ruht die TITANIC selbst. Aus beiden Tiefen wird immer wieder etwas hervorgeholt. Dieses Hervorholen gehört zu einem Mythos als dessen Rezeptionsgeschichte in Literatur, Malerei, Film, Musik notwendig dazu."

Die Menschen an der Wende zum 20. Jahrhundert waren für derart Mythologisches aufgeschlossen, sie zogen gern Vergleiche zur Antike und bedienten sich besonders gern der Namen aus der griechischen Götter- und Sagenwelt. So auch bei der Namenssuche für das größte Schiff der Welt – TITANIC, die Titanische. Die Titanen waren der griechischen Sage zufolge kraftstrotzende Riesen. Doch die Namenswahl zeugt von Halbbildung, der Grundlage für Verblendung. Denn die Titanen lehnten sich gegen ihre altersschwachen Eltern auf, gegen die Urgötter Gaia und Uranos, die Erde und Himmel verkörperten. Zur Strafe wurden sie von den olympischen Göttern in den Tartarus, das finstere Erdinnere, geworfen. Die Namensgeber hätten dies wissen können, denn schon Peter Paul Rubens hat den Titanensturz in einem Monumentalgemälde dargestellt.

Der Beginn der Industrialisierung mutete fast landwirtschaftlich an, doch er hatte erhebliche Veränderungen in der Gesellschaft zur Folge.

DIE BESATZUNG

Einige der Mannschaftsmitglieder der TITANIC vom Kapitän bis zum Decksmann zeigt dieser Zeitungsausschnitt.

OFFIZIERE

Smith, Mr. Edward John
Kapitän

Wilde, Mr. Henry Tingle
Chef Offizier

Murdoch, Mr. William McMaster
Erster Offizier

Lightoller, Mr. Charles Herbert
Zweiter Offizier

Pitman, Mr. Herbert John
Dritter Offizier

Boxhall, Mr. Joseph Grove
Vierter Offizier

Lowe, Mr. Harold Godfrey
Fünfter Offizier

Moody, Mr. James Paul
Sechster Offizier

O'Loughlin,
Dr. William Francis Norman
Sanitätoffizier

Simpson, Dr. John Edward
Sanitätoffizier Gehilfe

Hutchinson, Mr. John Hall
Tischler

Maxwell, Mr. John
Zimmermann

Nichols, Mr. Alfred
Bootsmann

Haines, Mr. Albert M.
Bootsmannsmaat

AUSRÜSTER

Bailey, Mr. Joseph Henry
King, Mr. Thomas W.

Foley, Mr. John „Jack"
Lagerverwalter

Hemming, Mr. Samuel Ernest
Lampenputzer (?)

QUARTIERMEISTER

Bright, Mr. Arthur John
Hichens, Mr. Robert
Humphreys, Mr. Sidney James
Oliver, Mr. Alfred
Perkis, Mr. Walter John
Rowe, Mr. George Thomas
Wynn, Mr. Walter

VOLLMATROSEN

Anderson, Mr. J.
Archer, Mr. Ernest Edward
Bradley, Mr. F.
Brice, Mr. Walter T.
Buley, Mr. Edward John
Clench, Mr. Fredrick
Clench, Mr. George
Couch, Mr. Frank
Davis, Mr. Stephen J.
Evans, Mr. Frank Olliver
Forward, Mr. James
Holman, Mr. Harry
Hopkins, Mr. Robert John
Horswell, Mr. Albert Edward James
Jones, Mr. Thomas William
Lucas, Mr. William
Lyons, Mr. William Henry
Matherson, Mr. David
McCarthy, Mr. William
McGough, Mr. George M.
Moore, Mr. George
Osman, Mr. Frank
Pascoe, Mr. Charles H.
Peters, Mr. W. C.
Poingdestre, Mr. John Thomas
Scarrott, Mr. Joseph
Taylor, Mr. C.
Viggott, Mr. Phillip
Weller, Mr. William

SEEMÄNNER

Smith, Mr. William
Terrell, Mr. Bertram

AUSGUCK

Evans, Mr. Alfred Frank
Fleet, Mr. Frederick
Hogg, Mr. George Alfred
Jewell, Mr. Archie
Lee, Mr. Reginald Robinson
Symons, Mr. George Thomas MacDonald

FENSTERPUTZER

Harder, Mr. William
Sawyer, Mr. R. J.

STEWARDS DER OFFIZIERSMESSE

Mathias, Mr. Montague Vincent
Tamlyn, Mr. Fredrick

TECHNIKER UND INGENIEURE

Bell, Mr. Joseph
Farquharson, Mr. William Edward
Harrison, Mr. Norman
Hesketh, Mr. James H.
Wilson, Mr. Bertie
Harvey, Mr. Herbert Gifford
Shepherd, Mr. Jonathan
Hosking, Mr. George Fox
Dodd, Mr. E.C.
Hodge, Mr. Charles
Coy, Mr. F.E.G.
Fraser, Mr. James
Hodgkinson, Mr. Leonard
Dyer, Mr. Henry Ryland
Smith, Mr. James M.
Dodds, Mr. H.W. „Renny"
Ward, Mr. Arthur
Kemp, Mr. Thomas Hulman
Parsons, Mr. Frank Alfred
Mackie, Mr. W.D.
Millar, Mr. Robert
Moyes, Mr. William Young
McReynolds, Mr. W.
Creese, Mr. Henry Philip
Millar, Mr. Thomas

ELEKTRIKER

Sloan, Mr. Peter
Ervine, Mr. Albert George
Jupe, Mr. Herbert
Kelly, Mr. William
Middleton, Mr. Alfred Pirrie
Alsopp, Mr. Alfred Samuel
Chisnall, Mr. G.A.
Fitzpatrick, Mr. H.

VORARBEITER KESSELRAUM

Barrett, Mr. Fredrick William -
Davies, Mr. Thomas
Ferris, Mr. W.
Ford, Mr. Thomas
Hendrickson, Mr. Charles George
Keegan, Mr. James „Jas"
Mason, Mr. J.
Mayo, Mr. W.
Pugh, Mr. Percy
Small, Mr. William
Threlfall, Mr. Thomas
Ward, Mr. J.
Webber, Mr. Francis Albert

KESSELBEFEUERER

Abraham, Mr. C.
Adams, Mr. R.
Allen, Mr. Henry
Bailey, Mr. George W.
Ball, Mr. W. - siehe Mr. James Carter
Barlow, Mr. C.
Barnes, Mr. Charles
Barnes, Mr. J.
Barrett, Mr. Frederick W.
Beauchamp, Mr. George William
Bendell, Mr. T.
Bennett, Mr. George
Benville, Mr. E.
Bessant, Mr. W.
Biddlecombe, Mr. C.
Biggs, Mr. E.
Black, Mr. Alexander
Black, Mr. D.
Blackman, Mr. H.
Blake, Mr. Thomas
Blaney, Mr. James
Blann, Mr. Eustace H.
Bradley, Mr. Patrick
Brown, Mr. J.
Brown, Mr. J.
Burroughs, Mr. Arthur
Burton, Mr. Edward John
Butt, Mr. William
Camner, Mr. J.
Carter, Mr. James - als Mr. W. Ball in der Liste geführt
Cherrett, Mr. William Victor
Chorley, Mr. J.
Clark, Mr. William
Collins, Mr. Samuel
Combes, Mr. George
Cooper, Mr. H.
Copperthwaite, Mr. B.
Corcoran, Mr. Dennis
Cotton, Mr. A.
Couper, Mr. R.
Crimmins, Mr. James
Cross, Mr. W.
Cunningham, Mr. B.
Curtis, Mr. A.
Diaper, Mr. J.
Dilley, Mr. John
Doel, Mr. Frederick
Doyle, Mr. Lawrence
Dymond, Mr. Frank
Flarty, Mr. E.
Fraser, Mr. J.
Geer, Mr. A.
Godley, Mr. George
Golder, Mr. M. W.
Graham, Mr. Thomas G.
Graves, Mr. Sidney Frank
Grodidge, Mr. Ernest Edward
Hagan, Mr. John
Hall, Mr. J.
Hallett, Mr. George
Hands, Mr. B.
Hannam, Mr. George
Harris, Mr. E.
Harris, Mr. Frederick
Hart, Mr. Thomas
Hasgood, Mr. R.
Head, Mr. A.
Hodges, Mr. W.
Hosgood, Mr. R.
Hunt, Mr. T.
Hurst, Mr. Charles John
Hurst, Mr. Walter
Instance, Mr. T.
Jacobson, Mr. John
James, Mr. Thomas
Jarvis, Mr. W.
Joas, Mr. N.
Judd, Mr. Charles E.
Kaspar, Mr. Franz Vilhelm
Kemish, Mr. George
Kerr, Mr. Thomas
Kinsella, Mr. L.
Lahy, Mr. T. E.
Light, Mr. C.
Light, Mr. W.
Lindsay, Mr. William Charles
Lloyd, Mr. W.
Major, Mr. William
Marrett, Mr. G.
Marsh, Mr. Frederick Charles
Mason, Mr. F.A.R.
May, Mr. Arthur
Mayzes, Mr. T.
McAndrew, Mr. Thomas
McAndrews, Mr. William
McCastlen, Mr. W.
McGarvey, Mr. Edward
McGaw, Mr. Errol
McGregor, Mr. J.
McQuillan, Mr. William
McRae, Mr. William Alexander
Milford, Mr. George
Mintram, Mr. W.
Moore, Mr. J. J.
Morgan, Mr. Thomas A.
Murdock, Mr. William
Nettleton, Mr. George
Noon, Mr. John
Norris, Mr. J.
Noss, Mr. Bertram Arthur
Noss, Mr. Henry H.
Nutbean, Mr. William
Oliver, Mr. H.
Othen, Mr. Charles
Paice, Mr. Richard Charles John
Painter, Mr. Charles
Painter, Mr. Frank
Pand, Mr. G.
Pearse, Mr. J.
Podesta, Mr. John
Priest, Mr. John
Pusey, Mr. Robert William
Reeves, Mr. F.
Rice, Mr. Charles
Richards, Mr. Joseph James
Rickman, Mr. G.
Roberts, Mr. George
Sangster, Mr. Charles
Saunders, Mr. T.
Saunders, Mr. W.
Scott, Mr. Archibald
Self, Mr. E.
Senior, Mr. Harry
Shea, Mr. Thomas
Shiers, Mr. Alfred
Smith, Mr. ?
Smither, Mr. H.
Snellgrove, Mr. G.
Sparkman, Mr. H.
Stanbrook, Mr. Augustus
Street, Mr. A.
Stubbs, Mr. H.
Sullivan, Mr. S.
Taylor, Mr. J.
Taylor, Mr. James
Taylor, Mr. T.
Taylor, Mr. William Henry
Thomas, Mr. J.
Thompson, Mr. John
Thresher, Mr. G.
Tizard, Mr. Arthur
Triggs, Mr. Robert
Turley, Mr. R.
van der Brugge, Mr. Wessel Adrianus
Vear, Mr. H.
Vear, Mr. W.
Wardner, Mr. Fred
Wateridge, Mr. Edward Lewis
Watson, Mr. W.
Williams, Mr. E.
Witcher, Mr. A.
Witt, Mr. Henry
Wyeth, Mr. James
Young, Mr. Francis James

TRIMMER

Allen, Mr. Ernest
Avery, Mr. James Frank
Bevis, Mr. J.
Billows, Mr. J.
Binstead, Mr. Walter
Blake, Mr. Percival Albert

Brewer, Mr. H.
Brooks, Mr. J.
Calderwood, Mr. H.
Carr, Mr. Richard Stephen
Casey, Mr. T.
Cavell, Mr. George Henry
Coe, Mr. H.
Cooper, Mr. James
Crabb, Mr. H.
Dawson, Mr. James
Dickson, Mr. W.
Dillon, Mr. Thomas Patrick
Dore, Mr. A.
Eagle, Mr. A. J.
Elliott, Mr. Everett Edward
Evans, Mr. William
Ferrary, Mr. A.
Ford, Mr. H.
Fredricks, Mr. W.
Fryer, Mr. A. E.
Gordon, Mr. J.
Gosling, Mr. Bertram James
Gosling, Mr. S.
Green, Mr. G.
Harris, Mr. F.
Haslin, Mr. J.
Hebb, Mr. A.
Hill, Mr. J.
Hinton, Mr. W.
Hunt, Mr. Albert
Ingram, Mr. C.
Kearl, Mr. G.
Lee, Mr. H.
Long, Mr. F.
Long, Mr. W.
Maskell, Mr. L.
McGann, Mr. James
McIntyre, Mr. William
Mitchell, Mr. Laurance
Moore, Mr. R.
Morrell, Mr. R.
Morris, Mr. W.
O'Connor, Mr. John
Pelham, Mr. George
Perry, Mr. E.
Perry, Mr. H.
Preston, Mr. Thomas Charles
Proudfoot, Mr. R.
Read, Mr. J.
Reed, Mr. R.
Saunders, Mr. W.
Sheath, Mr. Frederick
Shilabeer, Mr. Charles
Skeats, Mr. W.
Smith, Mr. Ernest George
Snooks, Mr. W.
Snow, Mr. Eustace Philip
Steel, Mr. Robert Edward
Stocker, Mr. H.
Webb, Mr. S.
White, Mr. F.
White, Mr. William George
Wilton, Mr. William
Witt, Mr. F.
Woods, Mr. H.

SCHMIERER

Baines, Mr. Rich
Bannon, Mr. John
Beattie, Mr. F.
Bott, Mr. W.
Castleman, Mr. Edward
Couch, Mr. J.
Eastman, Mr. Charles
Fay, Mr. Thomas
Gardner, Mr. F.
Goree, Mr. Frank
Gregory, Mr. David
Jago, Mr. J.
Jukes, Mr. J.
Kearl, Mr. C.
Kelly, Mr. Jas
Kenchenten, Mr. Fredrick
Kirkham, Mr. J.
McInerney, Mr. T.
Moores, Mr. R.
Morris, Mr. A.

Olive, Mr. C.
Palles, Mr. T.
Phillips, Mr. G.
Pitfield, Mr. W.
Prangnell, Mr. George
Ranger, Mr. Thomas G.
Scott, Mr. Frederick
Self, Mr. A.
Stafford, Mr. M.
Tozer, Mr. James
Veal, Mr. A.
White, Mr. Alfred
Woodford, Mr. H.
Blake, Mr. Seaton
Coleman, Mr. John
Fitzpatrick, Mr. Charles William N.
Gumery, Mr. George
Knowles, Mr. Thomas
May, Mr. Arthur William
Foster, Mr. A.
Kenzler, Mr. August
Newman, Mr. Charles Thomas
Rudd, Mr. Henry
Duffy, Mr. William
Rous, Mr. Arthur J.

ZAHLMEISTER

McElroy, Mr. Hugh Walter
Barker, Mr. Reginald Lomond

GEISTLICHE

King, Mr. Ernest Waldron
Ashcroft, Mr. A.
Rice, Mr. John Reginald
Campbell, Mr. Donald S.

STENOGRAF

Turner, Mr. George Frederick

FUNKER

Phillips, Mr. John George
Erster Funker

Bride, Mr. Harold Sydney
Zweiter Funker

LAGERVORARBEITER

Parsons, Mr. Edward
Thompson, Mr. H.

LAGERARBEITER

Kieran, Mr. Michael
Morgan, Mr. W.
Prentice, Mr. Frank George
Ricks, Mr. Cyril G.
Rogers, Mr. Edward James William
Williams, Mr. A.

1.-KLASSE-STEWARDS

Paintin, Mr. James Arthur
Steward vom Kapitän

Latimer, Mr. Andrew
Chefsteward

Dodd, Mr. George Charles
Zweiter Chefsteward

Hughes, Mr. W. T.
Assistent des zweiten Stewards

Wheat, Mr. Joseph Thomas
Assistent des zweiten Stewards

Burke, Mr. William
Zweiter Salonsteward

SALONSTEWARDS

Ahier, Mr. Percy
Allsop, Mr. Frank
Baggott, Mr. Allen Marden
Bagley, Mr. E.

Barker, Mr. Ernest T.
Barringer, Mr. Arthur William
Barrows, Mr. William
Best, Mr. E.
Boughton, Mr. E.
Boyd, Mr. John
Boyes, Mr. H.
Bristowe, Mr. H.
Brown, Mr. Edward
Brown, Mr. W.
Burke, Mr. William
Burr, Mr. Ewart Sydenham
Butt, Mr. Robert
Butterworth, Mr. J.
Cartwright, Mr. James Edward
Casswill, Mr. Charles
Cave, Mr. Herbert
Cheverton, Mr. W. F.
Coleman, Mr. Albert Edward
Cook, Mr. George
Crafter, Mr. Frederick
Crisp, Mr. Albert Hector
Crowe, Mr. George Frederick
Deeble, Mr. A.
Derrett, Mr. A.
Deslands, Mr. Percival Stainer
Dineage, Mr. James Richard
Dyer, Mr. William
Evans, Mr. George
Fairall, Mr. H.
Fenton, Mr. F.
Goshawk, Mr. Arthur James
Harrison, Mr. Aragon D.
Hartnell, Mr. Frederick
Hendy, Mr. Edward Martin
Hoare, Mr. Leonard James
House, Mr. William
Howell, Mr. A.
Johnson, Mr. James
Jones, Mr. Reginald V.
Keene, Mr. Percy Edward
Ketchley, Mr. H.
Kingscote, Mr. William Ford
Kitching, Mr. A.
Knight, Mr. George
Lake, Mr. William
Lane, Mr. A. E.
Lawrence, Mr. A.
Lefever, Mr. G.
Littlejohn, Mr. Alexander James
Lloyd, Mr. Humphrey
Lucas, Mr. William
Lydiatt, Mr. Charles
MacKay, Mr. Charles Donald
McGrady, Mr. James
McMicken, Mr. Alfred
McMullen, Mr. J.
Mellor, Mr. A.
Moss, Mr. William
Nicholls, Mr. T.
Orpet, Mr. Walter Hayward
Osborne, Mr. W.
Perriton, Mr. Hubert Prouse
Pusey, Mr. John E.
Pryce, Mr. W.
Ranson, Mr. James
Ray, Mr. Frederick Dent
Revell, Mr. William
Rimmer, Mr. Gilbert
Robinson, Mr. James William
Rowe, Mr. M.
Saunders, Mr. D. E
Shea, Mr. John
Simmons, Mr. F. G.
Skinner, Mr. Edward
Smillie, Mr. J.
Smith, Mr. R. G.
Stagg, Mr. John Henry
Stroud, Mr. H.
Strugnell, Mr. John
Symonds, Mr. J.
Taylor, Mr. W.
Thomas, Mr. Albert Charles
Thomas, Mr. Benjamin James
Toms, Mr. F.
Toshack, Mr. James Adamson
Turner, Mr. L.
Veal, Mr. T.

Ward, Mr. William
Warwick, Mr. F.
Weatherstone, Mr. Thomas
Wheelton, Mr. Edward
White, Mr. L.
Whiteley, Mr. Thomas
Wormald, Mr. Frederick William
Yearsley, Mr. Harry

KABINENSTEWARDS

Allan, Mr. R.
Anderson, Mr. Walter Y.
Bishop, Mr. Walter
Bond, Mr. William John
Brewster, Mr. G. H.
Clark, Mr. T.
Crawford, Mr. Alfred
Crumplin, Mr. C.
Cullen, Mr. Charles
Cunningham, Mr. Andrew
Davies, Mr. Gordon
Donoghue, Mr. F.
Etches, Mr. Henry Samuel
Faulkner, Mr. William Stephen
Geddes, Mr. Richard Charles
Gill, Mr. Joseph Stanley
Hayter, Mr. Arthur
Hewett, Mr. T.
Hill, Mr. J.
Hogg, Mr. Charles William
Ide, Mr. H.
Janaway, Mr. William Frank
McCarty, Mr. F.
McMurray, Mr. W.
O'Connor, Mr. Thomas Peter
Penrose, Mr. John Poole
Roberts, Mr. H.
Siebert, Mr. Sidney Conrad
Stone, Mr. E.
Swan, Mr. W.
Thessinger, Mr. Alfred
Ward, Mr. E.
Ward, Mr. P.
Wareham, Mr. Robert Arthur
Wittman, Mr. H.
Walpole, Mr. John
Tucker, Mr. B.
Abbott, Mr. E.
Akerman, Mr. Joseph
Edwards, Mr. C.
Harris, Mr. E.
Levett, Mr. G.
Marks, Mr. J.
Marriott, Mr. J. W.
Smith, Mr. F.
Wrapson, Mr. Frederick Bernard
Ball, Mr. Percy
Bradshaw, Mr. J.
Bunmell, Mr. F.
Hiscock, Mr. S.
Hogue, Mr. E.
Hopkins, Mr. F.
Light, Mr. C.

STEWARDESSEN

Bennett, Mrs Mabel
Bliss, Miss Emma
Gold, Mrs Katherine „Kate"
Gregson, Miss Mary
Jessop, Miss Violet Constance
Lavington, Miss Bessie
Leather, Mrs Elizabeth M.
Marsden, Miss Evelyn
Martin, Mrs Annie
McLaren, Mrs H.
Pritchard, Mrs A.
Roberts, Mrs Mary Keziah
Robinson, Mrs Annie
Sloan, Miss Mary
Smith, Miss Katherine E.
Stap, Miss S. A.
Walsh, Miss

LIFTBOYS

Allen, Mr. Fred
Carney, Mr. William
King, Mr. A.

Freeman, Mr. Ernest Edward Samuel
Senior-Decksteward, Sekretär von Bruce Ismay

Boston, Mr. W.
Hawksworth, Mr. W.
Stebbing, Mr. S.
Rattenbury, Mr. William Henry
Fellows, Mr. A.
Guy, Mr. Edward John
Jackson, Mr. H.
Scott, Mr.

STEWARDS TÜRKISCHES BAD

Caton, Miss Annie
Crosbie, Mr. J. B.
Ennis, Mr. W.
Slocombe, Mrs Maud
Taylor, Mr. L.

BADESTEWARDS

Broom, Mr. H.
Major, Mr. E.
Morris, Mr. Frank Herbert
Pennell, Mr. Frank Herbert
Rule, Mr. Samuel James
Stewart, Mr. John „Jack"
Broome, Mr. Athol
Dolby, Mr. J.
Holland, Mr. T.
Hamilton, Mr. E.
Webb, Mr. Brooke

PAGEN

Bessant, Mr. E.
Gepäckmeister

Back, Mr. C.
Assistent

Barrett, Mr. A.
Harris, Mr. C. H.
Watson, Mr. W.

Mishellany, Mr. A.
Drucker

Corben, Mr. E. T.
Druckergehilfe

Fletcher, Mr. P. W.
Signalgeber

Perkins, Mr. L.
Telefonvermittlung

McCawley, Mr. T. W.
Gymnastikraum-Trainer

Wright, Mr. Fredrick
Racquet-Court Aufsicht

Baxter, Mr. F.
Wäscherei

Olive, Mr. Ernest R.
Holloway, Mr. Sidney

2.-KLASSE-STEWARDS

Hardy, Mr. John
Chefsteward

SALONSTEWARDS

Bailey, Mr. G.
Benham, Mr. Frederick
Charman, Mr. John
Conway, Mr. P. W.

Dashwood, Mr. William G.
Davies, Mr. R. J.
Doughty, Mr. W.
Franklin, Mr. Alan Vincent
Gibbons, Mr. Jacob William
Harris, Mr. C. W.
Hawkesworth, Mr. John
Heinen, Mr. J.
Jenner, Mr. Harry
Jensen, Mr. Charles Valdemar
Jones, Mr. Albert
Middleton, Mr. M. V.
Moore, Mr. A. E.
Parsons, Mr. R.
Prosper, Mr. Richard
Phillimore, Mr. Harold Charles William
Randall, Mr. F. H.
Ridout, Mr. W.
Rogers, Mr. M.
Russell, Mr. Richard
Ryerson, Mr. William Edwy
Samuel, Mr. O. W.
Scovell, Mr. R.
Stroud, Mr. E. A. O.
Teuton, Mr. Thomas M.
Whitford, Mr. A. H.

STEWARDGEHILFEN

Andrews, Mr. Charles E.
Christmas, Mr. H.
Dean, Mr. G. H.
Gunn, Mr. J. A.
Humphreys, Mr. Toms H.
Kerley, Mr. W. T.
Lacey, Bert Mr. W.
Nichols, Mr. Walter H.
Owen, Mr. L.
Penny, Mr. W. C.
Roberton, Mr. G. E.
Terrell, Mr. F.
Williams, Mr. Walter John
Wood, Mr. J. T.

KABINENSTEWARDS

Barlow, Mr. George
Beedman, Mr. George
Bogie, Mr. L. N.
Boothby, Mr. W.
Byrne, Mr. J. E.
Ford, Mr. F.
Hamblyn, Mr. Ernest William
Mackie, Mr. G. W.
Petty, Mr. Edwin Henry
Reed, Mr. Charles
Smith, Mr. Charles Edwin
Stone, Mr. Edward Thomas

PANTRYS

Seward, Mr. Wilfred Deable Chef Pantry

Harding, Mr. A.
Longmiur, Mr. J.
Pook, Mr. P.

TELLERWÄSCHER

Burrage, Mr. Alfred
Humby, Mr. F.
Jones, Mr. A. E.
Bulley, Mr. H. A.
Chapman, Mr. Joseph Charles
Perrin, Mr. W. C.
Hinckley, Mr. G.
Widgery, Mr. James George
Edge, Mr. F. W.
Kelland, Mr. T.
Pacey, Mr. R. J.
Snape, Mrs
Wallis, Mrs
Witter, Mr. James

FRISEURE

Klein, Mr. H
Weikman, Mr. August H.

White, Mr. A.
Rasierer

3.-KLASSE-STEWARDS

Kiernan, Mr. James W.
Chefsteward

Sedunary, Mr. Sidney Francis
Zweiter Steward

STEWARDS

Akermann, Mr. Albert
Barton, Mr. S. J.
Baxter, Mr. H. R.
Bristow, Mr. Robert C.
Brookman, Mr. J.
Cecil, Mr. C.
Chitty, Mr. Archibald George
Cox, Mr. William Denton
Daniels, Mr. Sidney Albert
Edbroke, Mr. F.
Ede, Mr. G. B.
Egg, Mr. W. H.
Evans, Mr. George
Finch, Mr. H.
Foley, Mr. William, C.
Ford, Mr. E.
Fox, Mr. W. T.
Halford, Mr. Richard
Hart, Mr. John Edward
Hill, Mr. H. P.
Hyland, Mr. Leo James
Ingrouville, Mr. H.
Knight, Mr. L. G.
Leonard, Mr. M.
Lewis, Mr. Arthur Ernest Read
Mabey, Mr. J.
Mantle, Mr. R.
Mullen, Mr. Thomas A.
Nichols, Mr. A. D.
Pearce, Mr. A. E.
Port, Mr. Frank
Prideaux, Mr. J. A.
Prior, Mr. Harold Joseph
Pugh, Mr. Alfred
Rice, Mr. P.
Ryan, Mr. T.
Savage, Mr. Charles J.
Sevier, Mr. W.
Slight, Mr. H. J.
Talbot, Mr. George Fredrick Charles
Taylor, Mr. C.
Thaler, Mr. Montague Donald
Willis, Mr. W.
Ashe, Mr. H. W.
Crispin, Mr. William
White, Mr. J.
Wright, Mr. William
Müller, Mr. L.
Pearcey, Mr. Albert Victor
Dunford, Mr. W.

KÜCHENBEDIENSTETE

Proctor, Mr. Charles
Chefkoch, Küchenmanager

KÖCHE

Bochetez, Mr. J.
Gill, Mr. P.
Johnson, Mr. H.
Coombs, Mr. C.
Gollop, Mr. C.
Locke, Mr. A.
Thorley, Mr. W.
Welch, Mr. W. H.
Jones, Mr. H.
Bedford, Mr. William Barnet
Kennell, Mr. C.

Maynard, Mr. John
Simmons, Mr. W.
Slight, Mr. W.
Stubbings, Mr. H.
Windebank, Mr. Alfred
Caunt, Mr. W.
Lovell, Mr. J.
Hutchinson, Mr. J.
Ayling, Mr. E.
Buckley, Mr. H.
Ellis, Mr. John Bertram
Orr, Mr. J.

SCHLACHTER

Maytum, Mr. Alfred
Topp, Mr. T.
Roberts, Mr. F.

SCHLACHTERGEHILFEN

Barker, Mr. T.
Barrow, Mr. Charles (H.?)
Hensford, Mr. J.
Mills, Mr. Charles
Wiltshire, Mr. W.

BÄCKER

Joughin, Mr. Charles John
Giles, Mr. J.
Davies, Mr. J.
Hine, Mr. W.
Burgess, Mr. Charles Reginald

BÄCKERGEHILFEN

Barker, Mr. A.
Barnes, Mr. Frederick (W.?)
Chitty, Mr. G.
Neale, Mr. Henry
Smith, Mr. J.
Wake, Mr. S.

KONDITOREN

Farrendon, Mr. E.
Leader, Mr. A.
Feltham, Mr. G.

KÜCHENJUNGEN

Allen, Mr. G.
Bull, Mr. W.
Colgan, Mr. Joseph
Collins, Mr. John
Hall, Mr. F.
Hatch, Mr. H.
Ings, Mr. W.
King, Mr. G.
Martin, Mr. F.
Platt, Mr. W.
Ross, Mr. H. (R.?)
Shaw, Mr. H.
Simmonds, Mr. A.
Smith, Mr. C.
Beere, Mr. William
Hardwick, Mr. Reginald

À-LA-CARTÈ RESTAURANT

Gatti, Mr. L.
Manager

Jeffery, Mr. William Alfred
Vine, Mr. H.

Rousseau, Mr. P.
Maugé, Mr. Paul

Bowker, Miss Ruth
Kassiererin

Martin, Miss Margaret „Mabel" E.
Zweite Kassiererin

Coutin, Mr. Auguste Louis
Monteverdi, Mr. Giovanni

Charboisson, Mr. A.
Cornaire, Mr. M.
Scavino, Mr. C.
Vicat, Mr. J.
Dornier, Mr. Louis A.
Janin, Mr. Claude Marie
Vilvarlarge, Mr. P.
Bietrix, Mr. G.
Jouannault, Mr. Georges J.
Bolhuis, Mr. Hendrik
Jaillet, Mr. H.
Desvernine, Mr. Louis G.

Nannini, Mr. F.
Bochet, Sig. Pietro Giuseppe

Bamfi, Sig. Ugo [Waiter]
Basilico, Sig. Giovanno
Bazzi, Sig. Narciso
Casali, Sig. Giulio
Gilardino, Mr. V.
Piazza, Mr. P.
Poggi, Mr. E.
Ratti, Mr. E.
Rigozzi, Mr. A.
Rotto, Mr. Angelo (oder Rotta, Mr. A.)
Sesea, Mr. Gino
Urbini, Sig. Robert
Valvassori, Sig. Ettore
Vioni, Mr. R.

Allaria, Sig. Battista Antonio (Baptiste)
Bernardi, Sig. Baptiste
Beux, Sig. Baptiste
Crovella, Sig. Luigi (Louis)
De Breucq, Mr. M.
De Marsico, Sig. Gianni
Donati, Sig. Italo Francesco
Zanetti, Sig. Mario
Monoros, Mr. J.
Pedrini, Sig. Alessandro
Perotti, Sig. Alfonsi
Petrachio, Mr. A.
Petrachio, Mr. S.
Piatti, Mr. L.
Ricaldone, Sig. Rinaldo
Sacaggi, Mr. G.

Blumet, Mr. Jean Baptiste
Asperlach, Mr. Georges
Salussolia, Mr. Giovenz
Testoni, Mr. Ercole
Phillips, Mr. Walter John
Pachera, Mr. Jean Baptiste S.
Fei, Sig. Carlo
Bertoldo, Sig. Fioravante Giuseppe (Florentini Berthold)
Mattman, Mr. Adolf

Voegelin, Mr. Hans (Johannes)
Grosclaude, Mr. Gérald
Price, Mr. Ernest
Zarracchi, Mr. L.
Turvey, Mr. Charles
Tietz, Mr. C.

POSTABTEILUNG

Gwinn, Mr. William Logan
March, Mr. John Starr
Smith, Mr. John Richard Jago
Williamson, Mr. James Bertram
Woody, Mr. Oscar Scott

LEINEN LOS

Kohle war knapp, die Mannschaft zusammengewürfelt,
das Auslaufen zur Jungfernfahrt war schwierig.

Die Vorbereitungen zum Auslaufen der TITANIC standen unter keinem guten Stern. Es begann mit Schwierigkeiten beim Bunkern der immensen Kohlevorräte. Die englischen Grubenarbeiter streikten seit dem 22. Februar 1912, nachdem Verhandlungen zwischen ihnen und den Zechenbesitzern trotz aller Vermittlungsversuche von Premierminister Asquith gescheitert waren. Besonders hart traf das die Reedereien. Frachter und Passagierschiffe mussten in den Häfen bleiben, weil sie nicht genügend Brennstoff hatten. Da ein Ende des Streiks nicht abzusehen war, nutzten viele Reeder die Zeit, um ihre Schiffe auf Werften überholen zu lassen.

Dampfschiffe, Werften und Häfen waren der Kern des viktorianischen Southamptons. Die Stadt war geradezu eine Erfindung des Dampfzeitalters. Schiffslinien hatten den Hafen attraktiver werden lassen als andere Abfertigungsplätze an der Westküste Großbritanniens, weil er gute Hinterlandverbindungen nach London bot. Die Eisenbahn, ebenfalls eine Entwicklung des Dampfzeitalters, war im Mai 1840 fertiggestellt worden. Die Southampton Dock Company öffnete ihr erstes Dock, Reedereien richteten Linienverbindungen nach Ägypten und Indien ein, und in der Folge wuchs die Bevölkerung von 27.000 auf 105.000 Menschen. Die White Star Line gab bekannt, dass ihre Schiffe TITANIC und OLYMPIC für die Dauer des Streiks ihre Fahrgeschwindigkeit bei den bevorstehenden Reisen von 23 auf 20 Knoten reduzieren würden. Man wollte Kohle sparen, aber den Fahrplan einhalten.

In Southampton waren die Kaianlagen in diesen Wochen derart überfüllt, dass Schiffe zeitweise in zwei Reihen an die Pier gingen. An den Liegeplätzen Nummer 38 und 39 hatten die OCEANIC und die NEW YORK nebeneinander festgemacht, die TITANIC an Kai 44 und gegenüber am neuen White-Star-Kai die MAJESTIC neben der PHILADELPHIA und der ST. LOUIS der American Line.

Am 6. April beendeten die Bergleute ihren Streik. Es blieb nun allerdings nicht mehr genügend Zeit, um so viel Kohle nach Southampton zu transportieren, dass die TITANIC für ihre Jungfernfahrt ausreichend Bunker gehabt hätte. Immerhin benötigten die Heizer vor den 159 Feuerlöchern insgesamt 650 Tonnen Kohle pro Tag.

Um diese erste groß angekündigte und von vielen Menschen mit Spannung erwartete Fahrt nicht verschieben zu müssen, entschloss sich die White Star Line, ihre Schiffe ADRIATIC und OLYMPIC, die ebenfalls Kurs auf New York nehmen sollten, nicht auslaufen zu lassen und deren Kohlevorräte auf die TITANIC umzuladen. Außerdem kaufte die Reederei Kohle auf, die andere Schiffe im Hafen von Liverpool bereits gebunkert hatten, und ließ diese ausnahmslos auf ihren Neubau schaffen. So kamen insgesamt 4.427 Tonnen zusammen.

LANGE SCHLANGEN VOR DEN HEUERSTELLEN

Passagiere, die Tickets für die beiden zurückgehaltenen Schiffe bereits in der Hand hielten, wurden auf die TITANIC umgebucht. Manche waren von der Aussicht begeistert, auf diesem luxuriösen Schiff mitfahren zu können, andere blieben skeptisch und hatten gemischte Gefühle. Zum einen kostete eine Passage in der Zweiten Klasse auf der TITANIC mehr als in der Ersten Klasse auf den anderen Schiffen, zum anderen gab es Vorbehalte gegen eine Reise auf einem so gigantischen Schiff. Zeugen erinnern sich daran, wie der Zahlmeister die Skeptiker mit den Worten beruhigte, sie bräuchten wegen der wasserdichten Abteilungen des Schiffes absolut keine Sicherheitsbedenken zu haben.

Die White Star Line forderte die erst im Oktober 1911 gegründete Seefahrer-Gewerkschaft auf, die nötigen Matrosen, Heizer, Maschinisten, Schmierer und Stauer anzuheuern. Am 6. April 1912, einem Samstag, bildeten sich vor den Gewerkschaftsbüros und der Heuerstelle der Reederei lange Schlangen. Der Streik der Bergarbeiter hatte zur Absage vieler Schiffsabfahrten geführt. Da die Seeleute immer nur für eine Reise angeheuert wurden, hatten die meisten von ihnen während der zurückliegenden Monate keine Arbeit gehabt und waren froh, endlich wieder Geld verdienen zu können. Viele betrachteten es auch als besondere Ehre, auf dem neuen Dampfer unter dem Kommando von Kapitän Edward J. Smith zu fahren. Mit einem solchen Eintrag im Seefahrtsbuch zählte man zur Elite der Seeleute in Southampton.

Problematischer war es, die führenden Positionen auf der TITANIC zu besetzen. Es hatte vor kurzem im Hafen von Liverpool einen Zwischenfall gegeben. Der starke Sog von den Propellern der OLYMPIC hatte den kleinen Kreuzer HAWKE von seinem Kurs abgebracht und gegen den Rumpf des Passagierschiffes gedrückt. Die nachfolgende Untersuchung ergab, dass die White Star Line die Havarie zu verantworten hatte. Derart große Schiffe verlangten besondere Kenntnisse und entsprechende Erfahrung beim Manövrieren. Deshalb wurde Henry T. Wilde, der Leitende Offizier der OLYMPIC, für die erste Reise auf die vergleichbar große TITANIC abkommandiert. Damit aber stufte man den Leitenden Offizier des Schiffes, William M. Murdoch, zum Ersten Offizier herab. Diese „Herabstufung" zog sich weiter durch die Hierarchie der Nautiker – der frühere Erste Offizier Charles H. Lightoller wurde Zweiter und der Zweite David „Davy" Blair musste seine Stellung ganz aufgeben. Die Rangfolge der übrigen Offiziere, Pitman (Dritter), Boxhall (Vierter), Lowe (Fünfter) und Moody (Sechster), blieb von den Verschiebungen unberührt. Insgesamt bedingte dieses Vorgehen unter den Offizieren zunächst eine gewisse Unsicherheit über die jeweiligen Positionen und Aufgaben.

Besonders die von der wesentlich kleineren OCEANIC übernommenen Besatzungsmitglieder hatten anfangs Schwierigkeiten, sich auf der großen TITANIC zurechtzufinden. So gab Charles H. Lightoller später zu, er habe nach seiner Ankunft an Bord noch volle zwei Wochen gebraucht, bis er wusste, wie er auf dem kürzesten Weg von einer Stelle zu einer anderen kommen konnte. Diese Zeit zum Eingewöhnen hatten viele Besatzungsmitglieder nicht. Etliche Seeleute von der viel kleineren NEW YORK, von der man ebenfalls Kohle bekommen hatte, kamen erst am Morgen des Auslaufens auf die TITANIC. Sie hatten also gar keine Gelegenheit, sich mit dem Schiff und seinen Ausmaßen vertraut zu machen. Das blieb auch den Passagieren nicht verborgen. Viele äußerten sich unzufrieden über die nach ihrer Ansicht komplett zusammengewürfelte Crew.

Während sich die Mannschaft eingewöhnte und die Passagiere einschifften, übernahm die TITANIC auch einiges an Ladung. Passagierschiffe jener Zeit luden im-

AN BORD

Passagiere und Besatzung mussten sich erst langsam an das große Schiff gewöhnen. Selbst die Offiziere benötigten dafür einige Tage. Auch die Aufgaben waren für viele von ihnen neu.

WERTVOLLE LADUNG

Die großen Atlantik-Liner hatten neben Passagieren auch immer Landung an Bord. Bei der TITANIC hatte sie einen damaligen Wert von 420.000 Dollar. Das Original dieser Liste ist zusammen mit den Waren untergegangen. Damit Versicherungen nach einem Schaden oder Untergang korrekt abrechnen konnten, war es damals üblich, eine Kopie der Liste mit einem anderen Schiff in den Zielhafen zu senden. Bei der TITANIC geschah dies auf der MAURE-TANIA. Am 20. April 1912 druckten einige New Yorker Zeitungen die Liste ab, um zu zeigen, welche Sachwerte verloren gegangen waren.

Mehrere Namen von Versendern sind in der Auflistung mehrfach vertreten, weil die Ladung nach dem Zeitpunkt ihrer Ankunft an Bord eingetragen wurde. Firmen, die ihre Güter an verschiedenen Tagen geliefert haben, tauchen daher auch mehrfach auf.

Firma/Passagier	Frachtgut
Waken & McLaughlin	1 Kiste Wein
Thorer & Praetorius	1 Ballen Felle
Carter, W. E.	1 Auto
Fuchs & Lang Mfg Co	4 Kisten Druckunterlagen
Spaulding A.G. & Bros.	34 Kisten Sportartikel
Park & Tilford	1 Kiste Zahnpasta
	5 Kisten Drogerieartikel
	1 Kiste Bürsten
Maltus & Ware	8 Kisten Orchideen
Spencerian Pen Co.	4 Kisten Füllfederhalter
Claflin, H. B. & Co.	12 Kisten Baumwollspitzen
Sherman Sons & Co.	7 Kisten Baumwollstoffe
Muser Bros.	3 Kisten Servietten
Isler & Guve	4 Ballen Stroh
Rydeman & Lassner	1 Kiste Tüllstoff
Petry, P. H. & Co.	1 Kiste Tüllstoff
Metzger, A. S.	2 Kisten Tüllstoff
Mills & Gibb	20 Kisten Baumwollstoffe
	1 Kiste Handschuhe
Field, Marshall & Co.	1 Kiste Handschuhe
NY Motion Picture Co.	1 Kiste Filme
Thornburn, J. M. & Co.	3 Kisten Glühbirnen
Rawstick & H. Trading Co.	28 Sack Stöcke
Dujardin & Ladnick	10 Kisten Melonen
American Express Co.	25 Kisten Ware
Tiffany & Co.	1 Kiste Porzellan
	1 Kiste Silberwaren
Lustig Bros.	4 Kisten Strohhüte
Kuyper, P. C. & Co.	1 Kiste Gummibänder
	1 Kiste Leder
Cohen, M. Bros.	5 Pakete Felle
Gross, Engle Co.	1 Kiste Felle
Wilson, P. K. & Son	61 Kisten Tüllstoff
Gallia Textile Co.	1 Kiste Spitzen
Calhoun, Robbins & Co.	1 Kiste Baumwollspitzen
	½ Kiste Bürsten
Victor & Achiles	1 Kiste Bürsten
Baumgarten, Wm & Co.	3 Kisten Mobiliar
Spielman Co.	3 Kisten Seidencrêpe
Nottingham Lace Works	2 Kisten Baumwolle

Firma/Passagier	Frachtgut
Naday & Fleischer	1 Kiste Spitzen
Rosenthal, Leo J. Co.	4 Kisten Baumwolle
Wakem & McLaughlin	25 Kisten Kekse
	42 Kisten Wein
Leeming, T. & Co.	7 Kisten Kekse
Crown Perfume Co.	3 Kisten parfümierte Seife
Meadows, T. & Co.	5 Kisten Bücher
	3 Kisten Proben
	1 Kisten Pergament
Thomas & Pierson	2 Kisten Eisenwaren
	2 Kisten Bücher
	2 Kisten Mobiliar
American Express Co.	1 Kiste Gummibänder
	1 Kiste Grammophone
	4 Kisten Strumpfhosen
	5 Kisten Bücher
	1 Kiste Segeltuch
	1 Kiste Gummiartikel
	3 Kisten Drucke
	6 Kisten Filme
	1 Kiste Tweedstoff
	1 Kiste Serofassungen/ Eichenbalken
	1 Kiste Pflanzen
	1 Kiste Tachometer
	1 Paket Vermögenswerte
	2 Kisten Proben
	8 Kisten Paste
	3 Kisten Kameras u. Stative
	4 Kisten Bücher
Sheldon, G. W. & Co.	1 Kiste Maschinen
Maltus & Ware	15 Kisten Alarmanlagen
	11 Kisten Orchideen
Hempstead & Sons	30 Kisten Pflanzen
Brasch & Rothenstein	2 Kisten Spitzenkragen
	2 Kisten Bücher
Isler & Guve	53 Pakete Stroh
Baring Bros. & Co.	68 Kisten Gummi
	100 Sack Gutta Percha
Altman, B. & Co.	1 Kiste Baumwollstoffe
Stern, S.	60 Kisten Salzpulver
Arnold, F. R. Co.	6 Kisten Seife
Shieffelin & Co.	17 Pakete Wollfett

Firma/Passagier	Frachtgut
American Motor Co.	1 Paket Kerzen
Strohmeier & Arpe	75 Ballen Fisch
National City Bank of New York	11 Ballen Gummi
Kronfeld, Saunders & Co.	5 Kisten Schalen
Richard, C. B.	1 Kiste Filme
Corbett, M. J. & Co.	2 Kisten Hutleder etc.
Snow's Express Co.	3 Kisten Bücher
Van Ingen, E. H. & Co.	1 Kiste Wollsachen
Lippincott, J. B. & Co.	10 Kisten Bücher
Lazard Freres	1 Kiste Felle
Aero Club of America	1 Kiste Maschinenteile
	1 Kiste Dokumente
Witcombe, McGrachlin & Co.	856 Rollen Linoleum
Wright & Graham Co.	437 Fässer Tee
Gillman, J.	4 Ballen Felle
Arnold & Zeiss	134 Kisten Gummi
Brown Bros. & Co.	76 Kisten Drachenblut (auch ein Harz)
	3 Kisten Harz
American Shipping Co.	5 Kisten Bücher
Adams Express	35 Kisten Bücher
Lasker & Bernstein	117 Kisten Schwämme
Oelrichs & Co.	2 Kisten Bilder etc.
Stechert, G. E. & Co.	12 Kisten Zeitschriften
Milbank, Leaman & Co.	3 Kisten Wollsachen
Vandegrift, F. B. & Co.	63 Kisten Champagner
Downing, R. F. & Co.	1 Kiste Filz
	1 Kiste Mehl
	3 Kisten Tennisbälle
	1 Kiste Maschinen-verpackungen
Dublin, Morris & Kornbluth	2 Kisten Felle
International Trading Co.	1 Kiste chirurgische Instrumente
	1 Kiste Eisenwaren
Pitt & Scott	4 Kisten Druckerzeugnisse
	1 Kiste Tuch
Davies, Turner & Co.	4 Kisten Druckerzeugnisse
	1 Kiste Maschinenteile
	1 Kiste Bücher
	1 Kiste Waren

Firma/Passagier	Frachtgut	
Sheldon, G. W. & Co.	1	Kiste Kurzwaren
	1	Kiste Fotos
	1	Kiste Gummibänder
	2	Kisten Bücher
	1	Schachtel Golfbälle
	5	Kisten Instrumente
American Express Co.	2	Päckchen Ware
Vandegrift, F. B. & Co.	1	Kiste Waren
Budd, S.	1	Päckchen Ware
Lemke & Büchner	1	Päckchen Ware
Nicholas, G. S. & Co.	1	Kiste Waren
Walker, G. A.	1	Kiste Waren
Adams Express Co.	4	Rollen Linoleum
	3	Ballen Leder
	1	Kiste Hüte
	6	Kisten Papierwaren
	5	Kisten Bücher
	1	Kiste Blechrohre
	2	Kisten Seife
	2	Kisten Stiefel
Wells, Fargo & Co.	3	Kisten Bücher
	2	Kisten Mobiliar
	1	Kiste Broschüren
	1	Kiste Pflanzen
	1	Kiste Eier
	1	Kiste Whiskey
International News Co.	10	Pakete Zeitschriften
Van Ingen, E. H. & Co.	1	Päckchen
Sterns, R. H. & Co.	1	Kiste Cretonne (Seide)
Downing, R. F. & Co.	1	Kiste Eisenfassungen
	1	Kiste Glühbirnen
Jacobsen, James	1	Kiste Miederwaren
Carbon Machinery Equipment Co.	1	Kiste Kleidung
Sanger, R. & Co.	3	Kisten Haarnetze
Flietmann & Co.	1	Kiste Seidenwaren
Rush & Co.	1	Kiste Haarnetze
Blum, J. A.	3	Kisten Seidenwaren
Tiedemann, T. & Sons	3	Kisten Seidenwaren
Costa, F.	1	Kiste Seidenwaren
Tolson, A. M. & Co.	1	Kiste Handschuhe
Mathews, G. T. & Co.	2	Kisten Bücher u. Spitze
Tice & Lynch	5	Kisten Bücher
	1	Tasche Rahmen
	1	Kiste Baumwolle
	2	Kisten Schreibpapier
US Export Co.	1	Kiste wissenschaftliche Geräte
	2	Kisten Verschiedenes
	3	Kisten Testseile
	1	Kiste Briar-Pfeifen
	2	Kisten Druckerzeugnisse
Pape, Chas & Co.	1196	Sack Kartoffeln
Sauer, J. P. & Co.	318	Sack Kartoffeln
Rusch & Co.	1	Kiste Samtstoffe
Mallouk, H.	1	Kiste Spitze
Bardwill Bros.	8	Kisten Spitze
Heyliger, A. V.	1	Kiste Sand
Peabody, H. W. & Co.	13	Ballen Strohartikel
Simon, A. I. & Co.	1	Kiste unbehandelte Federn
Wilson, P. K. & Sons	2	Kisten Leinenstoffe
Manhattan Shirt Co.	3	Kisten Servietten
Broadway Trust Co.	3	Kisten Coneyfelle (Hase)
Prost, G.	1	Kiste Autoteile
Young Bros.	1	Kiste Federn
Wimpfheimer, A. & Co.	3	Kisten Leder
Brown Bros. & Co.	15	Kisten Kaninchenhaare
Goldstern, Morris	11	Kisten Federn
Cobb, G. H.	1	Kiste Spitzentaschentücher
Anderson Refrig Machinery Co.	11	Kisten Kühlaggregate
Suster, Alfred	18	Kisten Maschinenteile
American Express Co.	1	Kiste verpackte Pakete
	3	Kisten Servietten
	2	Fässer Quecksilber
	1	Fass Erde
	2	Fässer Glaswaren
	3	Kisten Druckerzeugnisse
	1	Kiste Strohflechtereien
	3	Kisten Strohhüte
	1	Kiste Käse
Meadows, Thomas & Co.	3	Kisten Miederwaren
Uchs & Hegnoer	3	Kisten Seidenartikel
Cauvigny Brush Co.	1	Kiste Bürstenwaren
Johnson, J. G. Co.	2	Kisten Schleifen
Judkins & McCormick	2	Kisten Blumen
Spielmann Co.	1	Kiste Handschuhe
American Express Co.	18	Kisten Waren
Wakem & McLaughlin	6	Ballen Kork
Acker, Merrall & Condit	75	Kisten Anchovis
	225	Muscheln
	1	Kiste Spirituosen
Engs, P. W. & Sons	190	Kisten Spirituosen
	25	Kisten Sirup
Schall & Co.	25	Kisten Eingelegtes
NY & Cuba SS Co.	12	Kisten Butter
	18	Kisten Öl
	2	Schläuche Essig
	19	Kisten Essig
	6	Kisten Eingelegtes
	8	Doppelkisten Trockenobst
	10	Doppelkisten Wein
DuBois, Geo C.	16	Schläuche Wein
Hollander, H.	185	Kisten Wein
	110	Kisten Brandy
Van Renssaller, C. A.	10	Schläuche Wein
	15	Kisten Cognac
Brown Bros. & Co.	100	Kisten Wallnüsse ohne Schale
Bernard, Judas & Co.	70	Bündel Käse
American Express Co.	30	Bündel Käse
	2	Kisten Cognac
Moquin Wine Co.	1	Kiste Spirituosen
	38	Kisten Öl
Knauth, Nachod & Kuhne	107	Kisten Champignons
	1	Kiste Broschüren
Lazard Freres	25	Kisten Sardinen
	3	Kisten Eingelegtes
Acker, Merrall & Cnodit	50	Kisten Wein
DuBois, Geo F.	6	Kisten Wermut
	4	Kisten Wein
Heidelbach, Ickelheimer & Co.	11	Kisten Walnüsse ohne Schale
Brown Bros. & Co.	100	Ballen Walnüsse ohne Schale
National Bank of Chicago	300	Kisten Walnüsse ohne Schale
Blechoff, H. & Co.	35	Sack unbearbeitetes Holz
Baumert, F. X. & Co.	50	Bündel Käse
Rathenberger & Co.	190	Bündel Käse
Haupt & Burgi	50	Bündel Käse
Sheldon & Co.	40	Bündel Käse
Percival, C.	50	Bündel Käse
Stone, C. D. & Co.	50	Bündel Käse
Phoenix Cheese Co.	30	Bündel Käse
Petry, F. H. & Co.	10	Bündel Käse
Reynolds & Dronig	15	Bündel Käse
Fouger, E.	41	Kisten Filterpapier
Munro, J. & Co.	22	Kisten Champignons
	15	Kisten Erbsen
	3	Kisten Bohnen
	10	Kisten Mischgemüse
	13	Kisten Erbsen
	25	Kisten Oliven
	12	Kisten Kapern
	10	Bündel Fisch
	20	Bündel Waren
Austin, Nichols	25	Kisten Olivenöl
	14	Kisten Champignons
Bestellungen	14	Kisten Faktis
	13	Kisten Harz
	14	Fässer Harz
	285	Fässer Tee
	8	Ballen Felle
	4	Kisten Opium
	3	Kisten Fensterrahmen
	8	Ballen Felle
	8	Pakete Felle
	1	Kiste Felle
	2	Kisten Pferdehaar
	2	Kisten Seide
	8	Ballen Rohseide
	4	Pakete Haarnetze
	200	Pakete Tee
	246	Kisten Sardinen
	30	Rollen Jutesäcke
	1962	Sack Kartoffeln
	7	Kisten unbehandelte Federn
	10	Kisten Hutmacherpelze
	3	Kisten Stoff
	1	Kiste Kaninchenhaar
	31	Kisten Rohgummi
	7	Kisten Gemüse
	5	Kisten Fleisch
	10	Kisten Sirup
	2	Kisten Spirituosen
	150	Kisten Walnüsse ohne Schale
	15	Bündel Käse
	2	Kisten Wanduhren
	2	Kisten Leder
Besitzer von Originalfrachtbriefen	79	Ziegenfelle
	16	Kisten Kalebassen
	4	Kisten Stickereien
	3	Fässer Wein
	12	Kisten Straußenfedern
	4	Kisten Federn
	3	Ballen Federn
	33	Säcke Argoldünger
	3	Ballen Schafsfelle

mer auch Fracht. Hier waren dies beispielsweise zwölf Kisten Straußenfedern – damals ein wichtiges modisches Accessoire –, 300 Kisten Walnüsse ohne Schalen, 25 Kisten Ölsardinen, zwei Kisten Standuhren und ein neues rotes Auto des französischen Herstellers Renault. Auch 76 Kisten Drachenblut hievten die Kräne an Bord. So nannte man das Harz von Agavengewächsen der Kanarischen Inseln, das zum Färben von Holzlack und für die Herstellung von Make-up verwendet wurde. Die ungewöhnlichste Ladung aber war wohl ein Buch. Hierbei handelte es sich um eine Ausgabe des „Rubaiyat" von Omar Khayam, eine berühmte persische Gedichtsammlung aus dem 12. Jahrhundert, deren Einband mit 1.050 in Gold gefassten Edelsteinen verziert war.

Die Verfrachter zahlten für Transporte auf Transatlantiklinern zwar mehr als auf reinen Frachtschiffen, aber sie sparten andererseits bei den Versicherungsprämien. Die Liner galten als die sichersten im gesamten Welthandel, weshalb die Assekuradeure für derartige Passagen niedrigere Prämien verlangten.

FLAGGENSCHMUCK AM KARFREITAG

Die TITANIC faszinierte die Menschen über alles. Auch die Fachzeitschrift The Shipbuilder bezeichnete sie in einem Artikel als praktisch unsinkbar. Dieser Ausdruck wurde binnen kurzem überall in der Öffentlichkeit übernommen. Wobei im Sprachgebrauch das Wort „praktisch" schnell weggelassen und das Schiff allenthalben als unsinkbar bezeichnet wurde. Zu diesem Ruf hatte nicht zuletzt Kapitän Edward J. Smith beigetragen, als er einem Reporter auf die Frage nach einer möglichen Schiffskatastrophe erklärte: „Der moderne Schiffbau ist darüber hinausgekommen." Eine Fehleinschätzung, die sein Verhalten während der Überfahrt prägte und der er kurz darauf zum Opfer fallen sollte.

Über die Osterfeiertage ruhten die Arbeiten an Bord. Da während der Vorbereitungen zum Auslaufen keine Besucher an Bord kommen durften, bot man den Schaulustigen im Hafen ab Karfreitag zumindest vollen Flaggenschmuck über die Toppen. Gleich nach den Feiertagen wurden die Arbeiten dann wieder hektischer. Am Morgen des 10. April kamen bereits kurz nach Sonnenaufgang die ersten Besatzungsmitglieder an Bord. Die Offiziere mit Ausnahme von Kapitän Smith hatten bereits die Nacht auf dem Schiff verbracht. Der Kapitän verabschiedete sich um sieben Uhr morgens von seiner Frau Eleanor und seiner zwei Jahre alten Tochter Helen und ließ sich von einem Taxi zum Kai bringen. Um halb acht Uhr stieg er die Gangway hinauf.

Kurz vor dem Auslaufen gab die Reederei noch einigen Journalisten Gelegenheit, sich in der Zweiten und Dritten Klasse einen Eindruck vom Leben an Bord zu verschaffen. Die Passagiere der Ersten Klasse sollten nicht belästigt werden.

EINEN REPORTER BEGEISTERN DIE SPORTMÖGLICHKEITEN

Einen Reporter des Londoner Standard überraschte vor allem, dass es trotz so vieler Menschen an Bord nirgendwo Gedränge gab. Er schrieb: „In dem von einem Turnlehrer geleiteten Gymnastikraum herrschte schon eine volle Stunde vor der Abfahrt Hochbetrieb. Auf einem elektrisch betriebenen Kamel ließ sich eine Dame durchrütteln und sprach dabei entzückt von dem Wunder der ägyptischen Pyramiden. In einer anderen Ecke strampelten zwei junge Männer auf feststehenden Fahrrädern deutscher Herkunft, welche sowohl die Geschwindigkeit als auch die zurückgelegte Strecke anzeigten. Beim Squash lieferten sich zwei Amerikaner ein erbittertes Duell. Auf der Brücke hatte die schwungvoll spielende Bordkapelle Aufstellung genommen. Amerikanischem Ragtime folgten Melodien aus einer Operette von Oscar Straus … Beides beherrschte die Band mit gleicher Meisterschaft. Kurz vor Mittag verwiesen dann Klingelsignale die Besucher von Bord. Die dreistimmige Dampfpfeife der TITANIC dröhnte über die Bucht und war meilenweit zu hören. Die kleinen Schlepper erwiderten das Signal, und langsam löste sich der Schiffskoloss vom Kai. Die Menge jubelte, winkte und schwenkte zahllose Tücher. Dann – plötzliches Schweigen. Die drei Schrauben der TITANIC hatten zu arbeiten begonnen."

Dem Reporter entging in seinem Bericht, dass kurz vor dem Ablegen noch sieben Männer auf die TITANIC zu rannten. Es waren Heizer, die sich in einem der nahegelegenen Pubs an der Canute Road oder der Platform Road einen Abschiedsschluck gegönnt und dabei um wenige Minuten verspätet hatten.

LEBENSRETTENDE DRINKS

Sieben Heizer verpassten die Abfahrt.

Die Mitglieder der „Schwarzen Gang", die Heizer und Stauer, deren Wache erst um 16 Uhr begann, waren am frühen Morgen nach der Musterung an Land gegangen. Ihr Ziel waren die zahlreichen Pubs am Hafen. John Podesta, ein Heizer, der das Unglück überlebte, beschrieb es so: „Am Morgen des 10. April stand ich auf und machte mich auf den Weg zum Schiff für die Acht-Uhr-Musterung, so, wie es am Tag des Auslaufens üblich ist. Das dauerte etwa eine Stunde. Da das Schiff erst gegen Mittag auslaufen sollte, gingen die meisten von uns bis zur Abfahrtszeit wieder an Land.

Wir zogen mit einigen von meiner Wache los. William Nutbean und ich gingen zu unserer Stammkneipe im Newcastle Hotel. Gegen 11.15 Uhr machten wir uns langsam auf den Rückweg. Wir hatten noch viel Zeit und schauten noch in dem Pub ‚The Grapes' vorbei, wo wir noch einige Kollegen trafen. Zehn vor zwölf sind wir sechs zurück zum Kai aufgebrochen. Die drei Slade-Brüder waren mit uns zusammen. Wir waren am Ende der Hauptstraße, als sich ein Personenzug vom anderen Ende der Kais näherte. Ich hörte, wie die Slades sagten: ‚Ach, lasst doch den Zug erst vorbei!' Nutbean und ich überquerten schnell die Gleise und kamen rechtzeitig an Bord. Da es ein langer Zug war, kamen die Slades zu spät, die Gangway war schon hochgezogen."

Der Sechste Offizier Moody hörte die Männer rufen: „Wartet! Lasst die Gangway wieder runter. Wir wollen noch an Bord!" Moody hielt einen Augenblick inne. Er hätte gut und gern die Gangway kurz anhalten und die Männer an Bord lassen können, aber er dachte auch an die zuverlässigen zusätzlichen Männer, die für solche Fälle bereitstanden. Er rief deshalb nach den Ersatzleuten, und Kinsella, Geer, Hosgood, Lloyd, Witt und Black traten vor. Die übrigen Wartenden verließen das Schiff durch den Backbordeingang auf dem E-Deck, der für diesen Zweck noch offen gehalten worden war. Die zurückgewiesenen Männer werden Moody in diesem Moment verflucht haben, doch schon vier Tage später anders darüber gedacht haben. Da war das Schiff im Nordatlantik gesunken. Unter denjenigen, die den Tod fanden, waren besonders viele Heizer, die den langen Weg auf die Außendecks und zu den Booten nicht geschafft hatten.

Southampton war schon zur Jahrhundertwende eine geschäftige Hafenstadt.

HAFENSTADT SOUTHAMPTON

Southampton verdankte seine Bedeutung dem Dampfzeitalter. Wegen seiner günstigen Lage für Dampfschifffahrtslinien einerseits, der guten Verkehrsverbindungen nach London mit Dampfzügen andererseits entwickelte sich die Stadt zu einem bedeutenden Hafen für den Seeverkehr Großbritanniens zu allen Kontinenten. So lagen die Schiffe dort besonders während des Bergarbeiterstreiks von 1912 dicht an dicht und warteten auf Brennstoff für ihre Dampfmaschinen. Die TITANIC lief als eine der ersten aus. Von deren Achterdeck aus fotografierte Father Brown die einstweilen zurückbleibenden Schiffe. Im Vordergrund liegt die ST. LOUIS und in der Mitte die PHILADELPHIA der American Line und im Hintergrund die MAJESTIC der White Star Line.

Heizer hatten damals den wohl härtesten Job und galten an Bord als Raubeine. Das war auch ihre Art, Scherze zu machen. Kurz vor dem Auslaufen, als die vorderen drei Schornsteine qualmten, erschien einer von ihnen rußgeschwärzt an der Öffnung der vierten Röhre und löste bei den Zuschauern einigen Schrecken aus. Es wurde von Abergläubigen als schlechtes Omen angesehen, aber auch schnell wieder vergessen.

Zwischen dem Jubel der Menschen an Bord und an Land knallte plötzlich so etwas wie eine Serie von Revolverschüssen. Die stählernen Trossen, mit denen die in der Nähe liegende NEW YORK festgemacht war, hatten dem Sog, den die Propeller der TITANIC erzeugten, nicht standgehalten. Sie waren gerissen und wie Peitschenschnüre auf das Schiff zurückgeknallt. Menschen schrien und suchten Schutz. Zum Glück wurde niemand verletzt. Einen Augenblick lang schien eine Kollision unvermeidlich – so wie zuvor bei dem Zusammenstoß zwischen der OLYMPIC und dem Kreuzer HAWKE. Aber Kapitän E. J. Smith handelte rasch. Er ließ die Backbordschraube auf höhere Touren bringen, sodass die dadurch erzeugte Strömung die NEW YORK sanft wieder zurückschob.

CHERBOURG

Der erste Teil der Jungfernfahrt der TITANIC war kurz. Er führte in vier Stunden 77 Seemeilen quer über den Ärmelkanal ins französische Cherbourg, damals einer der großen europäischen Auswanderer- und Passagierhäfen. Die normannische Stadt hatte durchaus einen modernen Hafen, dazu einem Seewall, der vor der Dünung des Atlantiks schützte. Aber für so große Schiffe wie die TITANIC gab es keine ausreichend langen Piers oder Kaimauern. Der beeindruckende Passagierterminal Gare Maritime, an dem lange die großen Ozeanliner festmachten und an dem bis heute die Kreuzfahrtschiffe anlegen, wurde erst 1933 eröffnet.

So ankerte die TITANIC auf der Reede vor der Stadt. Dennoch brauchten die Passagiere auf gewohnten Komfort beim Einschiffen nicht zu verzichten. Die White Star Line hatte für den Verkehr zwischen dem Hafen und ihren beiden größten Schiffen zwei neue Tender bauen lassen. Sie wurden auf die Namen NOMADIC und TRAFFIC getauft und stammten beide von der Werft Harland & Wolff. Die NOMADIC war 67 Meter lang und konnte auf fünf Decks rund 1.000 Passagiere an Bord nehmen. Sie war ausschließlich für den Transport von Passagieren der ersten und Zweiten Klasse bestimmt, die Passagiere der Dritten Klasse und die Postsäcke fuhren mit der TRAFFIC.

EINIGE DER BEKANNTESTEN PASSAGIERE KAMEN AN BORD

In Cherbourg kamen einige der bekanntesten Passagiere der TITANIC an Bord. Dazu zählte der 47 Jahre alte John Jacob Astor, damals einer der reichsten Männer der Welt, der mit seiner zweiten Ehefrau Madeleine (19) von einer ausgedehnten Hochzeitsreise zurückkam und nun zurück nach Amerika reiste. Astor war ein Sicherheitsfanatiker. Deshalb hatte er auf seiner Privatyacht sechs Rettungsboote installiert. Außerdem schiffte in Cherbourg Benjamin Guggenheim ein. Seine Familie war im Minengeschäft zu Reichtum gekommen. Er reiste mit mehreren Bediensteten und einer Dame namens Aubart, mit der er nicht verheiratet war. Eine der luxuriösesten Salonsuiten bezogen Charlotte Cardeza aus Philadelphia und ihr 36-jähriger Sohn Thomas.

Ebenfalls in der Ersten Klasse reiste Margaret (Molly) Tobin Brown, die durchsetzungsfähige Witwe eines Minenbesitzers aus Denver, die wohl das Herz auf dem rechten Fleck gehabt zu haben schien, aber gesellschaftlich in ihrem Umfeld nicht anerkannt war. Über sie wird an anderer Stelle noch mehr zu erzählen sein. Außerdem kam der schottische Adlige Sir Cosmo Duff Gordon mit seiner Ehefrau an Bord. Sie hatte sich unter dem Namen Lucile einen Ruf als Modeschöpferin erworben und besaß internationales Renommee. In der Passagierliste tauchten sie allerdings als Mr. und Mrs. Morgan auf. Es wird vermutet, dass sein Unternehmen gerade Probleme mit den amerikanischen Zollbehörden hatte und er deshalb seine wahre Identität nicht preisgeben wollte. Unter falschem Namen reiste auch Michel Navratil mit seinen Söhnen Michel und Edmond. Laut Passagierliste hießen sie Hoffman. Er hatte diesen Namen angegeben, um seine Ehefrau, die er in Frankreich verlassen hatte, in die Irre zu führen. Auch deren Geschichte soll später noch erzählt werden. Mit der TRAFFIC kamen auch Auswanderer an Bord, die aus Kroatien, Armenien sowie aus Syrien und anderen Ländern des Nahen Ostens stammten.

Schon 90 Minuten nach ihrer Ankunft lichtete die TITANIC wieder ihre Anker und verließ um 20.10 Uhr die Reede.

PROMINENTE PASSAGIERE

Zeitungen veröffentlichten Namen und Fotos der Titanic-Passagiere, die vor 100 Jahren zur Prominenz gehörten.

MAN GLAUBT GAR NICHT, AUF EINEM SCHIFF ZU SEIN

Ein so großes Passagierschiff wie die TITANIC machte Eindruck.
Die Reederei lud eigens auf einigen kleinen Reiseabschnitten Reporter ein, um ihre
Eindrücke zu schildern. Denn Presseberichte warben besser als Zeitungsanzeigen.

Für die Zeitung Belfast Telegraph war ein Reporter auf diesem Abschnitt nach Cherbourg mitgereist. Sein Bericht vom 15. April 1912 gibt seine Eindrücke wieder: ‚Seht mal, wie das Schiff schaukelt. Ich hatte gar nicht bemerkt, dass die See so rau ist.' Die Stimme gehörte einer Dame, die sich auf dem Sonnendeck der TITANIC befand. Wir hatten gerade den Osten der Isle of Wight passiert und nahmen im Ärmelkanal Kurs auf Cherbourg.

Das Schiff, das diesen Ausruf hervorgerufen hatte, war ein großer Dreimaster in Sichtweite, über dessen Bug unentwegt die Brecher donnerten. Dort, wo wir uns befanden, etwa 60 Fuß über der Wassermarke, gab es allerdings keinen Hinweis auf die Stärke der Dünung unter uns. Dies ist der erste nachhaltige Eindruck meiner Reise auf der TITANIC – und jeder, mit dem ich sprach, teilte ihn. Jeder hatte diese einzigartige Ruhe bemerkt. Gäbe es nicht die steife Brise an Deck, käme man gar nicht auf die Idee, dass wir uns mit jeder Stunde 20 Knoten weiter entfernt auf unserem Kurs befinden. Es gab allerdings noch andere Dinge, die uns beeindruckten. Unzählige Decks und Appartements vermittelten das täuschende Gefühl, dass wir uns nicht auf See, sondern auf festem Land befanden. Es wäre müßig, ein weiteres Mal den wunderbaren Salon zu beschreiben – den Rauchsalon mit seinen Perlmutteinlagen, die Lounge mit dem grünen Samt und der dunklen polierten Eiche, den Leseraum mit seinem Marmorkamin, den tiefen, weichen Sesseln und dem altrosa

Die Räume der Ersten Klasse boten viel Luxus. Aber auch die Kabinen der Zweiten Klasse waren komfortabel. Als erstes Schiff hatte die TITANIC einen Swimmingpool.

schimmernden Teppich – all diese Dinge sind immer und immer wieder beschrieben worden und verlieren nur mit jeder weiteren Schilderung ihre Wirkung.

Es war so gigantisch, dass viele von uns auch nach Stunden noch unsicher durch das Schiff liefen. Es sollte allerdings bemerkt werden, dass um 19.30 Uhr beim Essensaufruf des Hornisten etwa 325 Personen, die mit erstaunlichem Richtungssinn gesegnet waren, den Weg in den großen Speisesaal fanden. Nach dem Dinner saßen wir in der Lounge und lauschten dem White Star Orchester. Die Musiker spielten Auszüge aus ‚Hoffmanns Erzählungen' und der ‚Cavalleria rusticana', und mehr als einmal konnte man die Bemerkung hören: ‚Man glaubt gar nicht, auf einem Schiff zu sein.' Es war noch schwieri-

Die Passagiere in der Ersten Klasse hatten denselben Komfort wie in einem First-Class-Hotel an Land. Außerdem standen ihnen ein Sportraum und eine Veranda zur Verfügung.

Der Leseraum der Ersten Klasse war klassisch-elegant eingerichtet. Er war ein beliebter Aufenthaltort für die Damen.

Das Café de Paris auf dem Promenadendeck der Ersten Klasse auf Deck 6 war im Stil der Zeit mit Korbstühlen möbliert.

ger, sich vorzustellen, dass draußen auf dem Oberdeck ein Sturmwind bläst. Schließlich mussten wir aber doch zu Bett, und auf der TITANIC trifft dieses Wort im wahrsten Sinne zu. Nirgendwo waren die Kojen vergangener Tage zu sehen. Überall konnte der müde Reisende seine Ruhe in bequemen Eichenbetten finden. Dem folgte ein morgendlicher Sprung ins riesige Schwimmbecken. Lediglich die Kräuselung des lauwarmen Meerwassers deutete darauf hin, dass sich irgendwo in der Ferne 72.000 Pferde, als Dampfmaschinen getarnt, unter Führung der Maschinisten abmühten. Nach dem Schwimmen brachte eine halbe Stunde in der Gymnastikhalle das Blut in Wallung und regte den Appetit für das Morgenmahl an.

Der Salon der TITANIC ist zweifellos wunderbar, aber die Zweite Klasse ist es in nicht geringerem Maße und auf ihre Art die Dritte Klasse ebenso. Ein Wort des genialen Zahlmeisters, und ich erhielt freien Zugang zu dieser schwimmenden Wunderwelt. Gemeinhin verbindet man Fahrstühle, Salons und Bücherhallen nicht mit der Zweiten Klasse, aber auf der TITANIC fanden wir all dies. Ich musste mich beim Steward vergewissern, dass wir uns tatsächlich in der Zweiten Klasse befanden.

Auf den gefüllten Decks der Dritten Klasse fanden wir Hunderte Engländer, Holländer, Italiener und Franzosen, alle in fröhlicher Brüderschaft vereint. Als wir uns zu ihnen gesellten, stellten wir fest, dass auch für sie die TITANIC ein Wunder war. Keine Gemeinschaftsräume mehr, sondern eine große Anzahl von gemütlichen Zwei-, Vier- und Sechsbettkabinen, alle Kojen mit hübschen rot-weißen Bezügen. Auch hier gab es Salons und Raucherräume. Zweifellos weniger imposant als jene mittschiffs, aber dennoch bequem und mit ihren Drehstühlen und Einzeltischen im Speisesaal kaum mit meiner bisherigen Vorstellung von Zwischendeckunterbringung in Einklang zu bringen.

Als wir uns Queenstown näherten, die volle Dünung in der klaren Morgenluft an Backbordseite, glitt das Schiff derart würdevoll durch den Atlantik, dass man seine Bewegungen mit einem Schweben entlang des Horizontes vergleichen müsste!"

QUEENSTOWN

Von Queenstown schickte der 18-jährige Hilfselektriker George Ervine einen Brief an seine Mutter: „Morgens und abends habe ich von acht Uhr bis zwölf Uhr Dienst. Das heißt vier Stunden Arbeit und acht Stunden frei. Heute Morgen hatten wir eine Generalübung für den Notfall. Die Alarmglocken läuteten alle für etwa zehn Sekunden. Danach fielen etwa 50 Stahltüren langsam zu, damit kein Wasser von einer Abteilung in die nächste dringen konnte. Du siehst, es wäre für das Schiff unmöglich, nach einer Kollision mit einem anderen Schiff zu sinken ..."

Ganz so entspannt lief die tägliche Arbeit für die neun Männer rund um Thomas Andrews nicht. Sie reisten, wie allgemein üblich, als technische Gruppe mit, um die Bordingenieure während der ersten Reise einzuarbeiten. Es waren die besten Männer von Harland & Wolff. William Henry Marsh Parr, der stellvertretende Manager der Elektrizitätsabteilung; Roderick Chisholm, der leitende Schiffszeichner; Anthony „Archie" W. Frost, der leitende Maschinenbauer, und Robert Knight, der Chefinstallateur. Außerdem einige junge Männer, die noch in der Ausbildung waren: Schreinerlehrling William Campbell, Installateurlehrling Alfred Flemming Cunningham, Klempnerlehrling Francis „Frank" Parks und Elektrikerlehrling Ennis Hastings Watson. Sie sollten, wenn notwendig, handwerkliche Arbeiten ausführen. Andrews, Chisholm und Parr reisten in der Ersten Klasse; alle anderen standen auf der Passagierliste der Zweiten Klasse.

Im irischen Hafen Queenstown, dem heutigen Cobh, verließ eine Reisegruppe von sechs Erwachsenen die TITANIC. Zu ihnen gehörte Francis M. Brown, Lehrer am Belvedere College und zukünftiger Priester. Deshalb wurde er Father Brown genannt. Als er von Bord ging, hatte er regelrecht Beute gemacht. Der engagierte Amateurfotograf hatte während der kurzen Reise ausgiebig Fotos vom Leben an Deck gemacht und diese sogleich in der schiffseigenen Dunkelkammer entwickelt. Da er bereits in Queenstown ausschiffte, blieben seine Fotos die einzigen, die vom Bordalltag der TITANIC erhalten sind.

Noch jemand verließ das Schiff in Queenstown. Der 24 Jahre alte Heizer John Coffey versteckte sich unter Postsäcken, um unentdeckt von Bord zu kommen. Es werden kaum Vorahnungen des Unheils gewesen sein, die ihn bewogen, das Schiff zu verlassen. Wahrscheinlich hatte er nur zum Schein angeheuert – für einen kostenlosen Transport in seine Heimatstadt. Als die TITANIC wieder auslief, machte Francis Brown ein letztes Foto. Das Schiff nahm Kurs auf die im Westen untergehende Sonne – wie in einem Filmdrama. Es war das letzte Mal, dass die Menschen von Bord dieses Schiffes aus Land sahen.

VERLADUNG VON FRACHT IN QUEENSTOWN

Ladung und Passagiere wurden in Queenstown, dem heutigen Cobh, mit Tenderschiffen an Bord gebracht, denn der Tiefgang der TITANIC war zu groß, um den kleinen Hafen anzulaufen. Die Gelegenheit nutzte ein illegaler Händler, der sich auf die TITANIC geschlichen hatte, um sich noch im letzten Augenblick abzuseilen.

DAS FOTOALBUM
VON FATHER BROWN

Das Ticket für diese Kurzreise hatte Father Frank Brown als Geschenk von einem Onkel erhalten. Es waren die ersten Abschnitte der Jungfernfahrt zwischen Southampton, Cherbourg und Queenstown. Das Hobby des Geistlichen war die Fotografie. Mit seiner Kamera streifte er unermüdlich durch das gesamte Schiff und machte seine Aufnahmen. Da er vor der Atlantiküberquerung schon wieder von Bord ging, blieben seine Fotos erhalten. Wenige Tage später galten sie als Sensation und erschienen auf den Titelseiten großer Zeitungen.

DIE TITANIC-HÄFEN HEUTE

In den Häfen, die an der ersten und einzigen Route der TITANIC lagen, ist das Schiff bis heute unvergessen.

In Southampton erinnert ein Denkmal an das Maschinenpersonal, das seinen Dienst bis zum letzten Augenblick versah und dabei ein Opfer der See wurde.

SOUTHAMPTON

Southampton ist heute ein Passagierhafen und verzeichnet mehr als 200 Anläufe von Kreuzfahrtschiffen pro Jahr. Die Liner der Reederei Cunard, darunter die QUEEN MARY 2, sind hier beheimatet. An die TITANIC erinnert das Maritime Museum in einem Lagerhaus aus dem 14. Jahrhundert. Hier gibt es eine dauerhafte Ausstellung.

In Southampton war es üblich, Waisenkinder, wenn sie alt genug waren, auf Schiffe zu schicken. Bis zu diesem Zeitpunkt wohnten sie im Seamans' House. Dies gehört heute der Heilsarmee und steht an der Oxford Street. 17 Crewmitglieder der TITANIC kamen einst aus dieser Einrichtung und nur zwei von ihnen kamen ums Leben. Vielleicht hatte der harte Weg ihres Aufwachsens sie darin geschult, Überlebenschancen umgehend wahrzunehmen. Bei einem geführten Rundgang durch die Stadt kann man historische Orte besuchen, die einen Bezug zur TITANIC haben. So etwa das Gebäude der Firma Oakley and Watling am Ende der Southampton's High Street, in dem heute ein indisches Restaurant seine Gerichte anbietet. Das frühere Unternehmen Oakley and Watling lieferte der TITANIC damals 36.000 Äpfel, 16.000 Zitronen und 13.000 Grapefruit. Von der Firma FG Bealing and Son in der Burgess Road stammte der passend zur exquisiten Einrichtung der TITANIC arrangierte Blumenschmuck.

Unvermittelt ist der Bezug in der Hollyrood Church in der High Street. Hier gibt es eine Gedenkstätte für Heizer, Stewards und Crewmitglieder der TITANIC, die bei dem Untergang ihr Leben verloren. Viele Besatzungsmitglieder der „unteren Decks" kamen aus den Stadtteilen Northam, Chapel and St Mary's, während die Stewards vorwiegend in Freemantle und Shirley zu Hause waren.

Geht man weiter die Oxford Street herunter, findet man noch immer den Pub The Grapes, in dem die Heizer zechten, die dann das Schiff verpassten. Wer die Latimer Road hinuntergeht, Queen's Terrace und die Platform Road überquert, kommt an die Stelle, wo einst das Gebäude der Admiralität stand. Heute erhebt sich hier ein langer Block mit Wohnungen. Früher war hier auch das Gene-

In den Briefkastenschlitz der Hafenbehörde konnten Post und Telegramme für Reedereien eingeworfen werden.

Southampton ist auch heute noch Anlaufhafen großer Schiffe. Die Hafenkräne werden beim Beladen der Queen Mary 2 eingesetzt.

ral Post Office – das Hauptpostamt für die Southampton Docks. Hier wurden die 1.300 Postsäcke für die Titanic übernommen, deren Inhalt fünf Postmitarbeiter während der Überfahrt sortieren sollten. Die Männer starben bei dem selbstlosen Versuch, die Postsäcke zu retten.

Von Tor vier der Docks ist der Liegeplatz 44 zu sehen, der nun Ocean Dock genannt wird. Das ist jener Liegeplatz, der von der White Star Line eigens gebaut wurde, um die drei größten Schiffe der Reederei abzufertigen. Die Titanic lag hier am 10. April 1912. An der Ecke Terminus Terrace und Canute Road ist das alte South Western Hotel zu erkennen. Heute beherbergt es Luxuswohnungen, damals wohnten hier die Passagiere Erster Klasse. Die Eisenbahnzüge von London kamen direkt an der Rückseite des Hotels an, wo Gepäckträger auf die Koffer und Taschen der hochgestellten Passagiere warteten. In diesem Hotel logierten in der Nacht vor dem Auslaufen auch Bruce Ismay, der Geschäftsführer der White Star Line, und Thomas Andrews, der Chefkonstrukteur.

Geht man die Canute Road weiter in Richtung Ocean Village, erreicht man rechter Hand die Canute Chambers. Hier war das Büro der White Star Line und hier warteten verängstigte Angehörige der Mannschaft nach dem Untergang auf neue Nachrichten. Immerhin kamen insgesamt 724 Besatzungsmitglieder aus Southampton und Umgebung. Nur 175 von ihnen sollten zu ihren Familien und Freunden zurückkehren.

Überquert man die Canute Road, spaziert die Royal Crescent Road hinunter und geht dann nach rechts in die Albert Road, erreicht man ein Viertel, das so völlig anders ist, als die Welt der Erste-Klasse-Passagiere. In dieser Straße gab es sechs Pubs und das preisgünstige Atlantic Hotel, das als Unterkunft für Auswanderer und Zwischendeckspassagiere bekannt war.

Die Erinnerung an die Katastrophe und die großen Verluste bewahrt das Southampton Maritime Museum mit seiner ständigen Titanic-Ausstellung. Diese befindet sich im The Wool House, Town Quay Road, SO14 2AR. Fotos, Multimedia-Shows und persönliche Erinnerungsstücke von Betroffenen halten das Gedenken an diejenigen aufrecht, die aus Southampton stammten und für die dieses Schiff zum Schicksal wurde.

In den Dreißigerjahren, als die Auswandererströme in die USA anschwollen, baute Cherbourg die Abfertigungsanlagen für Passagierschiffe aus und nahm den Bahnhof am Meer in Betrieb. Heute können dort auch die größten Kreuzfahrtschiffe anlegen. Zugleich ist dort ein Museum untergebracht. Eine Plakette erinnert an die Abfahrt der TITANIC zu ihrer ersten und letzten Reise.

CHERBOURG

Die französische Stadt Cherbourg gehört zu jenen, denen man sich am besten von der Wasserseite her nähert. Alte Forts schützen seeseitig die Hafenzufahrt, danach empfängt ein repräsentativer Schiffsbahnhof die Kreuzfahrtgäste. Hier fuhren die Züge, meist von Paris kommend, bis in das Abfertigungsgebäude hinein. Dann gingen die Passagiere in die Abfertigungshalle im ersten Stock und erledigten dort die Ausreiseformalitäten.

Über mächtige Zugangsbrücken, die auf Schienen in die richtige Position zu den Seitenpforten der Schiffe gebracht und über Seilzüge der Tide entsprechend angehoben oder abgesenkt werden konnten, erreichten sie dann ihr Schiff. So sieht es noch heute aus, und es wirkt sehr authentisch. Als die TITANIC Cherbourg anlief, gab es diese Anlage noch nicht. Sie wurde erst 1933 in Betrieb genommen, als immer mehr Menschen Europa hinter sich ließen und mit Dampfern Kurs auf die Neue Welt nahmen. Für die anschwellenden Menschenströme aber war der Transport mit Tenderbooten zu umständlich. Deshalb baute man das leistungsfähigere Abfertigungsgebäude, das heute von Kreuzfahrtpassagieren genutzt wird.

Die Bahngleise und Bahnsteige sind längst verschwunden, doch die gläsernen Schalter für die Tikkets sind noch immer besetzt. Die heute hier verkauften Fahrkarten berechtigen allerdings nicht mehr zu Bahnreisen, sondern zur Besichtigung der maritimen Vergangenheit der Hafenstadt. Zum Andenken am tragischen Untergang der TITANIC wurde das bestehende Museum Cité de la Mer erweitert. Auf einer Fläche von 2.000 Quadratmetern zeigt die Ausstellung Außen- und Innenansichten des Hotel Atlantique, das die drei Ree-

Eine Metalltafel erinnert an den einzigen Besuch der T<small>ITANIC</small> im Hafen von Cherbourg am 10. April 1912.

dereien Cunard, White Star Line und Red Line für die Unterbringung von Auswanderern bei René Levavasseur in Auftrag gegeben hatten. Der Architekt war auch der Planer des später errichteten Transatlantic Passenger Terminal. Hier konnten Ärzte erstmals auch nach neuen amerikanischen Vorschriften erforderlichen Untersuchungen durchführen.

Den Tender N<small>OMADIC</small>, der seinerzeit Passagiere zur T<small>ITANIC</small> übersetzte, können Besucher in Cherbourg nicht mehr sehen. Die N<small>OMADIC</small> überstand zwar zwei Weltkriege, diente als Zubringer für große Passagierschiffe, als Truppentransporter und später in Paris gar als schwimmendes Restaurant auf der Seine. Im Jahr 2002 wurde ihr Rumpf jedoch auf einen Seeponton verladen und nach Belfast geschleppt. Seit 2006 kümmert sich der Nomadic Charitable Trust darum, Gelder für die Restaurierung des Schiffes einzusammeln. Es soll dann Touristen zu den erinnerungsträchtigen Stätten in Belfast bringen.

Am Hafen von Cobh, dem früheren Queenstown, beginnt der Rundweg Titanic Trail *zur Erinnerung an die Abfertigung des Riesenschiffes, das hier auf Reede lag.*

COBH

Als die Titanic vor dem ausgedehnten Hafenbecken ihre Anker fallen ließ, trug die Stadt noch den Namen Queenstown. Den erhielt sie 1849, als Queen Victoria die Stadt besuchte. Seit der Unabhängigkeit Irlands im Jahr 1922 trägt sie wieder ihren irischen Namen Cobh. Mit Cobh Harbour, einem der größten Naturhäfen der Erde, ist die Stadt vor den Toren von Cork noch heute beliebter Anlaufhafen für Passagierschiffe. Von hier aus verkehrten 1838 die ersten Dampfschiffe zwischen England und Irland, und hier lag die Titanic am 12. April 1912 auf Reede. Es war der letzte Hafen, den sie je anlaufen sollte.

Zum Andenken wurde der Titanic Trail aufgelegt. Die geführte Tour beginnt in der Altstadt, die sich seit diesen Tagen kaum verändert hat. Noch immer gibt es hier ein White-Star-Gebäude, in dem die 123 Menschen abgefertigt wurden, die in Cobh auf der Titanic einschifften. Nur 44 haben überlebt. Die Piers, auf denen sie damals zum Tenderboot gingen, sind noch immer in Betrieb.

War das der schicksalhafte Eisberg? Während der Tage nach dem Untergang wurden von Suchschiffen aus mehrere Eisberge fotografiert, die in dieselbe Richtung gedriftet waren. Ob dieser das Unglück verursacht hat, ist aber schwer zu beweisen.

DIE KATASTROPHE WAR NICHT AUFZUHALTEN

Von der Kollision haben viele Passagiere kaum etwas bemerkt.
Deshalb glaubte zuerst niemand an den Untergang.

Es gibt wenig zu erzählen über die Zeit nach dem Auslaufen von Queenstown, von Donnerstag bis Sonntagmorgen. Die See war ruhig – tatsächlich so ruhig, dass nur wenige Passagiere den Mahlzeiten fernblieben. Der Wind kam aus West bis Südwest, ‚frisch' – wie ihn die tägliche Wetterkarte beschrieb –, meist kalt, im Allgemeinen zu kalt, um an Deck zu sitzen und zu lesen oder zu schreiben, sodass viele von uns eine große Zeitspanne in der Bibliothek zubrachten", erinnerte sich Lawrence Beesley an die ersten Tage der Überfahrt. Der Brite war Lehrer, Journalist und Autor, gewohnt, genau zu beobachten und seine Eindrücke zu notieren. Er überlebte den Untergang der TITANIC und brachte schon im Juni 1912, wenige Wochen nach dem Untergang, sein Buch „The Loss of the SS. Titanic" heraus. Erst kurz zuvor war die amerikanische Senatsuntersuchung zu dem Unglück abgeschlossen worden.

Fast alle Passagiere vertrieben sich die Zeit während der ersten Tage ähnlich wie Beesley, wobei es durchaus Klassenunterschiede gab. In der Dritten Klasse war der Zeitvertreib urtümlicher, unbekümmerter. Beesley beobachtete: „Nach hinten sehend, vom Bootsdeck oder A-Deck zum Achterdecksteil, beobachtete ich oft, wie Dritte-Klasse-Passagiere fröhlich ihre Zeit verbrachten: Das sehr lärmende Seilspringen eines gemischten Doppels war die große Zugnummer, ebenso ein Schotte, der auf seinem Dudelsack spielte. (...) Ein interessanter Mann war der Reisende Dritter Klasse, der seine Frau in der Zweiten Klasse einquartiert hatte: er kam die Stufen vom Achterdeck zum B-Deck herauf, um sich mit seiner Frau auf das Zärtlichste über die kleine Pforte hinweg zu unterhalten, die beide trennte. (...) Von allen, die so glücklich auf dem Achterdeck spielten, bemerkte ich später nur sehr wenige auf der CARPATHIA."

Vermutungen, die TITANIC habe schon während ihrer Jungfernfahrt einen Geschwindigkeitsrekord aufstellen wollen, gibt Beesley keine Nahrung: „Von 12.00 Uhr mittags am Donnerstag bis 12.00 Uhr mittags am Freitag liefen wir 386 Meilen, Freitag bis Sonnabend 519, Sonnabend bis Sonntag 546 Meilen. Die Strecke am zweiten Tag war, wie uns der Zahlmeister verriet, eine Enttäuschung, und wir würden statt am Mittwochmorgen, wie wir angenommen hatten, erst Donnerstagmorgen anlegen. Wie auch immer, am Sonntag waren wir erfreut, dass ein längeres Stück geschafft wurde, und es wurde angenommen, dass wir New York deswegen schon Dienstagnacht erreichen könnten. Der Zahlmeister merkte an: ‚Sie treiben sie nicht auf dieser Fahrt und erwarten keine schnelle Überfahrt. Ich glaube nicht, dass wir mehr als 546 Meilen machen werden, es ist kein schlechtes Tagesergebnis für die erste Reise.'"

EINE WINDSTILLE NACHT BEI RUHIGER SEE

Währenddessen erledigte die Besatzung ihre Bordroutine. Je weiter das Schiff nach Westen vorankam, desto größer wurde die Gefahr, Eisbergen zu begegnen. Zu welcher Zeit Eiswarnungen per Funk eintrafen, davon wird noch im Kapitel um die Rolle der Funkstation an Bord die Rede sein. Eine der Methoden, Eisberge rechtzeitig zu entdecken, sollten regelmäßige Messungen der Wassertemperatur sein. Mrs. Mahalo Douglas, die bei der Katastrophe ihren Mann verloren hatte, beobachtete, wie ein Matrose versuchte, mit einem Segeltuchsack Wasser aus der See zu schöpfen, um die Temperatur zu messen. Da die Leine dafür offenbar nicht lang genug war, sei der Mann nach mehreren ergebnislosen Versuchen zum nächsten Wasserhahn gegangen, hätte den Sack gefüllt und das Thermometer hineingestellt. Diese Methode war ohnehin umstritten. Später sagte der Zweite Offizier Charles Lightoller vor dem amerikanischen Untersuchungsausschuss aus, man könne aufgrund der Wassertemperatur nicht besser auf Eisberge schließen, als aufgrund der Lufttemperatur.

Um 22 Uhr begannen Frederick Fleet und Reginald Lee hoch oben im Krähennest, 50 Fuß über dem Vordeck, ihre Wache als Ausguck. Da war der Himmel noch wolkenlos und klar. Später, gegen 23.30 Uhr, eine halbe Stunde vor ihrer Ablösung, kam direkt voraus leichter Dunst auf. Beide bemühten sich, sich davon nicht irritieren zu lassen. Erschwerend kam für sie hinzu, dass sie ständig den eiskalten Fahrtwind in den Augen hatten, was die Sicht subjektiv verschlechterte, weil es ihnen Tränen in die Augen trieb. Es war in einer windstillen Nacht bei ruhiger See ohnehin schwierig, rechtzeitig Eisberge zu erkennen, denn unter solchen Bedingungen bildete sich kein heller Schaum von anbrandendem Meerwasser um den Berg. Später meinten Experten, der Ausguck hätte besser nicht im Krähennest gestanden, sondern auf dem Vordeck. Dort wäre der Eisberg möglicherweise eher aufgefallen, weil er sich vor dem sternenklaren Himmel abgehoben hätte.

Unverständlich bis heute ist die Tatsache, dass den beiden Männern keine Ferngläser zur Verfügung standen. Die gab es im Ausguck nur während der kurzen Fahrt von Belfast nach Southampton.

Vor dem Untersuchungsausschuss in New York wurde Frederik Fleet von Senator William Alden Smith, dem Leiter der amerikanischen Untersuchungskommission der Katastrophe, die Frage gestellt: „Haben Sie denn kein Fernglas angefordert?" „Doch, aber man sagte uns, es sei keines vorgesehen." „Angenommen, Sie hätten nach Southampton das Fernglas noch gehabt, hätten Sie dann den Eisberg aus größerer Entfernung erkannt?" „Ja, ein bisschen eher." „Viel eher?" „Nun ja, genug, um daran vorbeizukommen." Später erwies sich Fleet allerdings als unsicher im Schätzen von Entfernungen, was seine Aussage relativierte.

NUR EIN SCHATTEN STEUERBORD VORAUS

Fleet entdeckte als Ausguck plötzlich einen Schatten steuerbord voraus. Er läutete die Warnglocke, griff zum Bordtelefon auf der Steuerbordseite des Krähennestes und machte Meldung. Dann spürten er und sein Kollege einen leichten Aufprall und das Abdrehen nach Backbordseite. Die Spitze eines Eisberges reichte weit über das Vordeck, jedoch nicht bis hinauf zum Krähennest. Als die gezackte Eiskante an ihnen vorbeizog, schauten sich die Männer erleichtert an. Sie glaubten, der Vorfall sei gerade noch einmal glimpflich abgegangen.

Auf der Brücke hatte Moody, der Sechste Offizier, den Telefonanruf entgegengenommen und die Meldung an den Ersten Offizier William Murdoch weitergegeben.

Der sprang zum Maschinentelegrafen, befahl, die Maschinen volle Kraft zurückzufahren, und rief zur gleichen Zeit Rudergänger Robert Hichens zu: „Hart Steuerbord!" Er warf einen Blick auf die gleich neben dem Steuerrad angeschlagenen Vorschriften: „Im Notfall, um die wasserdichten Schotten zu schließen, klingeln, Knopf zehn Sekunden herunterdrücken, um Alarm zu geben; dann Schalter auf ‚on' stellen und dort lassen ..." Danach griff er zu dem Hebel, mit dem die Türen automatisch in Bewegung gesetzt wurden.

Hichens führte Murdochs Befehle sofort aus und drehte das Steuerrad bis zum Anschlag. Die schnelle Reaktion des wachhabenden Offiziers Murdoch hatte den frontalen Zusammenstoß mit dem Eisberg verhindert. Später wurde dies immer wieder als Fehler bezeichnet. Ein frontaler Aufprall hätte das Vorschiff zwar stark beschädigt, aber die Schotten hätten gehalten und ein Eindringen des Wassers in mehrere Abteilungen verhindert.

DIE PASSAGIERE BEMERKTEN KAUM ETWAS VON DER KOLLISION

Die Passagiere bemerkten kaum etwas von der Kollision. Lawrence Beesley: „Wie ich so in der Stille der Nacht las, nur unterbrochen von undefinierbaren Geräuschen, die durch die Lüftungen drangen, von Gesprächsfetzen der Stewards, die sich über die Gänge bewegten, als fast alle Passagiere in ihren Kabinen waren, einige schlafend in ihrem Bett, andere sich entkleidend; oder andere, die gerade aus dem Rauchsalon kamen und sich über viele Dinge unterhielten, da trat das ein, was auf mich nicht mehr wirkte als eine zusätzliche Anstrengung der Maschinen und eine weitere gewöhnliche, deutliche Bewegung der Matratze, auf der ich saß. Nichts mehr als das – kein krachendes Geräusch oder etwas in der Richtung, kein Eindruck von Schock, kein Misston wie er sein könnte, wenn sich zwei schwere Körper treffen. Und kurz darauf wiederholte es sich mit der gleichen Intensität. Es kam mir der Gedanke, dass sie nochmals die Geschwindigkeit erhöht hätten. Während dieser Zeit aber wurde die TITANIC aufgerissen von dem Eisberg, Wasser stürzte in ihre Seite, und kein Ereignis zeigte uns an, dass dieses Desaster jetzt passierte. Es erfüllt mich heute noch mit Überraschung, wenn ich daran denke.

First Class	Lounge	Promenade	
Corridor	Private Suite	Promenade	
Bath Rooms			
First Class	Dining	Saloon	
Companionway Stairs		Second Class	← Starboard port hole
Third Class	Dining	Saloon	

ICEBERG
From 50 to 100 feet according to various accounts

Water Line

Boiler Room

Da war dieses enorme Schiff, das steuerbordseitig auf einen Eisberg fährt, und ein Passagier sitzt ruhig lesend im Bett, fühlt keine Bewegung und keinen Stoß, und dieser müsste doch gefühlt werden, wenn es mehr als ein gewöhnliches Rollen des Schiffes gewesen wäre in dem ruhigen Wetter, das wir die ganze Zeit über hatten. Noch einmal: Meine Koje war an der Wand der Steuerbordseite festgemacht, und jeder Stoß nach Backbord hätte mich auf den Boden werfen müssen: Ich bin sicher, dass ich ihn bemerkt hätte – wenn es ihn gegeben hätte. Aber so, ohne einen Gedanken daran zu verschwenden, dass etwas Ernsthaftes mit dem Schiff passiert sein könnte, nahm ich das Lesen wieder auf, begleitet vom Gemurmel der Stewards und dem aus den anliegenden Kabinen. Kein anderes Geräusch, kein Schrei in der Nacht, keine Alarmmeldung, niemand aufgeregt – es gab wirklich nichts, das selbst ängstlichen Menschen hätte Furcht einflößen können.

KEIN ANDERES GERÄUSCH, KEIN SCHREI IN DER NACHT, KEINE ALARMMELDUNG, NIEMAND AUFGEREGT – DA GAB ES NICHTS, WAS SELBST ÄNGSTLICHEN MENSCHEN HÄTTE FURCHT EINFLÖSSEN KÖNNEN

Aber nach einiger Zeit fühlte ich die Maschinen sich verlangsamen und dann stillstehen, die tanzenden Bewegungen und die Schwingungen, die Teil unseres täglichen Lebens waren, verstummten plötzlich, und das war der erste Hinweis, dass etwas Außergewöhnliches passiert war. Wir kennen alle die tickende Uhr in einem ruhigen Raum, die erst wahrgenommen wird, wenn sie aufhört zu ticken, weil wir unbewusst das Ticken vermissen. In gleicher Weise kam uns an Bord ins Bewusstsein, dass die Maschinen, jener Teil des Schiffes, der uns durch das Wasser voranbringt, völlig gestoppt wurden. Aber das Anhalten der Maschinen gab uns trotzdem keine Information: Wir mussten uns jeder einen eigenen Reim darauf machen, warum wir festlagen. Wie ein Blitz kam mir der Gedanke: ‚Wir haben ein Schraubenblatt verloren, denn wenn das passiert, rasen die Maschinen, solange sie nicht wieder unter Kontrolle sind, das zeigte ihre zusätzliche Anstrengung.' Aus heutiger Sicht eine nicht sehr logische Schlussfolgerung, weil dann die Maschinen weitergerast wären, bis zum Augenblick des Anhaltens; aber es kam darauf an, erst mal eine zufriedenstellende Erklärung zu finden.

Ihr folgend, sprang ich aus dem Bett, schlug mir einen Umhang über den Pyjama, zog Schuhe an und ging aus meiner Kabine in die Halle nahe beim Salon. Hier traf ich einen Steward, der am Treppengeländer lehnte. Er wartete offenbar darauf, dass die letzten Gäste des darüber liegenden Rauchsalons zu Bett gehen würden, damit er die Lichter löschen könne. Ich fragte: ‚Warum haben wir angehalten?' Er antwortete: ‚Ich weiß es nicht, mein Herr, aber ich vermute, es ist nichts Ernstes.' ‚Nun', sagte ich, ‚ich gehe an Deck und schaue mal nach', und schritt zur Treppe. Er lächelte mich nachsichtig im Vorübergehen an und sagte: ‚In Ordnung, mein Herr, aber es ist ziemlich kalt dort oben.' Ich bin sicher, dass er mich um diese Zeit für etwas verrückt gehalten hat, fast ohne Grund dort hinaufzugehen, und ich muss gestehen, dass ich es selbst absurd fand, nicht in die Kabine zurückzukehren."

Viel dramatischer erlebten die Heizer den Beginn der Katastrophe. John Thompson berichtete später, er habe den Zusammenstoß in seiner ganzen Heftigkeit gespürt: „Meine Kameraden und ich wurden aus unseren Kojen auf den Boden geschleudert. Es war ein hartes, kratzendes Geräusch. Ich stürzte an Deck und sah, dass das vordere Welldeck mit Eisbrocken übersät war. Wir gingen wieder nach unten und schnappten uns einige Kleidungsstücke. Unser Boss, William Small, platzte herein und schrie: Alle Mann nach unten! Aber wir konnten nicht mehr durch die Leiterschächte in den Kesselraum hinabsteigen, das Wasser stieg bereits hoch; man konnte es deutlich sehen. Also mussten wir aufs Hauptdeck hinauf. Als nächstes kam der Oberheizer hergerannt und befahl uns zurückzukehren, Schwimmwesten anzulegen und auf das Bootsdeck zu gehen. Wir gingen also wieder ins Vorschiff zurück, legten unsere Schwimmwesten an und kletterten hinauf aufs Bootsdeck. Der Leitende Offizier wollte wissen, was zum Teufel wir da zu suchen hätten, und schickte uns wieder nach unten."

Keine Alarmglocke schrillte, keine Lautsprecherdurchsage erfolgte. Eine solche Anlage war gar nicht vorhanden. Stattdessen gingen Stewards von Kabine zu Kabine, weckten die Passagiere und befahlen ihnen, Schwimmwesten anzuziehen und auf das Bootsdeck zu gehen. Eine Katastrophe hatte ihren Anfang genommen, aber der war so schleichend, dass ihn niemand bedrohlich fand oder sich gar genötigt sah, alles daran zu setzen, nun sein Leben zu retten. Das erging nicht nur Beesley so. In einem Rauchsalon entdeckte er eine Gruppe von Kartenspielern und fragte, ob sie Genaueres wüssten. „Auch sie hatten kaum mehr mitbekommen als die größere Maschinenanstrengung. Soweit ich mich erinnere, ist niemand von ihnen hinausgegangen, um nachzufragen; auch nicht, als einer von ihnen einen Eisberg durchs Fenster gesehen hatte, der die Decks überragte. Er lenkte die allgemeine Aufmerksamkeit auf selbigen, und alle sahen ihn wieder verschwinden. Dann hatten sie das Spiel fortgesetzt. Wir fragten nach der Höhe des Berges, und einige sagten hundert Fuß, andere sechzig, und einer der Zuschauer – ein Autoingenieur, der mit seinem Vergasermodell nach Amerika wollte (er hatte seine Einwanderungserklärung in meiner Nähe ausgefüllt und den Bibliothekssteward gefragt, wie er seine Erfindung beschreiben sollte) – sagte: ‚Nun, ich bin es gewohnt, Entfernungen zu schätzen und ich taxiere ihn zwischen 80 und 90 Fuß.'

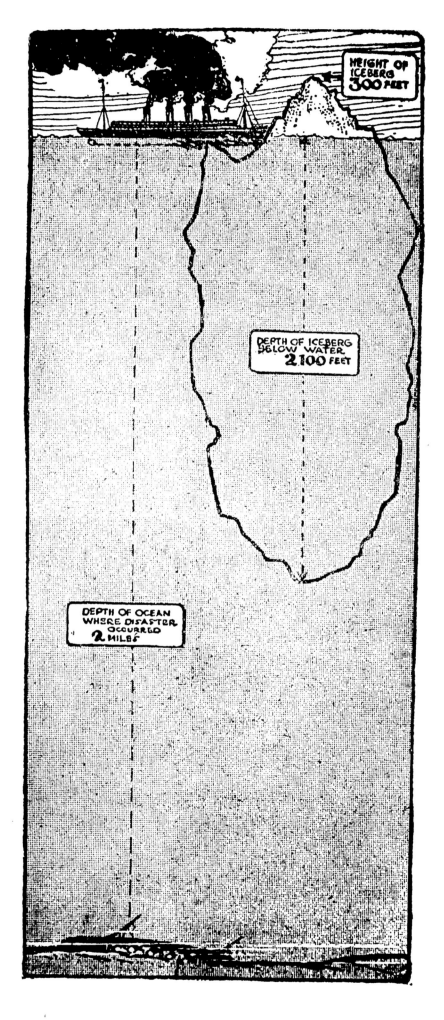

„ICH VERMUTE, DER EISBERG HAT ETWAS VON IHRER NEUEN FARBE ABGEKRATZT."

Wir akzeptierten seine Schätzung und stellten Überlegungen an, was wohl mit der TITANIC passiert sein könnte. Der allgemeine Eindruck war, dass wir den Eisberg vorhin flüchtig an Steuerbord berührt hätten, und die Schiffsführung hätte in weiser Voraussicht angehalten, um das Schiff überall gründlich zu untersuchen. ‚Ich vermute, der Eisberg hat etwas von ihrer neuen Farbe abgekratzt', sagte einer, ‚und der Kapitän möchte nicht gern weiterfahren, bis das Schiff frisch gestrichen ist'.

Der Kapitän aber hatte zu dieser Zeit ganz andere Sorgen. Gemeinsam mit Chefkonstrukteur Thomas Andrews hatte er das Schiff inspiziert, und der Ingenieur hatte das Todesurteil gesprochen – die TITANIC sei nicht mehr zu retten. Kapitän Smith gab umgehend Anweisung, die Boote klarzumachen und die Passagiere zu alarmieren. Selbstverständlich nur als Vorsichtsmaßnahme, niemand sei ernsthaft in Gefahr ... Doch er wusste zu diesem Zeitpunkt genau, was geschehen würde. Er wusste auch, dass es für die 2.201 Menschen an Bord nur 1.178 Plätze in den Rettungsbooten gab.

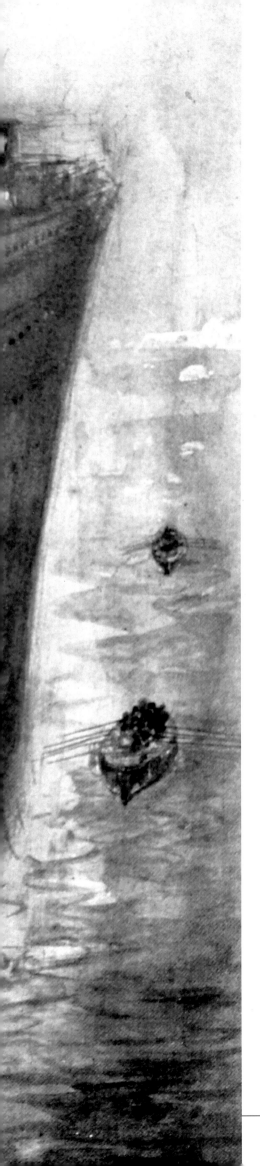

IN DIE BOOTE

Es erschien vielen sicherer auf der TITANIC zu bleiben, als in die Rettungsboote zu gehen.

Kapitän Smith eilte nun aber nicht zu den Funkern, sondern zuerst zu John Jacob Astor, um ihn vor allen anderen Passagieren zu informieren. Der Milliardär reagierte mit den Worten: „Ja, ich habe Eis bestellt. Aber das ist nun wirklich lächerlich!" An eine Katastrophe glaubte zu diesem Zeitpunkt also niemand. Skeptiker wurden von Besatzungsmitgliedern beruhigt. So soll ein Steward zu einer besorgten Passagierin gesagt haben: „Nicht einmal Gott könnte dieses Schiff versenken." Die Offiziere selbst vermieden eine Panik, indem sie immer wieder behaupteten, „dieses Schiff selbst sei ein Rettungsboot und könne nicht untergehen".

Dass es anfangs keinerlei Panikstimmung an Bord gab, zeigte sich auch am Verhalten einiger Passagiere im Gymnastiksaal. Sie benutzten noch die mechanischen Trainingsgeräte, während sie darauf warteten, ein Boot besteigen zu können. Mrs. Lucien Smith erinnerte sich: „Es gab keinerlei Aufregung und keine Panik. Niemand schien besondere Angst zu haben. Viele hatten schon 50 oder 60 Mal den Atlantik überquert und waren sehr daran interessiert, das Geschehen zu verfolgen."

Ein überlebender Passagier zeichnete später aus der Erinnerung, wie er den Untergang beobachtet hatte.

VERABREDUNG ZUR SCHNEEBALLSCHLACHT

Es sind viele Wortwechsel und Vorfälle aus jener Nacht überliefert. Doch fällt es heute schwer, deren Authentizität zu überprüfen. Überliefert sind diese meist aus der Ersten Klasse, weniger aus der Zweiten und nur in Ausnahmefällen aus der Dritten. Die Situation an Bord hatte in der Tat kaum etwas Beunruhigendes. Es war eine sternenklare Nacht mit ruhiger See. Das Schiff lief nach der Kollision so langsam voll Wasser …, dass viele Passagiere nicht merkten, wie schnell sich die Lage dramatisch zuspitzte. Sie fühlten sich tatsächlich an Bord des Riesenschiffes sicherer als in den kleinen Nussschalen von Rettungsbooten, die noch dazu vom Bootsdeck aus einer Höhe abgefiert werden mussten, als würden sie an der Außenseite eines Hochhauses herabgelassen.

Davor hatten viele Menschen weit mehr Angst, als auf dem Schiff zu bleiben, das sich sehr langsam, aber unaufhaltsam mit dem Bug voran dem Wasserspiegel zuneigte. Als auf dem Erste-Klasse-Deck bekannt wurde, das Vordeck sei mit kleinen Eisstücken bedeckt, trafen einige Passagiere Verabredungen für eine Schneeballschlacht am nächsten Morgen. Manche von ihnen gingen sogar auf das Deck hinunter und brachten kleine Eisbrocken zurück, die sie von Hand zu Hand reichten.

Beesley beobachtete im Rauchsalon der Ersten Klasse auf Deck 6, kurz vor ein Uhr morgens, genau gesagt eineinhalb Stunden, bevor das Schiff unterging, eine Gruppe von Männern. Es waren Archibald Butt, der Militärberater des amerikanischen Präsidenten Taft, der Stahlfabrikant Arthur Ryerson aus Chicago, der Maler und Schriftsteller Davis Millet, Präsident sowie Mitglied zahlreicher internationaler Akademien, dazu Clarence Moore aus Washington, Archäologe und Weltenbummler. Es erschien, als zelebrierten sie den Untergang voreinander und vor anderen Passagieren. Als wollten sie sich gegenseitig beweisen, dass sie wissen, wie man dem Tod ruhig und gefasst ins Auge schaut. Der Spiegel des Whiskys in ihren Gläsern neigte sich unterdessen mehr und mehr.

Die Reisenden einige Decks tiefer hatten keinen Sinn für derart demonstrative Gelassenheit. Die Passagiere der Dritten Klasse irrten durch die Gänge, manche von ihnen verstanden nicht, was die Stewards sagten oder was auf Schildern stand. Orientierungslos rannten sie über fremde Decks des großen Schiffes und versuchten, nach oben zu kommen.

Der 21 Jahre alte irische Auswanderer Daniel Buckley erinnerte sich: „Einige Matrosen versuchten uns fest-

zuhalten. Als einer von uns die Tür vom Treppenhaus der Dritten zum Deck der Ersten Klasse öffnen wollte, hat so ein Kerl ihn weggestoßen und die Tür abgeschlossen. Da haben wir sie eingetreten." Vor einer anderen abgeschlossenen Tür verlangte ein Mann lautstark, durchgelassen zu werden. Sein Sohn begann ebenfalls damit, die Tür einzutreten. Da tauchte einer der Oberstewards auf und drohte angesichts des Schadens, die Beteiligten würden bei ihrer Ankunft in New York verhaftet und müssten die Reparatur bezahlen.

„DER JUNGE KANN NICHT MIT!"

Später, vor dem New Yorker Untersuchungsausschuss, sagte der Zweite Offizier Ligtholler aus, es hätte keine Sperren an den Treppen gegeben und es seien bei der Besetzung der Boote auch keine Unterschiede zwischen einzelnen Klassen gemacht worden. Buckley hat dies grundsätzlich bestätigt. Statistisch gesehen überlebten von den männlichen Passagieren der Dritten Klasse 75, aber von den vier Milliardären kein einziger.

Einer dieser Milliardäre, John Jacob Astor, stand auf dem Deck und wehrte einen Mann nach dem anderen ab, bis seine Frau in einem Rettungsboot war. Er bat, seine junge Frau begleiten zu dürfen, da sie schwanger sei. Lightoller lehnte dies ab, solange noch nicht alle Frauen in den Booten seien. Da fragte Astor nur noch nach der Bootsnummer (es war Nr. 4), um seine Frau später wiederfinden zu können, und winkte ihr zum Abschied zu.

Wenig später sprangen mehrere Männer, darunter Daniel Buckley, in letzter Sekunde in das Boot Nummer 4. Offiziere befahlen ihnen, wieder herauszukommen. Sie folgten, bis auf Buckley, der weinte. Da warf eine Frau ihren Schal über ihn und flüsterte ihm zu, er solle bleiben. „Ich glaube, es war Mrs. Astor", erinnerte er sich später vor dem amerikanischen Untersuchungsausschuss.

In einem anderen Boot hatte Mrs. Ryerson den Arm um die Schultern ihres Sohnes gelegt. Der Zweite Offizier Charles Lightoller sagte: „Der Junge kann nicht mit!" Da mischte sich der Vater ein: „Natürlich kann der Junge mit, er ist erst dreizehn." Beide kletterten in Boot Nummer 4, während der Vater zurücktrat. Lightoller ordnete danach an, die Matrosen sollten nun keine Jungen mehr durchlassen.

Obgleich die Offiziere wussten, dass zu wenige Rettungsboote für alle Menschen vorhanden waren, waren die ersten nicht bis auf den letzten Platz besetzt. In der Aufregung hat niemand genaue Listen geführt. Bei den angegebenen Zahlen handelt es sich nur um Schätzungen. Demnach sollen in dem ersten Boot, der Nummer 7, das um 0.45 Uhr zu Wasser gelassen wurde, nur 19 Menschen

gesessen haben. Die Werft Harland & Wolff hatte es für 65 Menschen zugelassen. Es lag unter anderem auch daran, dass viele Frauen nicht in ein Boot steigen wollten. Ein Besatzungsmitglied, der Schiffsbäckermeister Charles Joughin, musste Frauen zu den Booten zerren und sie dann nahezu hineinschubsen. Die irische Auswanderin Bridget Bradley ergriff eine herabhängende Leine, um sich aus dem Boot zurück auf das Schiff zu ziehen.

FRAUEN ENTSCHIEDEN SICH, MIT IHREN MÄNNERN IN DEN TOD ZU GEHEN

Offiziere befürchteten zudem, voll besetzte Boote könnten beim Abfieren in der Mitte auseinanderbrechen. Die Werft hatte zwar entsprechende Belastungstests durchgeführt, aber davon wussten die Offiziere nichts. Außerdem hatte Kapitän Smith ein für die ersten Tage vorgesehenes Bootsmanöver ausfallen lassen.

In einigen Fällen hatten Männer neben ihren Frauen in nicht ganz gefüllten Booten Platz genommen. Die beaufsichtigenden Offiziere zwangen sie jedoch, wieder auszusteigen. Ihre Plätze blieben leer. Die Chance zu überleben hing offensichtlich sehr davon ab, an welcher Stelle und bei welchem Offizier die Männer zu den Booten kamen. Es gibt Berichte, denen zufolge einige von ihnen geradezu ermutigt wurden, in die Boote zu steigen, wenn keine Frauen mehr warteten.

Eine dieser Geschichten, aus denen die zahlreichen Legenden entstanden, berichtet von Ehepaar Straus. Helen Churchill, eine amerikanische Innenarchitektin, überlieferte: „Ein Offizier der TITANIC wies Mrs. Straus zu einem der Boote. ‚Ich werde meinen Mann nicht verlassen' sagte sie. ‚Wir haben so viele Jahre zusammen verbracht, ich werde ihn jetzt nicht allein lassen.' Ich sah, wie Mrs. Straus uns mit einem Tuch nachwinkte, als unser Boot abgelassen wurde." Auch andere Frauen entschieden sich dafür, mit ihren Männern in den Tod zu gehen: Mrs. H. J. Allison in der Ersten Klasse, Mrs. E. C. Carter und viele andere in der Zweiten und noch mehr in der Dritten Klasse. Doch deren Geschichten hat niemand erzählt.

Es gab offensichtlich widersprüchliche Befehle. So hatte Kapitän Smith angeordnet, alle Frauen sollten zur Backbordseite des Schiffes gehen. Zugleich befahl er, Frauen und Kinder zuerst in die Boote zu lassen. Doch wer sollte dann in die zehn Boote auf der Steuerbordseite steigen? In einigen Abschnitten des Schiffes wurden Frauen von Männern getrennt und bei den Booten wieder zusam-

mengelassen, in anderen mischten sich Männer und Frauen ohne Einschränkung.

Es kam darauf an, wie die Offiziere den Befehl „Frauen und Kinder zuerst!" auslegten.

Der Zweite Offizier Charles Lightoller auf der Backbordseite ließ auf keinen Fall Männer einsteigen, selbst wenn damit ein nicht einmal halb volles Boot gefiert wurde, weil keine weitere Frau bereit war, die TITANIC zu verlassen. Auf der Steuerbordseite hingegen, wo der Erste Offizier Murdoch Aufsicht führte, hatten Männer, sogar viele Besatzungsmitglieder, eine bessere Chance, in ein Boot zu gelangen. Insgesamt wurden auf der Steuerbordseite mehr Menschen gerettet als auf der Backbordseite.

„SIE SIND EINE FRAU, ALSO STEIGEN SIE EIN!"

Bei Boot Nr. 14 kletterte ein junger Mann, „fast noch ein Kind", über die Reling und ließ sich zwischen die Frauen fallen, die ihn unter ihren Röcken verbargen. Der Fünfte Offizier Lowe entdeckte ihn, zog ihn hoch und befahl ihm, auf das Deck zurückzukehren. Der Knabe weigerte sich. Da zog Lowe seine Pistole, hielt sie ihm vors Gesicht und sagte: „Wenn du in zehn Sekunden nicht wieder auf dem Schiff bist, blase ich dir das Lebenslicht aus!" Der Junge bettelte nur noch mehr. Lowe mahnte ihn: „Sei doch ein Mann! Wir müssen erst die Frauen und Kinder retten!" Ein kleines Mädchen in Nummer 14 zupfte Lowe am Ärmel und schluchzte: „Oh, schießen Sie bitte den armen Mann nicht tot!" Doch irgendwie gelang es dem Offizier, den Knaben auf die TITANIC zurückzuschieben. Gleich darauf sprang einer, der anscheinend zu den Auswanderern gehörte, in Boot Nummer 14. Ihn warf Lowe mit Gewalt hinaus. Zuletzt sah man, wie eine Gruppe von Passagieren der Zweiten Klasse, den Zurückgeschobenen mit Faustschlägen traktierte, sodass er aus Nase und Mund blutete. Dann wurde Nummer 14 weggefiert.

Bruce Ismay hielt sich in der Nähe der Boote auf. Am Boot Nummer 5 fragte er: „Sind noch Frauen da, bevor wir das Boot runterlassen?" „Ich bin nur eine Stewardess", sagte eine junge Frau. „Sie sind eine Frau, also steigen sie ein!"

Ein Mann beugte sich zu seiner Frau hinunter, die bereits im Boot saß, um ihr einen Abschiedskuss zu geben. Mit den Worten „Ich kann dich nicht allein lassen", ließ er sich in das Boot fallen. Murdoch forderte ihn auf, herauszukommen, doch da sprangen noch drei weitere Männer in das Boot, das gleich darauf abgefiert wurde. Auf den Fünften Offizier wirkte Ismay überaus ängstlich, nervös

NUR NOCH KAMPF UMS ÜBERLEBEN

Beim Besteigen der Rettungsboote spielten sich schmerzliche Szenen ebenso ab, wie zur Schau gestellte Zuversicht. Ehemänner wandten sich ab, um nicht mit ansehen zu müssen, wie ihre Frauen einem ungewissen Schicksal entgegenfuhren. Als sich dann die CARPATHIA näherte, versuchten Menschen in ihren Booten mit Lichtern auf sich aufmerksam zu machen.

und keineswegs hilfreich beim Einbooten. Lowe fuhr ihn an: „Wenn Sie verdammt noch mal nicht aus dem Weg gehen, bin ich imstande, mich zu vergessen!" Erst als der Lichtblitz einer der abgeschossenen Notraketen das Deck erhellte, sah er das Gesicht des Mannes: „Ich wusste zwar damals nicht, wer Mr. Ismay ist. Man hat es mir hinterher gesagt."

Wenig später stand Ismay in der Nähe, als Männer aus der Dritten Klasse das klappbare Boot C an der Steuerbordseite für sich zu Wasser lassen wollen. Offizier Murdoch feuerte mit einer Pistole in die Luft, um sie zurückzudrängen. Die Schüsse lockten einige Männer von der Steuerbordseite an, die sich auf die Auswanderer stürzten und sie an den Beinen aus dem Boot zerrten. Dann stiegen Frauen und Kinder ein. Als das Boot sich senkte, fragte Ismay: „Sind noch Frauen und Kinder da?" Dann sprang auch er in das Boot, zugleich mit William E. Carter, einem Passagier der Ersten Klasse. Nachdem alle Insassen von der „CARPATHIA" gerettet worden waren, verlangte Ismay sofort eine Privatkabine und vermied von da an jeglichen Kontakt zu den anderen.

„KANN MAN SAGEN, DAS SCHIFF HABE SIE VERLASSEN?" „JA, SIR!"

Von Boot Nr. 7, das bereits auf dem Wasser trieb, beobachtete Helen Bishop, wie eine regelrechte Menschenwelle aus dem Zwischendeck emporquoll: „Es waren so viele, dass wir die Lichter nicht mehr sehen konnten. Wir waren zu weit weg, um einzelne Menschen erkennen zu können, aber wir sahen die schwarze Masse von Menschenleibern ..." Mittlerweile war der vordere Schornstein schon teilweise untergetaucht." Dazwischen hörten die Menschen in den Booten die Töne der Bordkapelle, die über das Meer herüberschallten.

Während der Untersuchungen vor dem Ausschuss in New York war der Zweite Offizier Charles Lightoller einer der wichtigsten Zeugen. Senator William Alden Smith, der als Leiter der amerikanischen Kommission die Vorfälle untersuchte, fragte ihn, zu welchem Zeitpunkt er das sinkende Schiff verlassen hätte. „Ich habe das Schiff nicht verlassen", antwortete der Zweite Offizier. „Kann man eher sagen, das Schiff habe Sie verlassen?" „Ja, Sir."

Es war ein dramatischer Augenblick. Lightoller hatte auf dem Deck des Ruderhauses gestanden. Als es wegsackte, schwamm er auf den versinkenden Fockmast zu. Plötzlich erfasste ihn ein mächtiger Wasserschwall, der in den Lüftungsschacht der Offiziersquartiere stürzte und ihn gegen ein Schutzgitter drückte. Er kam frei, wurde von einem anderen Lüftungsschacht angezogen, kam wieder frei, sah neben sich ein kieloben treibendes klappbares Rettungsboot, packte eine der Leinen und hängte sich daran. Mit etwa 30 weiteren Menschen gelang es ihm, sich auf den Kiel des Bootes zu ziehen. Dort harrten sie aus, bis sie von der CARPATHIA entdeckt wurden.

Immer höher stieg das Heck der TITANIC. Mit einem Schlag erloschen die Lichter. Noch einmal flackerten sie grell auf, dann wurde es für immer dunkel. „Das Licht verlöschte nur, weil es keine Maschinen zu dessen Erzeugung mehr gab, nicht weil die Menschen zu deren Bedienung nicht an ihrem Platz gewesen wären", beschreibt Beesley später seine Eindrücke. Kapitän Smith hat die Katastrophe nicht überlebt. Der Funker Jack Philipps sah, wie er, kurz bevor das Schiff völlig versank, von der Brücke sprang.

Der Passagier der Dritten Klasse, Carl Jansen, war immer noch an Bord: „Plötzlich war es stockfinster; nur vom Himmel leuchtete ein kaltes, klares Licht in dieser Sternennacht. Ich brauchte mehrere Minuten, bis ich mich an das Dunkel gewöhnt hatte. Ich glaube, ich war irgendwie betäubt; jedenfalls erinnere ich mich nicht deutlich, was hinterher passierte oder welche Zeit verstrich. Plötzlich hörte ich mittschiffs Menschen kreischen und schreien. Leute wollten zum Heck und kamen mir entgegen. Als ich ebenfalls zu laufen begann, merkte ich, dass das Schiff sehr rasch in die Tiefe ging. Das Vorschiff war verschwunden, eine Welle packte mich, und ich ging über Bord ..." Er erreichte das klappbare Boot B, auf dem Charles Lightoller das Kommando hatte.

Als die TITANIC versank, packte Mrs. Goldsmith den Kopf ihres Sohnes Franky und drückte ihn an ihre Brust, damit er das Ende seines Vaters nicht mit ansehen musste. In Boot Nummer 1 wandte ein Passagier der Ersten Klasse das Gesicht ab mit den Worten: „Ich kann es nicht mehr sehen!"

Und ein anderer rief: „Mein Gott, da geht sie hin!" Als die Wellen über der TITANIC zusammenschlugen, berichteten die Überlebenden, brandete „ein entsetzlicher Schrei" auf. Er ging in ein „lautes Stöhnen" über, aus dem Einzelstimmen nicht mehr herauszuhören waren.

PANIK ODER MORAL

Wie selbstlos sind Menschen in Krisensituationen?

Das Verhalten der Menschen, die dem Tod ins Antlitz sahen, hat Wissenschaftler immer wieder beschäftigt. So stellte der australische Forscher David Savage von der Queensland University of Technology fest, Briten hätten auf der Titanic eine zehn Prozent schlechtere Chance gehabt zu überleben als Amerikaner. „Vielleicht haben sie sich in typisch britischer Manier in einer Schlange angestellt und gewartet, bis sie an die Reihe kamen, um in Rettungsboote zu steigen", vermutet Savage in seiner 2009 veröffentlichten Studie. Die amerikanische Gesellschaft ist individualistischer, es könnte sein, dass Amerikaner besser darin waren, Chancen, die sich boten, beim Schopf zu packen."

Ein Forscherteam um den Züricher Soziologen Bruno Frey untersuchte die Passagierlisten der Schiffe TITANIC und LUSITANIA. Die LUSITANIA wurde am 7. Mai 1915 während des Ersten Weltkriegs von einem deutschen U-Boot versenkt. Dabei verloren 1.198 Passagiere von 1.949 ihr Leben. Wieder waren zu wenige Rettungsboote an Bord. Dennoch gab es einen entscheidenden Unterschied zwischen beiden Katastrophen. Auf der TITANIC war die Überlebenschance für Frauen um 50 Prozent höher als bei Männern. Kinder hatten eine um 14,8 Prozent höhere Chance. Trotz der drohenden Katastrophe hielten sich die Passagiere an den Befehl des Kapitäns: Frauen und Kinder zuerst! Zwar hatte auch der Kapitän der LUSITANIA diese Anweisung erlassen, doch überlebten auf der LUSITANIA besonders viele Männer zwischen 16 und 35. Frauen hatten nur eine zehn Prozent höhere Überlebenschance als Männer. Auch die Chance der Kinder war bedeutend niedriger als auf der TITANIC.

Als Grund für das unterschiedliche Verhalten nehmen die Forscher um Bruno Frey die Dauer der jeweiligen Katastrophe an. Die LUSITANIA ging innerhalb von 18 Minuten unter. Unter den Passagieren brach Panik aus und jeder kämpfte instinktiv um das eigene Überleben. Die Titanic dagegen sank zwei Stunden und 40 Minuten lang. Ihre Passagiere hatten weit mehr Zeit, sich der Situation bewusst zu werden. Auch ihnen muss letztlich klar gewesen sein, dass sie sich in Lebensgefahr befanden. Trotzdem verzichteten viele Männer auf das Recht des Stärkeren und ließen Frauen und Kindern den Vortritt.

Das Fazit der Wissenschaftler: In einer gefährlichen Situation erwachen beim Menschen zuerst die Urinstinkte. Im ersten Moment denkt er nur daran, seinen eigenen Kopf zu retten. Ist jedoch genug Zeit zum Nachdenken, besinnen sie sich auf die sozialen Normen. Dann siegt die Moral über den Egoismus.

DRAMEN IN DEN RETTUNGSBOOTEN

Viele, die sicher in den Booten saßen, weigerten sich umzukehren,
um im Wasser treibende Menschen aufzunehmen.

Nachdem die Lichter der TITANIC erloschen und das größte Schiff der Welt versunken war, begann ein weiteres Drama. Lediglich halb volle Rettungsboote trieben in Sichtweite der Untergangsstelle, an der Hunderte Menschen im eiskalten Wasser schwammen, um Hilfe schrien und den sicheren Tod als Folge von Unterkühlung vor Augen hatten. Doch die Boote kehrten nicht zurück, um den Verzweifelten zu helfen. Jack Thayer, einer von denen, die im Wasser trieben, konnte es einfach nicht begreifen: „Wie konnten Menschen es fertigbringen, solche Schreie zu überhören?"

Sie hörten die Schreie wohl, aber sie hatten Angst um ihr eigenes Leben. „Sobald das Schiff verschwunden war, sagte ich: ‚Männer, jetzt pullen wir zurück zum Wrack!'", berichtete der Dritte Offizier Herbert J. Pitman später vor dem New Yorker Untersuchungsausschuss unter Vorsitz von Senator William Alden Smith. „Aber alle im Boot sagten, das sei völlig verrückt. Wir sollten lieber die wenigen Menschen im Boot retten, als zu der Stelle zurückzukehren, an der das Schiff untergegangen war, weil die Menschenmassen dort das Boot stürmen würden."

Pitman hatte zwei Boote, die Nummern 5 und 7, mit Leinen aneinanderhängen lassen. In den beiden Booten hätten noch sechzig Menschen Platz gefunden.

„Ich habe meinen Männern befohlen, die Riemen einzulegen und zum Wrack zurückzupullen – zu der Stelle, wo das Schiff untergegangen war ... Ich habe gesagt: ‚Vielleicht können wir noch ein paar herausfischen.'"

„Und wer war dagegen?" fragte Senator Smith.

„Alle im Boot. Oder fast alle."

„Auch Frauen?"

„Ich kann nicht mehr sagen, ob es Frauen oder Männer waren. Jedenfalls sagten sie, das sei völlig verrückt, dann würden noch vierzig Menschen mehr ertrinken."

„Fragen wir einmal anders herum. Hat Sie irgendeine Frau in Ihrem Boot gebeten, in die Richtung der Schreie zurückzukehren?"

„Keine einzige."

„Sie behaupten also, dass keine einzige Frau in Ihrem Boot Sie gedrängt hat, das Boot zu wenden?"

Pitman bekräftigte es.

„Haben Sie Hilferufe gehört?"

„O ja", entgegnete Pitman.

„In welcher Form?"

„Als Rufe, Schreie, Stöhnen."

Als die Männer im Boot zu den Riemen griffen, um Richtung Wrack zu rudern, hielten die Frauen sie davon ab.

„ALS ICH WIEDER ZU MIR KAM, TRIEB ICH AUF DREI INEINANDER VERSCHLUNGENEN MENSCHENLEIBERN."

In Boot A erlebte August Wennerström, was passierte, wenn die im Wasser Treibenden ein Rettungsboot erreichten. „Sie schwammen auf uns zu, hängten sich an allen Seiten an unser Boot, und plötzlich schlugen wir um. Wie lange ich im Wasser war, weiß ich nicht. Als ich wieder zu mir kam, trieb ich auf drei ineinander verschlungenen Menschenleibern ... Nachdem ich zu unserem Boot zurückgeschwommen war, sah ich, dass es halb voll Wasser war und nur noch von der ringsum laufenden Korkverkleidung über Wasser gehalten wurde." Wennerström kletterte in das Boot zurück. Auch seinem Freund Edvard Lindell gelang dies, aber dessen Frau war verschwunden. Plötzlich sah Wennerström sie im Wasser treiben und konnte sie noch an der Hand packen, doch war er zu schwach, um sie in das Boot zu ziehen. Nach einer halben Stunde entglitt sie seinem Griff, er sah nur noch, wie sie im Wasser versank.

Um die Schreie ringsumher nicht hören zu müssen, begannen Überlebende in Boot 13 aus Leibeskräften zu pullen und sangen dabei ein Seemannslied. Auch in anderen Booten versuchten die Insassen, die Schreie durch eigenes Schreien oder Singen zu übertönen.

Major Peuchen erlebte in Boot 6, wie einige Frauen im Boot den Quartermaster Hichens, der das Boot an der Pinne steuerte, aufforderten, zur Unglücksstelle zurückzurudern. Doch der weigerte sich. Überliefert sind seine Worte: „Nein, wir kehren nicht zum Schiff zurück. Jetzt geht es um unser Leben, nicht um das anderer Leute."

Doch da hatte er nicht mit Molly, eigentlich Margaret Brown, einer Passagierin der Ersten Klasse, gerechnet. Molly Brown, genannt „The Unsinkable Molly Brown", gelangte in unseren Tagen durch einen ihr gewidmeten Kinofilm und ein erfolgreiches Musical zu posthumem Ruhm. Sie schlug vor, die Pinne einer Frau zu übergeben und den Männern beim Rudern zu helfen. Hichens wies sie rüde zurecht. Daraufhin griff sich Molly Brown selbst einen der Riemen und forderte andere Frauen auf, es ihr gleichzutun.

Als die CARPATHIA näher kam, räsonierte Hichens, das Schiff sei bestimmt nicht gekommen, um sie zu retten, sondern um Leichen zu bergen. Da verlor die resolute Molly endgültig die Geduld und drohte ihn über Bord zu werfen, wenn er es wage, die Ruderer zu stören oder überhaupt noch irgendwelche Befehle zu geben.

Als die TITANIC unterging, war das Boot Nummer 4 mit den Besatzungsmitgliedern Lowe, Perkis und McCarthy etwa eine Schiffslänge entfernt. Sie berieten sich kurz und ruderten auf die im Wasser treibenden Menschen zu. Dagegen protestierten mehrere Frauen kreischend und warfen sich sogar auf die Riemen, um die Männer am Rudern zu hindern. Anderen Frauen wiederum, insbesondere Mrs. Astor, gelang es, diese Frauen wieder zu beruhigen. So konnten sie fünf Männer auffischen, zwei von ihnen starben jedoch noch vor dem Eintreffen der CARPATHIA.

Umsicht bewies der Fünfte Offizier Harold Lowe. Er hatte das Kommando über fünf Rettungsboote übernommen. Mit lauter Stimme kündigte er an, er werde jetzt die 58 Insassen von Boot 14 auf die anderen, nicht voll besetzten Boote verteilen und zurückrudern. Es gab Proteste, aber er ließ sich nicht beirren. Als das Boot leer war, holte er sich Matrosen aus den anderen Booten als Ruderer, wartete aber mehr als eine Stunde, bis die Hilfeschreie leiser wurden. Inzwischen gab es nur noch wenige Überlebende. Die Körper der Toten hingen nahe der Unglücksstelle in ihren Schwimmwesten. Sie alle waren erfroren.

Ein Asiate hatte sich auf einer Tür festgeschnallt und trieb darauf im Wasser. Man zog ihn an Bord, dort erholte er sich rasch, reckte seine Arme hoch und stampfte mit den Füßen auf den Boden, um seinen Kreislauf wieder in Gang zu bringen. Wenige Minuten später saß er an einem Riemen und half nach Leibeskräften beim Rudern. Insgesamt erreichten durch Lowes Aktion nur drei Menschen lebend die CARPATHIA.

Fred Ray, ein Steward in Nummer 13, berichtete: „Ich habe das Boot nicht befehligt – ich habe nur gerudert. Ich war von vornherein dagegen, vom Schiff wegzurudern, aber gegen all die anderen konnte ich allein natürlich nichts ausrichten. Wir hatten sechs Riemen im Boot, und mehrmals weigerte ich mich, einen davon zu benutzen, aber schließlich musste ich nachgeben und mit den anderen rudern."

In mehreren Booten saßen Besatzungsmitglieder, die behauptet hatten, sie könnten rudern, aber tatsächlich darin überhaupt keine Erfahrung hatten. Lowe erklärte später vor dem Untersuchungsausschuss: „Matrose ist nicht gleich Matrose. Es ist ein sehr großer Unterschied, ob man auf einem großen Schiff oder auf einem kleinen fährt. Ich darf sagen, dass ich mich auf beiden auskenne. Auf einem großen Schiff kann man jahrelang zur See fahren und nie in ein Boot kommen, also nie einen Riemen in die Hand bekommen. Deshalb konnten viele der Besatzungsangehörigen nicht pullen."

„ES BEFANDEN SICH 700 SEELEN AUF DER CARPATHIA. DIESE MENSCHENLEBEN, EBENSO WIE DIE ÜBERLEBENDEN DER TITANIC, HINGEN NUN AN EINER DREHUNG DES RADES."

Unterdessen eilte die CARPATHIA, die Notsignale der TITANIC aufgefangen hatte, zur Untergangsstelle. Kapitän Arthur Henry Rostron schonte sein Schiff dabei nicht. Die gewöhnliche Höchstgeschwindigkeit betrug 14,5 Knoten. Jetzt lief sie fast 17,5. Die Temperatur in den Kabinen sank, denn Dampf, der für die Heizung bestimmt war, wurde in die Maschinen geleitet. Die Stewards gingen von Kabine zu Kabine und baten die Gäste, dort zu bleiben, denn alle Decks, Durchgänge und öffentlichen Räume sollten Überlebende aufnehmen.

Die CARPATHIA war für Hunderte die Rettung: Kapitän Rostron verhielt sich umsichtig und ging trotzdem Risiken ein, um so viele Überlebende aus den Booten an Bord nehmen zu können.

Auch vor der CARPATHIA tauchten Eisberge auf und verschwanden nach achtern. Kapitän Rostron beschrieb später: „Wir verlangsamten niemals, obwohl wir gelegentlich den Kurs ändern mussten, um ihnen auszuweichen. Es waren sorgenvolle Stunden. Der Gedanke an das Schicksal der TITANIC ließ uns nicht los." Doch in der Sorge um die Schiffbrüchigen durfte Rostron die Sicherheit seiner eigenen Passagiere nicht aufs Spiel setzen. In welchem Zwiespalt er steckte und welche Risiken er einging, beschrieb er später einmal: „Es befanden sich 700 Seelen auf der CARPATHIA. Diese Menschenleben, ebenso wie die Überlebenden der TITANIC selbst, hingen nun an einer Drehung des Rades." Und zwar an einer rechtzeitigen. Um drei Uhr befahl Rostron, alle 15 Minuten Raketen abzuschießen, damit die Menschen wussten, dass Rettung nahte.

Um 3.35 Uhr hatte die CARPATHIA eine Position erreicht, von der aus sie die TITANIC gesehen hätte, wäre sie nicht gesunken. Um vier Uhr stoppten die Maschinen. Rostron wollte vermeiden, die meist unbeleuchteten Rettungsboote in der Dunkelheit zu überfahren. Davor hatten auch die Menschen Angst, wie Lawrence Beesley schilderte: „Keines der anderen drei Boote in der Nähe führte ein Licht – und wir vermissten Lichter sehr, wir konnten uns in der Dunkelheit nicht sehen, wir konnten keine Signale an Schiffe geben, die vielleicht mit großer Geschwindigkeit aus allen Richtungen zur Rettung der TITANIC kamen. Wir waren so viele Boote, dass es so aussah, als ob sich daraus die zusätzliche Gefahr ergab, im Weg der Rettungsschiffe zu liegen."

Als erstes Boot erreichte Nummer 2 unter dem Kommando des Vierten Offiziers Joseph Boxhall die CARPATHIA. Von ihm erfuhr Kapitän Rostron, dass die TITANIC untergegangen war und er zu spät kam, um mehr als diejenigen Menschen zu retten, die in den Rettungsbooten saßen. In Rettungsboot Nummer 7 erlebte Alfred Fernand Omont das Zusammentreffen mit der CARPATHIA: „Ich saß neben einem deutschen Baron im Rettungsboot, der mit seiner Pistole zu schießen begann, um auf uns aufmerksam zu machen, nachdem wir Lichter auf dem Wasser und Raketen sehen konnten. Gegen vier Uhr sahen wir die Lichter der CARPATHIA. Ein Schwächegefühl überkam uns, als das Schiff wieder abzudrehen schien. Aber sobald die CARPATHIA tutete und stoppte, wussten wir, dass wir gerettet werden. Halb erfroren kletterten wir die Strickleitern hoch und wurden von der Besatzung in Empfang genommen."

„MAN MUSS BEI DER WAHRHEIT BLEIBEN, SOWEIT SIE DIE FEHLBAREN MENSCHLICHEN GEDANKEN AUSDRÜCKEN KANN."

Lawrence Beesley schrieb später: „Es gibt vieles, das übertrieben oder falsch beschrieben wurde hinsichtlich

der Verfassung der Geretteten, die an Bord kamen. Wir wurden als zu überdreht beschrieben, um zu verstehen, was passiert war, als zu überwältigt, um zu sprechen und vor uns hinsinnend ‚... starr, staunenden Blickes', ‚... betäubt vom Schatten des furchtbaren Eindrucks'. Das ist ohne Zweifel das, was viele von uns unter den gegebenen Umständen erwarteten, aber ich weiß, dass es nicht den richtigen Eindruck unseres Ankommens wiedergibt, tatsächlich ist es nicht wahr. Wie schon vorher bemerkt, ist das einzig Bedeutende an der Beschreibung von Ereignissen dieser Art, bei der Wahrheit zu bleiben, soweit sie die fehlbaren menschlichen Gedanken ausdrücken kann. Mein eigener Eindruck über unseren geistigen Zustand ist der, dass wir äußerst dankbar und erleichtert über die Möglichkeit waren, wieder ein Schiffsdeck betreten zu können. Es ist mir klar, dass die Erfahrungen in den besetzten Booten ziemlich unterschiedlich ausfielen; dass solche, die im unklaren über das Schicksal ihrer Angehörigen und Freunde von Angst und Sorge befallen waren, verschieden reagierten. Aber sich mit den geistigen Bedingungen befassend, soweit sie durch Gestik und Körperhaltung ausgedrückt wurden, denke ich, dass Freude, Erleichterung und Dankbarkeit die wesentlichen Gefühle waren, die auf den Gesichtern derjenigen geschrieben standen, welche die Strickleitern hochkletterten oder in Körben heraufgezogen wurden.

(...) Eines der ersten Dinge, die wir taten, war die Belagerung eines Stewards, der einen Block mit Telegramm-Formularen bereithielt. Er war der Überbringer der willkommenen Neuigkeit, dass Passagiere kostenlos Marconigramme zu ihren Angehörigen abschicken könnten, und gleich darauf trug er einen Stapel hastig gekritzelter Meldungen zum Funker. Um diese Zeit war die letzte Bootsladung an Bord, und in der Funkkabine muss der Stapel angeschwollen sein. Wir erfuhren später, dass viele dieser Telegramme nie ihren Bestimmungsort erreichten, und das ist nicht verwunderlich. Es gab nur einen Funker – Cottam – an Bord, und obwohl er später unterstützt wurde, als Bride von der TITANIC sich von seinen Strapazen erholt hatte, hatte er so viel zu tun, dass er in der Nacht von Dienstag auf Mittwoch über seiner Arbeit einschlief, nachdem er drei Tage ohne Unterbrechung im Dienst war. Wir wussten aber nicht, dass die Meldungen aufgehalten wurden und stellten uns vor, dass unsere Freunde nun über unsere Rettung Bescheid wussten. Erst eine Woche später sah ich meinen Namen in New York auf einer schwarz eingerahmten ‚endgültigen' Liste der Vermissten, und danach schien es sicher zu sein, dass ich die CARPATHIA nie erreicht hatte." In englischen Zeitungen erschien sogar ein Nachruf auf Beesley.

Der Bordarzt der CARPATHIA kümmerte sich sofort um Passagiere, die ärztlich versorgt werden mussten. Darunter war R. Norris Williams, ein bekannter Tennisspieler, dessen Beine schwere Erfrierungen erlitten hatten. Der Arzt empfahl eine Amputation. Doch Williams widersetzte sich und stand alle zwei Stunden auf, um seine Beine zu bewegen. Damit gelang es ihm, sie zu retten. Später gewann er noch etliche Tennisturniere.

GERETTET

Als die CARPATHIA mit Geretteten an Bord in New York einlief, fuhr ihr eine Flotte kleinerer Schiffe entgegen. Die überlebenden Passagiere standen im Mittelpunkt des Interesses. Doch viele blieben danach sich allein überlassen. Passagiere der Ersten und oft auch der Zweiten Klasse hatten genug Geld, um sich in Hotels einzuquartieren.

Die überlebenden Mannschaftsmitglieder blieben sich selbst überlassen. Ziellos zogen sie durch New York. Auf ihr Schicksal wurde die Öffentlichkeit erst aufmerksam, als einer von ihnen einen Zeitungsreporter fragte, ob er und seine Kameraden auch etwas Geld aus dem Fonds für die Überlebenden erhalten könnten. Er hätte in Southampton Frau und Kinder. Die Reederei aber hätte die Heuern nur bis zum 15. April 2.20 Uhr ausbezahlt. Also auf die Minute genau bis zu jenem Zeitpunkt, zu dem die TITANIC im Atlantik versank.

Von der Polizei wurde Bruce Ismay diskret abgeschirmt, als er am 11. Mai 1912 vor der Zollstation im Hafen von Liverpool die Gangway der OCEANIC hinabging. Seine Rückkehr dauerte so lange, weil er sich in New York noch den Befragungen des Senats stellen musste.

SOS

Die noch neue Funktechnik zeigte ihre technischen Stärken und organisatorischen Schwächen. Als Konsequenz gab es nach diesen Erfahrungen eine Reihe von Änderungen im weltweiten Funkverkehr auf Schiffen.

Der Funkverkehr spielte eine wesentliche Rolle während des Untergangs der TITANIC. Über Funk erfuhr die CARPATHIA von dem Notfall und konnte Kurs auf den Unfallort nehmen. Über Funk hörten die Stationen an Land von dem Unglück, missverstandene Funkmeldungen sorgten für falsche Presseberichte, die Erfahrungen aus der Katastrophe schließlich führten zu neuen gesetzlichen Bestimmungen für den Seefunkverkehr.

Die Funkstation der TITANIC war mit einem Hauptsender ausgestattet, den ein 55K-Generator mit Energie versorgte. In einem Nebenraum gab es außerdem einen batteriebetriebenen Reservesender. Daneben stand eine Telefonanlage mit 50 Anschlüssen. Doch keine einzige Leitung verband die Funkstation unmittelbar mit der Kommandobrücke, denn die Anlage gehörte nicht der White Star Line, sondern der von Guglielmo Marconi gegründeten Funkgesellschaft Marconi Wireless Co. Ihre Aufgabe war es auch nicht, Informationen für die Schiffsführung zu übermitteln, das erledigte sie kostenlos nebenbei. Deshalb sichteten die beiden Funker zwar die nautischen Nachrichten, aber sie räumten ihnen keine Priorität ein und leiteten diese nach eigenem Ermessen weiter. Die Navigation betreffenden Meldungen brachten sie nach vorn zur Brücke, Nachrichten für den Kapitän direkt an dessen Kabinentür.

Ihre Hauptaufgabe war es, private Telegramme von Passagieren zu übermitteln, die dafür Gebühren bezahlen mussten, an denen die Marconigesellschaft gut verdiente. Ein Telegramm kostete mindestens drei Dollar, dafür konnte man zehn Worte senden lassen. Jedes weitere Wort kostete 35 Cent. Oder in britischer Währung 12 Shilling und Sixpence, für jedes weitere Wort 9 Pence. Das war viel Geld zu einer Zeit, als die Überfahrt zwischen der Alten und der Neuen Welt in der Zweiten Klasse 65 Dollar, eine Koje in der Dritten Klasse sogar nur 35 Dollar kostete. In den ersten vier Tagen übermittelten die Funker insgesamt 250 sogenannte Marconigramme von Passagieren.

Zuständig für den Betrieb der Anlage waren die beiden Marconi Wireless Operators John George Phillips, genannt Jack, und Harold Sydney Bride. An Bord nannte man sie kurz die Marconisten, weil beide Angestellte der Funkgesellschaft Marconi Wireless Co. waren. Zu jener Zeit herrschte starke Konkurrenz zwischen dem italienischen Funksystemhersteller Marconi und der deutschen Telefunken. Den Schiffsfunkern der Unternehmen war es nicht erlaubt, Funk- und sogar Notrufe von Schiffen mit dem jeweils anderen System anzunehmen.

Phillips galt als erfahrener Schiffsfunker, der bereits auf mehreren Schiffen der White Star Line gefahren war. Im März 1912 wurde er auf die TITANIC kommandiert, um dort noch in der Werft Harland & Wolff die Funkanlage einzurichten. Phillips als Cheffunker erhielt ein Jahresgehalt von 255 Dollar, Bride verdiente genau die Hälfte.

Funktechnik war seinerzeit etwas Neues, sie hatte ihren Siegeszug erst 1897 begonnen, als es dem Italiener Guglielmo Marconi erstmals gelungen war, ein Funksignal über den 14 Kilometer breiten Bristolkanal zu schicken. Bei den Passagieren war die neue Technik beliebt, und es galt offensichtlich als prestigeträchtig, ein privates drahtloses Telegramm vom damals größten Schiff der Welt zu schikken. Und sei es nur, dass man, wie der 25-jährige Jakob Birnbaum einem Freund, der zur selben Zeit auf dem deutschen Linienschiff AMERIKA unterwegs war, eine „gute Reise" wünschte. Die Funkanlage auf der TITANIC war das seinerzeit stärkste Bordfunkgerät der Welt. Doch selbst mit dieser leistungsstarken Funkanlage war es nicht möglich, eine dauerhafte drahtlose Verbindung quer über den Atlantik aufzubauen. Schiffe mussten deshalb empfangene Telegramme an die jeweils nächste erreichbare Station weitermorsen.

Ein Telegramm brauchte damals rund zweieinhalb Stunden vom Absenden an Bord zu einer Landstation, der anschließenden Übertragung per Seekabel durch den Atlantik, bis zur Aushändigung an einen Empfänger in Europa. Marconi hatte der White Star Line eine Reichweite von 250 bis 400 Meilen garantiert, bei Nacht und unter günstigen atmosphärischen Bedingungen waren es sogar 2.000 Meilen. Schon bei den ersten Tests hatten die Funker Kontakt zu Küstenfunkstellen in Port Said am Suezkanal und auf Teneriffa erreicht.

Zur großen Reichweite trugen auch die vier Antennen bei, die in 60 Meter Höhe zwischen den beiden Schiffsmasten gespannt waren. Die TITANIC hatte im Januar 1912 das Funkrufzeichen MUC erhalten (der Buchstabe M steht dabei für die Marconi-Anlage). Einige Zeit später war das Rufzeichen in MGY geändert worden.

Am späten Abend des 12. April fiel die Funkanlage aus. Phillips und Bride arbeiteten die Nacht durch, um den Fehler zu finden und zu reparieren. Dann endlich hatten sie wieder Verbindung mit der Küstenfunkstelle Cape Race in Neufundland und begannen sofort den Stapel an liegen gebliebenen Telegrammen abzuarbeiten.

Am 12. und 13. April sendeten nach heutigem Wissensstand mehrere Schiffe Eiswarnungen an die TITANIC. Die ersten zwei Meldungen kamen am 12. April von dem französischen Schiff LA TOURRAINE und am 13. April von dem Dampfer RAPPAHANNOCK, der im Vorbeifahren mittels einer Signallampe morste, sie seien durch schweres Packeis gefahren. Wahrscheinlich veranlassten diese Warnungen Kapitän Smith dazu, zehn Meilen südlich der in dieser Jahreszeit üblichen Schifffahrtsroute zu fahren.

Kurz vor 13 Uhr

An jenem 14. April, dem Sonntag, an dem sie mit dem Eisberg kollidierte, empfing die TITANIC kurz vor 13 Uhr eine Eiswarnung von der CARONIA. Diesen Funkspruch zeigte Kapitän Smith dem Zweiten Offizier Charles Lightoller und ließ ihn im Kartenraum aufhängen.

Gegen 13.40 Uhr

Gegen 13.40 Uhr empfingen Phillips und Bride einen Funkspruch der BALTIC. Dieser war direkt an Kapitän Smith adressiert und enthielt die Nachricht, sie hätten seit der Abfahrt schönes Wetter bei mäßigen wechselnden Winden gehabt. Aber der griechische Dampfer ATHINAI habe an dem Tag bei 41,51° nördlicher Breite und 49,52° westlicher Länge Eisberge und ausgedehnte Treibeisfelder gesichtet. Diesem Spruch, der sofort an den Kapitän weitergeleitet wurde, schenkte Smith keine weitere Beachtung. Er übergab ihn Bruce Ismay, der ihn, wie er später selbst aussagte, kommentarlos entgegennahm und in die Tasche steckte.

18.30 Uhr

Eine weitere Eiswarnung der CALIFORNIAN gegen 18:30 Uhr konnte auf der TITANIC nicht empfangen werden, da Bride das Gerät abgeschaltet hatte.

19.30 Uhr

Erst um 19.30 Uhr fing er die Meldung auf, die diesmal an die ANTILLIAN gerichtet war. Die CALIFORNIAN meldete, sie habe um 18.30 Uhr 42,3° nördlicher Breite und 49,9° westlicher Länge drei Meilen südlich drei große Eisberge gesichtet. Bride bestätigte und gab den Spruch an die Brücke weiter.

21.30 Uhr

Um 21.30 Uhr kam eine weitere Nachricht, diesmal von der MESABA. Das Schiff teilte mit, im Bereich 42° bis 41,25° nördlicher Breite, 49° bis 50,3° westlicher Länge ein Eisfeld mit viel Packeis und Treibeis gesichtet zu haben. Da Funker Phillips zu sehr damit beschäftigt war, der Küstenstation Cape Race die Telegramme von Passagieren zu übermitteln und ja bereits mehrere Eiswarnungen erhalten hatte, erschien es ihm nicht vordringlich, auch diese sofort an die Kommandobrücke weiterzuleiten. Hinzu kam, dass der Funker der MESABA seine Mitteilung nicht mit dem sogenannten MSG-Vermerk versehen hatte. Damit wurden Nachrichten gekennzeichnet, die direkt dem Kapitän zuzustellen waren. Dabei hatte die MESABA, anders als die anderen Schiffe zuvor, die alle nur von einzelnen Eisbergen berichteten, ein nahezu rechteckiges Eisfeld samt seiner gigantischen Ausmaße gemeldet.

23.05 Uhr

Um 23.05 Uhr versuchte Cyril Evans, der Funker der CALIFORNIAN, erneut Kontakt mit der TITANIC aufzunehmen. Doch Jack Phillips, der mit dem Stapel von Passagiertelegrammen beschäftigt war, wies ihn ziemlich rüde mit dem Hinweis ab, er würde gerade Nachrichten an die Küstenfunkstation Cape Race übermitteln. Evans schaltete daraufhin verärgert das Funkgerät aus und ging zu Bett. Die CALIFORNIAN, die zu diesem Zeitpunkt bereits in dem Eisfeld navigierte und der TITANIC am nächsten lag, war damit nicht mehr zu erreichen. Später kam Nachrichtenoffizier Groves, der gern mal in die Funkbude der CALIFORNIAN hineinschaute, vorbei und setzte sich die Kopfhörer auf, in der Hoffnung, einige interessante Meldungen mitzuhören. Er wusste jedoch nicht, dass man den Magnetdetektor der Station wie ein Uhrwerk aufziehen muss. Deshalb hörte er überhaupt keine Signale.

23.45 Uhr

Gegen 23.45 Uhr wachte der TITANIC-Funker Harold Bride auf. Er hatte sich zu einem kurzen Schlaf zurückgezogen. Obwohl er Phillips erst um zwei Uhr früh ablösen musste, blieb er nicht in der Koje liegen, die nur durch einen grünen Vorhang vom Funkraum getrennt war. In einem Interview mit der New York Times vom 19. April erinnerte er sich an jene Nacht: „Ich schrak auf und hörte, dass Phillips noch immer an Cape Race Marconigramme übermittelte. Unwillkürlich hörte ich die Texte mit – herkömmliches Zeug. Dann dachte ich daran, wie müde Phillips sein müsste und stand auf, um ihn abzulösen. Gerade als ich Phillips sagte: ‚Komm, ruh dich mal aus!', steckte der Käptn den Kopf in die Kabine. ‚Wir haben einen Eisberg gerammt!' sagte er. ‚Ich lasse den Schaden jetzt inspizieren. Haltet euch bereit, falls wir Hilfe herbeirufen müssen. Aber wartet, bis ich es euch ausdrücklich befehle!' Weg war er. Von einer Kollision hatte ich gar nichts bemerkt."

Kurz nach Mitternacht

Kurz nach Mitternacht kam Kapitän Smith wieder in den Funkraum und forderte die beiden Funker auf, Notrufe zu senden. Als Standort gab er die vom Vierten Offizier Boxhall ermittelte Position 41°46'N, 50°14'W an. Wie man heute weiß, war diese Positionsangabe nicht richtig.

Im Jahre 1904 hatte Marconi als Notrufsignal die Buchstabenfolge CQD eingeführt. Im Volksmund verbreitete sie sich mit der angeblichen Bedeutung „come quick danger". Diese Übersetzung jedoch stimmte nicht. In den Punkten und Strichen des Morsealphabets liest sie sich so: –•– ––•– –••. Die Buchstabenfolge CQ klingt im Englischen umgangssprachlich ein wenig wie „seek you". Sie wird in dieser Kombination auch heute noch im Funkverkehr als allgemeiner Aufruf benutzt, der sich an alle erreichbaren Funkstationen wendet. Erst das angehängte D für „distress" oder „danger" machte es zu einem Notruf. Wer also als Funker die Signalfolge CQ hörte, nahm diese zunächst nur als allgemeinen Aufruf wahr.

Während der Internationalen Funkkonferenz am 3. Oktober 1906 in Berlin wurde deshalb das neue Signal SOS, drei kurz, drei lang, drei kurz: ••• – – – ••• als internationaler Notruf festgelegt und nach Bestätigung durch alle seefahrenden Nationen am 1. Juli 1908 offiziell eingeführt. Dieses rhythmische SOS ist aus allen anderen Signalen deutlicher herauszuhören als die zuvor verwendete Buchstabenfolge. Die angebliche Bedeutung „save our souls" wurde erst später hineininterpretiert.

0.45 Uhr

Um etwa 0.40 Uhr sagte Bride zu Phillips: „Funk doch mal das neue Notrufsignal SOS. Vielleicht haben wir nie wieder Gelegenheit dazu." Phillips änderte um 0.45 Uhr, am Morgen des 15. April 1912, den Rhythmus seiner Morsetaste. Es sind zu der Zeit 70 Funkein- und -ausgänge nachgewiesen. Man kann sogar von einer höheren Anzahl von versuchten Hilferufen ausgehen, zumal in jener Nacht 36 Schiffe im Nordatlantik unterwegs waren. Die BALTIC und die OLYMPIC waren die ersten, die den SOS-Hilferuf empfingen. In besonders engem Kontakt stand man mit der CARPATHIA, die bereits mit Volldampf auf die TITANIC zusteuerte.

An das Geschehen etwa eine halbe Stunde später erinnerte sich Bride folgendermaßen: „Alle paar Minuten schickte mich Phillips zum Kapitän, um Meldung zu erstatten. Als ich zum vierten oder fünften Mal zurückkam, fiel mir auf, dass man Frauen und Kinder in die Rettungsboote schickte. Phillips sagte: ‚Unsere Signale werden schwächer.' – Wie zur Bestätigung kam der Käptn vorbei und sagte, der Maschinenraum nehme Wasser auf, und die Dynamos würden wohl nicht mehr lange arbeiten. Wir sollten das der CARPATHIA melden."

1.35 Uhr

Weiter berichtete Bride in seinem Interview: „Um 1 Uhr 35 hatte Phillips Kontakt mit der OLYMPIC aufgenommen. Er funkte, die Lage sei ernst, und ich legte ihm währenddessen seine Schwimmweste an. Dann fragte ich ihn: ‚Soll ich dir nicht besser deine Stiefel holen?' Er lachte nur und sagte: ‚Hilf lieber denen draußen!' – Das Wasser schwappte mittlerweile über das Bootsdeck. Ich sah, wie zwölf Leute sich abmühten, ein Rettungsfloß klarzumachen. Ich half ihnen. Erst als sie ablegten, merkte ich, dass dies das allerletzte Rettungsfloß an Bord gewesen war. Ich ging also zurück zu Phillips und kam gerade dazu, als der Kapitän sagte: ‚Leute, ihr habt eure Pflicht erfüllt. Mehr konntet ihr nicht tun. Ich entbinde euch von allen weiteren Verpflichtungen. Das ist das einzige, was man in einer solchen Situation noch tun kann. Von nun an muss jeder für sich selbst sorgen.' Schon war das Bootsdeck unter Wasser. Phillips sendete weiter, noch zehn oder fünfzehn Minuten lang, dann ging es einfach nicht mehr. Wir hatten zu viel Wasser im Raum."

Harold Bride wurde von einer Welle über Bord gespült und trieb auf dem Meer, bis er das zusammenklappbare Boot B erreichte, das kieloben im Wasser trieb. Auf dieses Boot hatte sich bereits der Zweite Offizier Lightoller retten können. Auch Phillips konnte es erreichen. Sie alle versuchten, sich daran festzuklammern. Während Bride mit einiger Mühe einen trockenen Platz ergatterte, baumelte Phillips bis zur Brust im eiskalten Wasser. Er starb wahrscheinlich an Unterkühlung in den Armen eines Heizers. Um Platz und Auftrieb zu gewinnen, ließen die anderen, die sich auf das Boot hatten retten können, seinen Leichnam einfach los. Einige Tage später, als das Schiff MACKAY-BENNETT die Unglücksstelle absuchte, konnte man Phillips' Überreste nicht mehr finden.

Am 15. April 1912 gegen fünf Uhr früh wurden die 28 Schiffbrüchigen von Boot B von der CARPATHIA gerettet. Bride beendete seine Tätigkeit als Schiffsfunker kurz nach dem Ersten Weltkrieg, zog sich danach aus der Öffentlichkeit zurück und starb 1956 in Schottland. Die Erzählungen über Jack Phillips, der noch Notrufe sendete, als das Wasser schon in den Funkraum strömte, machten diesen zu einem der Helden der TITANIC. In seinem Heimatort, der englischen Kleinstadt Godalming, steht heute das Phillips Memorial, die weltweit größte Gedenkstätte für ein einzelnes Opfer der TITANIC. Es besteht aus einem Kreuzgang, einer Wiese mit Wildblumen und einem Spazierweg entlang des River Wey.

Außerdem ist sein Name auf einer Gedenktafel im New Yorker Battery Park verewigt, die Funker der Handelsmarine ehrt, die in Erfüllung ihrer Pflichten starben.

So sahen Funkstationen auf Schiffen zu Beginn des 20. Jahrhunderts aus (l.). Vor dem Auslaufen präsentierten sich die beiden Funker Phillips und Bride vor den Rettungsbooten. Der Leichnam von Phillips (rundes Bild) wurde nie gefunden. Auf solchen Formularen notierten die Funker anderer Schiffe die empfangenen Notrufe der TITANIC (u).

FUNKER

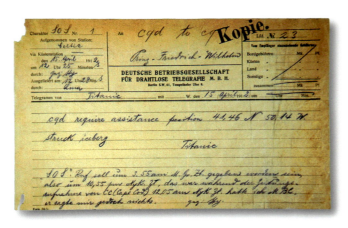

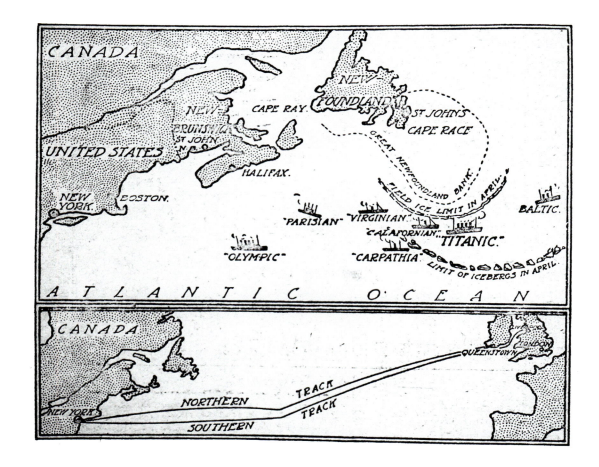

← MYSTERIÖSES SCHIFF BERICHTET VOM KAPITÄN DER »CALIFORNIAN«

REICHWEITE DER FUNGERÄTE DER »VIRGINIAN« (»PARISIAN« HAT DIESELBE STÄRKE)

DUNKLERE SCHATTIERUNG DES WASSERS ZEIGT DIE STRÖMUNG IN SÜDLICHER RICHTUNG AN

HILFE WÄRE SO NAH GEWESEN

Schon die Zeitungen des Jahres 1912 zeichneten Bilder von den unterschiedlichen Dampferkursen, die im Sommer (Northern Track) und im Winter (Southern Track) gefahren wurden. Sie stellten auch die Standorte anderer Schiffe in der Unglücksnacht dar und zeigten, wie nahe insbesondere die CALIFORNIAN *der* TITANIC *war. Ihr Funker jedoch war schon schlafen gegangen, als die ersten Notrufe in den Äther gingen. Spätere Forschungen zeigten, dass in den ersten Zeichnungen nicht alle Schiffe an den richtigen Positionen eingezeichnet waren.*

Die Zeichnung links stellt die Positionen so dar, wie es dem heutigen Wissensstand entspricht. Darin sind auch die Positionen von rätselhaften Schiffen zu sehen, die in jener Nacht beobachtet wurden, aber bis heute nicht eindeutig identifiziert sind.

UMFASSENDES PROTOKOLL DES FUNKVERKEHRS

NEW YORK-ZEIT
TITANIC BORD-ZEIT

FUNKSPRÜCHE

22.25	00.15	La Provence empfängt den Notruf der Titanic
22.25	00.15	Mount Temple hört den CQD-Ruf der Titanic: Bittet um Hilfe. Gibt Position an. Kann euch nicht hören. Soll meinem Kapitän ihre Position mitteilen. 41,46 N, 50,24 W.
22.28	00.18	Ypiranga hört CQD der Titanic. Position 41,44 N 50,24 W. Braucht Hilfe.
22.35	00.25	CQD der Titanic von Carpathia empfangen. Titanic meldet „Kommt sofort, sind mit Eisberg kollidiert. Es ist ein CQD. Position 41,46 N, 50,14 W.

Dieser Funkspruch wurde von Harold Thomas Cottam (Funker der Carpathia) eher zufällig aufgenommen. Er wartete eigentlich auf die Bestätigung eines Funkspruches, welchen er an die Parisian abgesetzt hatte. Während er sich bettfein machte, Kopfhörer auf den Ohren und nichts von der Parisian hörte, schaltete er auf die Funkfrequenz von Cape Code, um Nachrichten und andere interessante Botschaften abzuhören. Dabei bemerkte er, dass sehr viele Funksprüche unterwegs zur Titanic waren. Einige notierte er sich, um diese am nächsten Morgen zu der Titanic zu übermitteln. Dann, ca. $^1/_2$ Stunde vor dem Schlafengehen, entschloss er sich doch die Titanic zu rufen und folgendes kam dabei heraus:

MPA: (Carpathia) Sagen Sie mal, wissen Sie eigentlich, dass ein Haufen von Nachrichten von MCC (Cape Code) für euch unterwegs sind?

MGY*: (Titanic) Kommt sofort, wir sind auf einen Eisberg gelaufen. Es ist ein CQD. Position 41,46 N, 50,14 W.

MPA: Soll ich meinen Kapitän benachrichtigen? Braucht Ihr Hilfe?

MGY: Ja. Kommt schnell.

* MGY = Funkkurznahme der Titanic. Ein Buchstabencode aus drei Buchstaben kennzeichnete jede Funkstelle, sowohl auf See als auch an Land.

22.35	00.25	Cape Race empfängt MGY (Titanic). Gibt korrigierte Position 41,46 N, 50,14 W. Habe angerufen, keine Antwort.
22.36	00.26	MGY sendet weiter CQD mit korrigierter Position. Brauchen sofort Hilfe. Kollision mit Eisberg. Wir sinken. Können nichts hören wegen Geräusch des Dampfes. (Etwa 15-20 mal an Ypiranga gesendet.
22.37	00.27	Titanic sendet folgenden Funkspruch: Ich benötige sofort Hilfe. Sind mit Eisberg kollidiert in 41,46 N, 50,14 W.
22.40	00.30	Titanic sendet Position an Frankfurt und sagt: Sagen Sie Ihrem Kapitän, er soll uns zu Hilfe kommen. Wir sind auf Eis gelaufen.

22.40	00.30	Caronia sendet CQ-Spruch (Anruf) an MBC (Baltic): MGY mit Eisberg kollidiert, braucht sofort Hilfe.	23.12	01.02	MGY ruft Asian und sagt: Brauchen umgehend Hilfe. Asian antwortet sofort, nimmt Position von MGY auf und bringt diese zur Brücke. Kapitän weist Funker an Position wiederholen zu lassen.
22.40	00.30	Mount Temple hört MGY. Sendet immer CQD. Unser Kapitän dreht Schiff um. Sind 50 Meilen entfernt.			
22.46	00.36	DFT Frankfurt ruft MGY und gibt Position um 0.00 Uhr 39,47 N, 50,10 W. MGY sagt: Kommen Sie uns zu Hilfe? DFT (Frankfurt) fragt: Was ist los? MGY: Haben Kollision mit Eisberg. Wir sinken. Bitte sagt Kapitän, er soll kommen. DFT: O.K., werden es ausrichten.	23.12	01.02	Virginian ruft MGY, bekommt aber keine Antwort. Bekommt Anweisung von Cape Race, dem Kapitän über Kollision der Titanic mit Eisberg zu berichten. Braucht sofort Hilfe.
			23.20	01.10	Titanic an Olympic: Wir sind mit Eisberg kollidiert. Sinken Bug zuerst; 41,46 N, 50,14 W. Kommt schnell.
22.48	00.38	Mount Temple hört, wie wie DFT Position an MGY gibt: 39,47 N, 52,10 W.	23.20	01.10	Titanic an Olympic: Kapitän sagt: Macht eure Boote klar. Wie ist eure Position? >Keine Antwort der Olympic<
22.55	00.45	Titanic ruft Olympic (MKC): SOS	23.25	01.15	Baltic an Caronia: Bitte sagt MGY, wir sind unterwegs zu ihr.
23.00	00.50	Celtic empfängt Titanic: CQD, Ich brauche dringend Hilfe. Position 41,46 N, 50,14 W.			
23.03	00.53	Caronia an Baltic (MBC): SOS, MGY, CQD in 41,46 N, 50,14 W. Braucht sofort Hilfe.	23.30	01.20	Virginian hört MCE (Cape Race) an MGY: Wir kommen euch zu Hilfe. Unsere Position 170 Meilen nördlich der Titanic.
23.10	01.00	MGY sendet weiter CQD/SOS. Cincinatti (DDC) antwortet: MGY's Position 41,46 N, 50,14 W. Hilfe von DDC nicht nötig, da MKC (Olympic) antwortet.	23.35	01.25	Caronia an MGY: Baltic kommt euch zu Hilfe.
			23.35	01.25	Olympic sendet Titanic Position 40,52 N, 61,18 W und fragt: Steuern Sie nach Süden um uns zu treffen? Titanic: Wir bringen die Frauen in die Boote.
23.10	01.00	MGY antwortet MKC und gibt Position an, und sagt: Wir sind mit Eisberg kollidiert. >Keine Antwort von MKC<	23.35	01.25	Olympic an Titanic: Kommen euch zu Hilfe.
			23.37	01.27	Titanic an Olympic: Wir bringen die Frauen in die Boote.

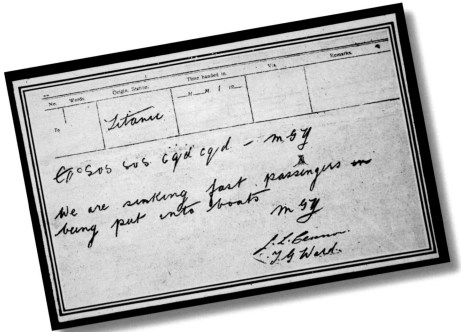

23.40	01.30	Titanic an Olympic: Wir bringen Passagiere in die kleinen Boote.
23.45	01.35	Olympic fragt Titanic, was sie für Wetter habe. Titanic antwortet: Ruhig und klar.
23.45	01.35	Baltic hört Titanic melden: Maschinenraum unter Wasser
23.45	01.35	Mount Temple hört Frankfurt fragen ob schon Boote im Wasser sind. >Keine Antwort<
23.47	01.37	Baltic an Titanic: Wir beeilen uns.
23.50	01.40	Cape Race an Virginian: Bitte richten Sie Ihrem Kapitän aus: Olympic mit voller Fahrt unterwegs zur Titanic. Aber sie sind näher an der Titanic. Die MGY bringt schon Frauen in die Boote, sie sagt, das Wetter sei ruhig und klar. Die Olympic ist das einzige Schiff, das gefunkt hat, >Kommen euch zu Hilfe<. Die anderen müssen weit von der MGY entfernt sein.
23.55	01.45	Letzte Signale der Titanic, empfangen von der Carpathia: Maschinenraum bis zu den Kesseln unter Wasser.
23.55	01.45	Mount Temple hört, wie Frankfurt Titanic ruft, keine Antwort.
23.57	01.47	Caronia hört MGY, die Signale sind jedoch unverständlich.
23.58	01.58	Asian hört SOS der Titanic und antwortet, keine Reaktion.
00.00	02.00	Caronia hört, wie Frankfurt MGY ruft, keine Antwort.
00.05	02.05	Cape Race an Virginian: Wir haben seit einer halben Stunde nichts mehr von MGY gehört. Haben wohl keinen Strom mehr.
00.10	02.10	Virginian hört schwachen Ruf der Titanic, Stromversorgung ist fast zusammengebrochen.
00.20	02.20	Virginian hört zwei schwache V's, das Signal ähnelt dem der Titanic, stellen wahrscheinlich Signal ein.
00.27	02.27	Virginian hört CQ-Ruf der Titanic, kann es aber nicht lesen. Dann enden die Signale der Titanic sehr abrupt, Virginian empfahl Notfunkgerät, bekam keine Antwort mehr.
00.30	02.30	Olympic sendet nochmals ein starkes Signal und fragt Virginian ob er noch etwas von MGY empfängt. Antwort: Nein, ich halte Wache, aber höre nichts mehr von MGY.
00.52		Carpathia sendet Funkspruch an Olympic und teilt den offiziellen Zeitpunkt des Untergangs der Titanic in 41,46 N, 50,14 W mit, etwa um 2.20 Uhr.

Soweit der bekannte und dokumentierte Funkverkehr in der Unglücksnacht, der direkt mit dem Untergang der Titanic zu tun hatte.

NÄHER, MEIN GOTT, ZU DIR

Welches Lied wurde als letztes gespielt?
Die Zeugenaussagen widersprechen sich.

Es ist eine jener überlieferten Storys, die nahezu jedem zuerst einfällt, wenn vom Untergang der Titanic die Rede ist: Die Geschichte von den Musikern, die unermüdlich und unerschrocken ein aufmunterndes Stück nach dem anderen spielten, obgleich sich der Bug des Schiffes immer mehr in die See neigte und die Menschen um sie herum versuchten, ihr Leben zu retten.

Es gibt viele Legenden um das Verhalten von Menschen während der letzten Augenblicke vor dem Untergang. Sie sind immer wieder gut erzählt worden, ihr Wahrheitsgehalt kann aber nur schwer überprüft werden. Anders bei der Geschichte der Musiker. Diese wurde von mehreren Augenzeugen bestätigt. Demzufolge begann die Kapelle gegen 0.15 Uhr mit ihrem Spiel auf dem A-Deck, in der Lounge der Ersten Klasse, ging dann zum Bootsdeck hoch und spielte am Eingang der Ersten Klasse in der Nähe zum großen Treppenhaus. Einer der zuverlässigsten Beobachter war Lawrence Beesley. Er erinnerte sich: „Ich sah ein Mitglied der Musikkapelle, den Cellisten, um die Ecke der Veranda aus dem Treppenhaus kommen und über das nun leere Steuerborddeck laufen, sein Cello hinter sich herziehend, der Sporn kratzte über den Boden. Das muss so gegen 0.40 Uhr gewesen sein. Ich vermute, die Musik begann kurz danach aufzuspielen und dauerte bis etwa zwei Uhr an. Viele gute Taten wurden in dieser Nacht vollbracht, aber wohl nichts Besseres, als dass diese Männer Minute um Minute spielten, während das Schiff Stück für Stück in der See versank und diese höher und höher an ihren Standort herankam. Die Musik, die sie spielten, war wie ein Klagelied zu ihrem eigenen Begräbnis und zeigte ihr Recht an, in die Halle des unsterblichen Ruhmes aufgenommen zu werden."

Der Chef der Musiker hieß Wallace Hartley. Er stammte aus dem englischen Lancashire, war Sohn eines methodistischen Geistlichen und hatte früh Erfahrungen als Geiger und Sänger im Gemeindechor gesammelt. Sein erstes Engagement als Bordmusiker hatte er bei der Reederei Cunard auf der MAURETANIA angenommen. Zu jener Zeit und nachdem sie bereits 22 Mal gemeinsam den Atlantik überquert hatten, fragte ihn sein Kollege Elwane Moody, ein bekannter Schiffsmusiker aus Leeds, was er täte, wäre er jemals auf einem sinkenden Schiff? Hartley schaute nachdenklich, überlegte einen Moment und antwortete: „Ich denke, ich könnte nichts Besseres spielen, als ‚Näher, mein Gott, zu dir!'"

Damals kümmerten sich die Reedereien noch selbst um die Engagements der Künstler, die pro Monat 50 US-Dollar erhielten und an Bord für sieben Dollar frei verzehren durften. Später entwickelte die Agentur C. W. & F. N. Black in der Castle Street in Liverpool die Geschäftsidee, Musiker für Passagierschiffe zu suchen, sie unter Vertrag zu nehmen und an die Reedereien zu vermitteln. Der Vertrag sah außerdem vor, jeder Musiker könnte ohne weitere Untersuchungen oder Erklärungen sofort abgelöst werden, wenn die Reederei aus welchen Gründen auch immer mit ihm unzufrieden war. Für Musiker war dies eine harte Umstellung. Sie erhielten nun weniger Honorar, aber sie hatten keine Wahl, wenn sie eine der begehrten Stellen auf einem Ozeanliner besetzen wollten. Selbst ein Protest der Musikergewerkschaft änderte nichts daran.

ENGAGEMENTS AN BORD WAREN BELIEBT

Hartley zögerte zunächst, ob er die Jungfernfahrt der TITANIC mitmachen sollte, denn er hatte sich gerade erst mit Maria Robinson verlobt und wollte sie ungern allein in Southampton zurücklassen. Andererseits hatte er die Hoffnung, durch sein Engagement bei einer so prominenten Fahrt neue Kontakte knüpfen zu können, die ihm interessante künftige Engagements ermöglichen würden. So unterschrieb er den Vertrag mit den Brüdern Black. Hartley wurde als Kapellmeister engagiert, war also für den Einsatz der acht Musiker verantwortlich.

Diese waren: Pianist Theodore Brailey, Erster Geiger John „Jock" Hume, Bassgeiger J. Fred C. Clarke, Geiger George Krins und die Cellisten Roger Bricoux, Percy Taylor und J. W. Woodward. In der Regel spielten die Musiker in zwei Gruppen. Ein Trio unterhielt die Gäste in der Lounge des À-la-Carte-Restaurants oder im Restaurant Parisien. Die übrigen Mitglieder der Truppe einschließlich ihres Kapellmeisters blieben als Quintett in der First Class Lounge oder im Speisesaal. Nachmittags traten sie auf der Veranda und im Palm Court auf. Darüber hinaus wurden sie bei Bedarf zu besonderen Veranstaltungen eingesetzt.

Ihr Repertoire musste vielseitig sein und umfasste leichte Salonmusik ebenso, wie Auszüge aus Orchesterwerken und Opern. Üben konnten sie jeden Morgen in einem Lagerraum auf Deck E in der Nähe der Bordwäscherei. Untergebracht waren sie in Mannschaftskabinen.

Als der Bug der TITANIC sich immer mehr neigte, zögerten die Musiker nicht lange und spielten aufmunternde Melodien, um die Passagiere zu beruhigen. Es gibt immer wieder Darstellungen, nach denen sie spielten, bis sie untergingen. Da die TITANIC aber fast senkrecht stand, bevor sie in die Tiefe rauschte, ist dies eher unglaubwürdig, denn sie hätten mit ihren Instrumenten nirgendwo mehr einen Halt finden können.

Die 17 Jahre alte Vera Agnes Gillespie Dick, die mit ihrem Ehemann Albert Adria Dick die Flitterwochen an Bord verbracht hatte, erzählte nach ihrer Rettung einem Reporter: „Am tiefsten hat sich in mein Gedächtnis eingegraben, wie wir die Kapelle ‚Näher, mein Gott, zu Dir' spielen hörten, während das Schiff immer schneller sank. Wir schauten zurück und konnten die Männer an Deck stehen sehen, wie sie seelenruhig auf das Ende warteten." Das war der Stoff, auf den die Reporter gewartet hatten. Der Bericht über das tatsächlich letzte gespielte Stück aber ist bis heute umstritten. Der Funker Harold Bride erinnerte sich daran, dass die Musiker „Autumn" spielten, ein flottes Stück, wie es damals in vielen Unterhaltungsstätten zum Mitpfeifen beliebt war.

> ES IST NICHT HELDENHAFTER MIT EINEM SCHIFF UNTERZUGEHEN, ALS AN EINER KOLIK ZU STERBEN.

Vielleicht brauchten die Überlebenden eine solch Trost spendende Geschichte wie jene vom zuletzt gespielten Choral, um sich selbst trösten zu können. Es war jedenfalls eine in die viktorianische Zeit passende Darstellung, die der Öffentlichkeit unter die Haut ging.

Nur der bekannte Schriftsteller und Seemann Joseph Conrad, dem schon die Größe der TITANIC suspekt gewesen war, tat dies als Gefühlsduselei ab und meinte: „Viel schöner wäre es gewesen, wenn die Band der TITANIC gerettet worden wäre, anstatt spielend untergehen zu müssen – was auch immer sie spielten, die armen Teufel ... Es ist keineswegs heldenhafter, sehr gegen seinen Willen neben einem aufgerissenen, hilflosen Riesenrumpf abzusaufen, als in aller Stille an einer Kolik zu sterben, weil sich in der Konservendose, die man beim Händler gekauft hat, verdorbener Lachs befand."

Kapellmeister Wallace Hartley wurde von einer Suchmannschaft des Dampfers MACKAY-BENNET zwei Wochen nach dem Untergang tot aus dem Wasser gezogen und als Körper Nummer 224 registriert. Er wurde nach seiner Identifizierung nach England überführt und in seinem Heimatort Colne in Lancashire beerdigt. Ein Denkmal mit seiner Büste erinnert an ihn. An dem viktorianischen Reihenhaus in Dewsbury in West Yorkshire, in dem er einst wohnte, befindet sich heute eine blaue Gedenktafel. Außerdem wurden in seiner Heimatstadt Colne Straßen und Häuser nach ihm benannt.

Auch die Körper des Geigers Jock Hume und des Bassisten Fred C. Clarke konnten aus der See geborgen werden. Sie liegen in Halifax begraben. Nach dem Tod der Musiker forderten die Hinterbliebenen Entschädigungen, wie sie die White Star Line bereits an Familien anderer Besatzungsmitglieder ausgezahlt hatte. Doch obgleich die Musiker wegen der Erzählungen über ihr heroisches Verhalten posthum geradezu berühmt geworden waren, zeigte sich die Reederei in diesem Fall ebenso kleinlich wie bei den Heuerzahlungen für die Seeleute, die exakt zum Zeitpunkt des Untergangs eingestellt worden waren. In diesem Fall verweigerte sie Entschädigungen, weil die acht Männer nicht zur Besatzung gehört hätten, sondern Mitarbeiter der Künstleragentur Black gewesen seien. Die beiden Brüder wiederum verwiesen sie zurück an die White Star Line und bestanden darauf, diese müsse für die Entschädigung der Musikerfamilien sorgen. Nachdem dieses würdelose Verhalten an die Öffentlichkeit gedrungen war, bot letztlich ein Wohltätigkeitsverein eine Entschädigung an.

Wenig später erhielt die Familie des Geigers Jock Hume noch einmal von den Blacks. Sie hatten dem Musiker vor der Abfahrt noch fünf Shilling für die Anschaffung eines neuen Anzugs vorgestreckt und forderten nun, die Familie möge diese Summe begleichen.

Ein Choral als letztes Lied der Bordkapelle passte in die viktorianische Vorstellungswelt. So griffen die Medien diese Variante auf, die unter die Haut ging, und druckten sie schon in den ersten Berichten kurz nach dem Untergang.

DIE MEDIEN

Journalistischer Instinkt, Falschmeldungen und Reportertricks – das erste Großereignis der Mediengeschichte.

New Yorker Zeitungen hatten ihre Leser schon Tage vor dem ersten Anlauf auf die Ankunft des größten Schiffes der Welt vorbereitet. Der erste Amerikaner, der am Montag, dem 15. April 1912, erfuhr, dass die TITANIC New York gar nicht mehr erreichen würde, war der Telegrafist der Funkstation im 18. Stockwerk der New York Times. Seine Aufgabe war es, täglich sämtliche eingehenden Meldungen aufzuschreiben, den Zettel dann in eine Holzröhre, die sogenannte Bombe, zu stecken und diese an einer langen Schnur durch den blechverkleideten Schacht zu den Redaktionsräumen herabzulassen. Bei wichtigen Meldungen sollte er heftig an der Schnur ziehen, damit die Redakteure sofort aufmerksam wurden. So laut, wie an diesem Tag um 1.20 Uhr donnerte die Bombe nie zuvor hinab. Auf dem Zettel stand:

123

„Sonntagnacht, 14. April (AP). Um 22.25 Uhr heute Nacht funkte der White Star Liner TITANIC CQD an die hiesige Marconi-Station und meldete Kollision mit einem Eisberg. Der Dampfer forderte sofortige Hilfe an."

Chefredakteur Carr van Anda griff zum Telefonhörer, um weitere Informationen beim Büro der White Star Line in New York und bei seinen Korrespondenten in Halifax und Montreal zu bekommen. Noch ahnte er nicht, welch ein Drama sich auf dem Atlantik abspielte. Aber aus den einzelnen Darstellungen formte sich langsam ein Gesamtbild.

Die VIRGINIAN, ein Dampfer der britischen Allen Line, der von Halifax nach Liverpool unterwegs war, hatte offenbar eine halbe Stunde vor Mitternacht denselben Funkspruch empfangen und sofort Kurs auf die Unglücksstelle genommen. Später meldete der Funker, er habe SOS-Signale empfangen, die von der TITANIC stammen könnten. Er sei sich aber nicht sicher, denn das Signal sei sehr schwach gewesen und um 0.27 Uhr plötzlich abgebrochen. Sofort ließ der Chefredakteur die Titelseite für die erste Ausgabe des nächsten Morgens ändern. Sie sollte per Post versandt werden und wurde deshalb als erste angedruckt. Statt eines Berichtes über die Präsidentschaftswahlen meldete die New York Times nun:

NEUER LINER TITANIC KOLLIDIERT MIT EISBERG SINKT UM MITTERNACHT ÜBER DEN BUG

FRAUEN GEHEN IN DIE RETTUNGSBOOTE LETZTER FUNKSPRUCH UM 0.27 UHR NUR NOCH VERSTÜMMELT

Dann gab van Anda Auszüge aus der Passagierliste der TITANIC in die Setzerei. Er hatte jedoch nur die Listen der Ersten Klasse. Die enthielt viele Namen ranghoher, landesweit bekannter Persönlichkeiten, darunter Archibald Butt, der persönliche Freund von Präsident Taft und Militärberater im Weißen Haus, John Jacob Astor, Benjamin Guggenheim, Isidor Straus und Francis Davis Millet, Maler und Präsident der Amerikanischen Akademie in Rom; Charles M. Hayes, Präsident der Grand Trunk Railway, sowie Bruce Ismay, der Aufsichtsratsvorsitzende der White Star Line.

Danach zog sich van Anda zurück und dachte angestrengt darüber nach, wie die spärlichen Informationen journalistisch zu werten waren. Der Winter war verhältnismäßig warm gewesen, deshalb hatten die grönländischen Gletscher stark gekalbt. Die Eisberge waren zunächst nach Norden gedriftet, dann aber vom Labradorstrom nach Süden umgelenkt worden und so in die Schifffahrtswege vor Neufundland geraten. Es lagen bereits Berichte vor, nach denen Schiffe in dieser Region riesige Treibeisfelder passiert hatten. Die NIAGARA war beispielsweise von treibenden Eisschollen so stark beschädigt worden, dass sie sich mit zwei Lecks in den Hafen von New York retten musste. Begegnungen mit Eisfeldern und Eisbergen waren oft glimpflich abgelaufen, aber in diesem Seegebiet waren auch schon einige Schiffe spurlos verschwunden. Vor Marconis Erfindung hatte ja niemand Funksignale aussenden können.

Einmal war an der Westküste der Hebriden eine Flaschenpost von dem Dampfer PACIFIC der Collins Line angespült worden. Auf die herausgerissenen Seiten eines Notizbuches hatte der Passagier W. M. Graham mit Bleistift gekritzelt, das Schiff wäre auf der Fahrt von Liverpool nach New York zwischen so viele Eisberge geraten, dass die Lage aussichtslos sei. Der Passagier schrieb: „Ich weiß, dass ich nicht entkommen kann. Ich teile die Ursache des Untergangs mit, damit Freunde nicht in Ungewissheit leben müssen. Den Finder bitte ich, diese Nachricht zu veröffentlichen." Tatsächlich war dies die einzige Spur, die Aufschluss über das Verbleiben der 1856 verschollenen PACIFIC gab.

Es gab zwar noch keine Bestätigung vom Untergang der TITANIC, aber aus den Gegebenheiten schloss van Anda, es könne für das Verstummen der Funkanlage, die pausenlos Notrufe gesendet hatte, nur einen Grund geben. In der Stadtausgabe der New York Times, die nach der Postausgabe angedruckt wurde, stand deshalb nun die Schlagzeile:

LUXUSLINER TITANIC GESUNKEN

So hatte die New York Times einen Vorsprung, den sie während der gesamten Berichterstattung nicht mehr verlieren sollte. Die Frühausgabe der New York Times erschien mit dieser Nachricht, als andere Zeitungen noch das erste vage formulierte Bulletin, das die White Star Line herausgegeben hatte, nachdruckten. Philip Albright Small Franklin, der Vizepräsident und Geschäftsführer

der IMM, zeigte sich empört. Nach Erscheinen der Zeitung wurde er mit Telefonanrufen bombardiert und Besucher rannten ihm die Türen ein. Er selbst aber zeigte sich optimistisch, bezeichnete die Nachrichten von dem Untergang als Gerücht und behauptete, der Abbruch der Meldungen könnten ebenso auf den Ausfall des Funkgerätes oder auf atmosphärische Störungen zurückzuführen sein. Es sei absolut nicht notwendig, sich Sorgen um die Sicherheit der Passagiere zu machen, schließlich sei das Schiff ja praktisch unsinkbar.

Mit der Vermutung ihres Chefredakteurs aber lag die New York Times richtiger als viele Meldungen, die während der nächsten Stunden erschienen. So meldete die ebenfalls in New York erscheinende Evening Sun

NACH KOLLISION ALLE VON DER TITANIC GERETTET, DER LINER WIRD NACH HALIFAX GESCHLEPPT.

Zugleich beschimpften die Redakteure in ihrem Artikel die New York Times wegen ihrer Falschmeldung von dem Untergang. Das Wall Street Journal bezeichnete die Vorgänge um die TITANIC als eine Beinahe-Katastrophe und formulierte:

OFFENBAR IST DIE TITANIC ERNSTHAFT BESCHÄDIGT, ABER WESENTLICH IST, DASS SIE NICHT GESUNKEN IST. DIE WASSERDICHTEN SCHOTTEN HIELTEN DICHT.

Dass dies ein fataler Irrtum war, stellte sich Stunden später heraus. Diese Meldung löste eine Reihe von Aktivitäten aus. Vizepräsident Franklin schickte einen Sonderzug nach Halifax, der die Geretteten nach New York bringen sollte. Dann bat er das kanadische Marineministerium, der TITANIC entgegenzufahren und sie in den Hafen zu geleiten.

Man hat später immer wieder gerätselt, wie und weshalb die Falschmeldung über die nach Halifax geschleppte TITANIC entstanden sein könnte. War es die Sensationsgier amerikanischer Reporter, die während des Tages keinerlei Informationen erhalten hatten? Oder waren es bewusste Fälschungen gerissener Geschäftsleute, die mit derart spekulativen Nachrichten die Rückversicherungsprämie beeinflussen wollten? Immerhin war diese für die Ladung der TITANIC wie bereits angemerkt zunächst auf 50, dann sogar 60 Prozent emporgeschnellt, bevor sie wieder auf 25 Prozent sank.

Die heute wahrscheinlichste Erklärung für die Falschmeldung ist das Vermischen zweier Funksprüche, und zwar die Anfrage des Funkers der BALTIC, ob alle Passagiere der TITANIC in Sicherheit seien, mit der Nachricht des Dampfer ASIAN, dass sie den Tanker DEUTSCHLAND, der wegen Kohlemangels manövrierunfähig in der See trieb, nach Halifax schleppe.

Die Nachrichtenagentur Associated Press hatte diese Kombination übernommen und verbreitet.

Erschwerend kam hinzu, dass in jener Zeit die noch relativ junge Funktechnik von vielen Amerikanern als Hobby betrieben wurde und der Funkverkehr im Gegensatz zu europäischen Verhältnissen noch nicht gesetzlich reglementiert war.

Die entsetzliche Wahrheit erfuhr als Erster der Funker eines New Yorker Kaufhauses. John Wanamaker, der Warenhauskönig, hatte seine Häuser in Philadelphia und New York mit den stärksten Funkstationen seiner Zeit ausrüsten lassen. Angeblich sollte dies den Nachrichtenfluss innerhalb seines Unternehmens beschleunigen. In Wirklichkeit war es ein Werbegag. Die Besucher von Wanamakers Kaufhäusern konnten den Funkern zusehen, wie sie mit Kopfhörern auf den Ohren konzentriert ihrer Arbeit nachgingen. Da es sich um eine revolutionäre neue Technik handelte, die man sonst nirgendwo aus der Nähe erleben konnte, strömten die Besucher in die Kaufhäuser.

An diesem Tag war David Sarnoff einer der Funker. Ihm gelang es, zwischen atmosphärischen Störgeräuschen und den hektischen Aktivitäten der Amateurfunker die Nachricht herauszufiltern:

TITANIC UM 0.47 UHR NEW YORKER ZEIT GESUNKEN. 675 ÜBERLEBENDE AN BORD DER CARPATHIA. KURS AUF NEW YORK

Rund um die TITANIC entstand so der erste Nachrichtenhype der Mediengeschichte. New York hatte sich im letzten Drittel des 20. Jahrhunderts zu einer der großen

Metropolen der Welt entwickelt. Die Stadt spielte eine wichtige Rolle im Welthandel, im kulturellen Leben und in politischen Ränkespielen. Das zog Journalisten aus aller Welt an, die sich dort als Korrespondenten niederließen. Was also als Schlagzeile in einer New Yorker Zeitung stand, erschien kurze Zeit später in Zeitungen rund um den Globus.

Es gab aber natürlich auch zusammenphantasierte Texte, die just an jenem Tag erschienen, an dem die CARPATHIA in New York einlief. Der überlebende Passagier Lawrence Beesley zitiert einen solchen reißerischen Artikel: „Gelähmt durch den gräulichen Zusammenstoß flüchteten die betäubten Passagiere aus ihren Kabinen in den Hauptsalon, inmitten des Krachs des berstenden Stahls, zerbrechender Teller und einstürzender Decksbalken, während sich das Dröhnen der fallenden Eisbergspitze auf das eingedrückte Deck dem Horror dazugesellt ... In einem wilden, unberechenbaren Strom brachen sie aus den Salons hervor, um Augenzeugen einer der erschreckendsten Szenen zu werden, die man sich vorstellen kann ... Auf hundert Fuß Länge war der Bug zu einer formlosen Masse aus verbogenem, gesplittertem Stahl und Eisen geworden ..." Beesley bemerkte dazu: „Und so weiter, Schrecken folgt auf Schrecken, und kein Wort davon ist wahr oder kam der Wahrheit auch nur nahe." Diese Zeitung wurde in den Straßen New Yorks verkauft, während die CARPATHIA einlief und Angehörige der Überlebenden an Bord am Hafenbecken standen, um sie zu sehen. Sie alle standen unter Schock und kauften ängstlich jede Zeitung, die vielleicht Neuigkeiten enthalten könnte. Niemand von Bord der CARPATHIA konnte solche Informationen verbreitet haben, denn die Überlebenden wussten, was wirklich geschehen war.

Lawrence Beesley forderte später: „Es sollte ein kriminelles Vergehen für jedermann sein, absichtliche Falschmeldungen herauszugeben, die Angst und Kummer verursachen. Die moralische Verantwortung der Presse ist sehr groß, und ihre Pflicht, das Publikum nur mit sauberen, einwandfreien Meldungen zu versorgen, ist entsprechend schwer. Wenn die allgemeine Leserschaft jetzt noch nicht in der Lage ist, die Veröffentlichung solcher Nachrichten dadurch zu unterbinden, indem sie jene Zeitungen nicht mehr kauft, die Falschmeldungen drucken, dann muss das Gesetz dahingehend ausgedehnt werden, dass diese Fälle mit eingeschlossen sind. Verleumdung ist ein Vergehen, und diese Berichte wiegen schwerer, als jede Verleumdung je sein könnte."

Damit seine Zeitung an wahrheitsgemäße Informationen herankam, setzte Carr van Anda seine Mitarbeiter geradezu generalstabsmäßig ein. Sobald die CARPATHIA den New Yorker Hafen erreichte, sollten die Reporter ihre Recherchen so schnell wie möglich übermitteln können. Deshalb hatte die New York Times im Strandhotel, nur einen Häuserblock von dem zu erwartenden Liegeplatz des Schiffes entfernt, eine komplette Hoteletage gemietet und dort vier Telefone installieren lassen, die direkt mit der Times-Redaktion verbunden waren. Drei weitere standen in einiger Entfernung zur Verfügung. Außerdem standen für die Reporter Autos mit Chauffeuren bereit, für den Fall, dass diese etwas direkt in die Redaktion bringen lassen wollten. In der Telefonzentrale der Times durfte nur ein einziger Anschluss für Gespräche benutzt werden, die nicht mit der TITANIC zusammenhingen.

Damit niemand zweimal interviewt wurde, hingen Listen mit den Namen aller Befragten an der Wand, die ständig aktualisiert wurden. Die Polizei hatte die Cunard-Pier im New Yorker Hafen abgesperrt. Hinter diesen Sperren sammelten sich im Laufe des Abends etwa 30.000 Menschen, weitere 10.000 harrten an der Battery aus, obwohl es in Strömen regnete. Journalisten durften die Absperrungen nur passieren, wenn sie speziell für diesen Tag ausgestellte Zugangsberechtigungen hatten. Die normalen Presseausweise reichten in diesem Fall nicht aus. Zudem war die Zahl der Sonderberechtigungen begrenzt und selbst die New York Times hatte nur vier bekommen, obgleich sie 16 Reporter ins Geschehen schickte.

Auch auf dem Wasser herrschte Gedränge. Allein New Yorker Zeitungen hatten wohl 50 Boote für ihre Reporter gechartert, damit sie der CARPATHIA entgegenfahren konnten. Das US-Finanzministerium hatte keine Einwände, einige Reporter auch auf den Zollbooten mitzunehmen, die zur CARPATHIA hinausfuhren. Die Cunard Line hatte Journalisten jedoch verboten, ihr Schiff zu betreten.

Die Menschen an Bord der CARPATHIA konnten kaum fassen, welches Bild sich ihnen bot, als sie am Feuerschiff AMBROSE vorbeidampften. Eine Flottille kleiner Boote kam ihnen entgegen. Auf jedem Boot standen aufgeregte Reporter, die durch Megafone Fragen an die Passagiere der CARPATHIA hochbrüllten. Mit den damals üblichen Magnesiumblitzlichtern versuchten Fotografen, die dramatische Szene festzuhalten.

Einige Reporter hatten sich mit Schmiergeldern Zugang zum Lotsenversetzboot verschafft. Als die CARPATHIA ihre Fahrt verlangsamte, um den Lotsen zu übernehmen, versuchten sie sofort, ebenfalls über die Lotsenleiter an Bord zu kommen. Der Dritte Offizier Rees musste sie mit Gewalt daran hindern und versetzte einem Reporter sogar einen Kinnhaken. Einer von ihnen schaffte es dennoch, Rees zu entkommen und auf die CARPATHIA zu gelangen. Er wurde sofort festgenommen und zu Kapitän Rostron gebracht. Dort gab er dem Kapitän sein Ehrenwort, die Brücke bis zum Anlegen des Schiffes nicht zu verlassen. Später schrieb er genau aus dieser Perspektive eine einzigartige Story.

REPORTER LOCKTEN AUGENZEUGEN MIT GELD

Auf den Booten war den Journalisten jedes Mittel recht, um an Informationen zu kommen. Als Reporter glaubten, an der Reling der CARPATHIA einige Besatzungsmitglieder der TITANIC zu erkennen, winkten sie ihnen mit 50-Dollar-Scheinen zu und forderten sie auf, über Bord zu springen, wo man sie auffischen würde, um dann ihre Story für viel Geld zu verkaufen.

Eine andere Art von Exklusivität hatte sich offenbar die New York Times gesichert. Der Verlag hatte sehr gute Kontakte zu Marconi und seiner Funkgesellschaft, seit es zwischen beiden den Vertrag über drahtlosen Nachrichtenaustausch über den Atlantik gab. Es war ein Vertrag, der sich für beide Seiten mehr als lohnte. Marconi hatte die Erlaubnis, an Bord der CARPATHIA zu gehen. Carr van Anda wusste davon und überredete ihn, den Times-Reporter Jim Speers mitzunehmen.

Noch früher allerdings gelangte der Journalist Carlos F. Hurd an die Quelle aller Informationen. Er war mit seiner Frau rein zufällig als Passagier auf der CARPATHIA. Nachdem die Überlebenden der TITANIC an Bord gekommen waren, kümmerten sich beide um die frierenden und verstörten Menschen. Besondere Aufmerksamkeit erfuhr das erst zwei Jahre alte Kleinkind Edmond Navratil, das sie in ihrer Kabine unterbrachten.

Schon diese Story an sich war außergewöhnlich. Edmond wurde von seinem Vater Michel gemeinsam mit seinem älteren Bruder, der ebenfalls den Vornamen Michel trug, wegen eines erbitterten Sorgerechtsstreits mit der Mutter entführt und an Bord der TITANIC gebracht. Nach der Kollision mit dem Eisberg hatte der Vater seine Söhne geweckt, auf das Bootsdeck gebracht und in das Klappboot D gesetzt. Es war das letzte Rettungsboot, das abgefiert wurde. Der Vater kam in jener Nacht ums Leben. Die beiden waren die einzigen Kinder, die das Unglück ohne einen Elternteil oder Vormund überlebten. Nachdem das Foto der Jungen in Zeitungen abgedruckt wurde, erfuhr die Mutter vom Schicksal ihrer Söhne und holte sie im Mai 1912 nach Frankreich zurück.

In Gesprächen mit den Geretteten erfuhr Hurd auch sonst noch viel über die Vorgänge in der Katastrophennacht. Als das Schiff in den New Yorker Hafen einlief, hatte er seinen Bericht bereits fertig getippt und warf ihn einem Kollegen zu, den er auf einem der Schlepper entdeckt hatte. Er erschien am nächsten Tag in der Zeitung New York World.

Die New Yorker Konkurrenzverlage waren erbost über den Nachrichtenvorsprung, den Carr van Anda mit der New York Times hatte. Sie stürzten sich auf die Tatsache, dass der Chefredakteur den Marconi-Angestellten Geld für exklusive Nachrichten geboten hatte. Die Agentur Associated Press titelte die Schlagzeile „TITANIC-Bericht für Geld zurückgehalten!" Auch die Zeitungen der Verlagshäuser Pulitzer und Hearst warfen den Funkern vor, die Tragödie genutzt zu haben, um sich daran zu bereichern. Guglielmo Marconi höchstpersönlich schien dies gebilligt zu haben.

Die Sache wirbelte so viel Staub auf, dass der Vorgang sogar Thema einer Befragung von Guglielmo Marconi vor dem New Yorker Untersuchungsausschuss wurde. Denn an dem Tag, als sich die CARPATHIA dem New Yorker Hafen näherte, hatte die U.S. Navy zwei Funksprüche an die beiden Funker auf dem Schiff abgefangen. Der erste lautete sinngemäß: „Behalte deine Geschichte für dich. Man hat dafür gesorgt, dass du viel Geld dafür bekommst". Und der zweite: „An Marconi-Radio-Offiziere CARPATHIA und TITANIC. Haben für Sie arrangiert Abgabe Exklusiv-Story für vierstelligen Dollarbetrag. Mr. Marconi einverstanden. Stop. Reden Sie mit niemandem, ehe Sie mit mir gesprochen haben."

Als Marconi vor dem Untersuchungsausschuss mit den belastenden Funksprüchen konfrontiert wurde, entgegnete er, es müsse seines Erachtens den Funkern gestattet sein, „ihre Informationen in ein bisschen Geld umzumünzen". Des Weiteren betonte er, die Aufforderung zur Verschwiegenheit sei erst ergangen, nachdem die CARPATHIA im Hafen von New York eingelaufen sei. Wer wollte wen für das Schweigen der Funker auf hoher See verantwortlich machen? Zwischen dem Untergang der TITANIC am frühen Dienstagmorgen und dem Donnerstagabend, als die CARPATHIA New York erreichte, hatten Funkstationen an Land mit allen Mitteln versucht, irgendwelche Nachrichten von Bord zu erhalten. Doch die Funker hatten geschwiegen.

MARCONI GERÄT UNTER VERDACHT

So ganz konnte sich Marconi nicht von dem Verdacht reinwaschen, es seien der Öffentlichkeit Nachrichten vorenthalten und diese nur nach dem Ermessen der Funker verbreitet worden. Deshalb musste er auch noch einige bohrende Fragen zu seinem besonderen Verhältnis zur New York Times beantworten.

Der Untergang der TITANIC hatte der Welt deutlich gezeigt, wie segensreich die Erfindung der Funktelegrafie war. Die Aktien der Marconi-Gesellschaft waren von 55 Dollar blitzartig auf 225 gestiegen. Unter diesen günstigen Vorzeichen fusionierte sie mit der Western Union Telegraph Company und hatte damit praktisch die Kontrolle über das Funkwesen rund um den Globus. Marconi war lange Zeit für eine gesetzliche Regelung des Funkverkehrs eingetreten, jetzt jedoch warnte er vor zu viel Einmischung seitens einzelner Regierungen.

Die Nachricht vom Untergang des Cunard-Vorzeigeschiffs erreichte England über die Verbindung via Transatlantikkabel erst mit einiger Verzögerung. Wie in New York waren besorgte Verwandte auch hier vor Ort und belagerten Oceanic House, das Büro der White Star Line in der Nähe vom Trafalgar Square. Die Londoner

Vor Verlagshäusern New Yorks verfolgten die Menschen die einlaufenden Nachrichten von der Titanic.

Zeitungen, die noch wenige Tage zuvor große Berichte über Geschwindigkeit und Luxus der TITANIC veröffentlicht hatten, druckten nun ein Beileidstelegramm von König George V. und Königin Mary ab:

*„Sandringham, Dienstag, 16. April 1912, 18.30 Uhr,
An den Vorsitzenden der White Star Line Liverpool
Die Königin und ich sind entsetzt über das grauenhafte Unglück der TITANIC und den entsetzlichen Verlust von Leben. Wir empfinden große Anteilnahme für die Angehörigen und trauern von ganzem Herzen mit ihnen.*

George RI"

Nachdem durchgesickert war, dass an Bord des Unglücksschiffes viel zu wenig Rettungsmittel für alle Reisenden waren, stellten Journalisten eine Reihe unbequemer Fragen. In einem Exklusivinterview mit der Daily Mail verwies Alexander M. Carlisle auf die Vorschriften des Handelsministeriums und die dortige Verantwortung. Er sagte, er habe im Originalentwurf 40 Rettungsboote geplant. Da die Vorschriften jedoch nicht mehr als 16 vorsahen, habe man seinen Vorschlag ignoriert. Tatsächlich hatte die White Star Line beschlossen, die TITANIC mit 20 auszustatten, also mit mehr Rettungsbooten, als die Vorschriften damals verlangten. Carlisle litt trotz der ihn entlastenden Rechtslage sehr unter den seelischen Belastungen. Während des Gedenkgottesdienstes in der St.-Paul-Kathedrale in London fiel er in Ohnmacht.

„WIR BAUTEN DAS SCHIFF SO, DASS ES SCHWIMMEN KONNTE. WIR BAUTEN ES NICHT, DAMIT ES GEGEN EINEN EISBERG ODER EINE KLIPPE FAHREN KONNTE. UNGLÜCKLICHERWEISE GESCHAH GERADE DAS."

Vor dem britischen Untersuchungsausschuss sagte er später: „Wir bauten das Schiff so, dass es schwimmen konnte. Wir bauten es nicht, damit es gegen einen Eisberg oder eine Klippe fahren konnte. Unglücklicherweise geschah gerade das."

Besonders betroffen waren die Bewohner der Stadt Southampton. Alle Flaggen hingen auf halbmast, und an jeder Straßenecke gab es Menschenansammlungen. Alle diskutierten über das eine Thema. In den Bezirken Northam und Shirley fuhr nahezu jeder Mann zur See. Viele Heizer und Stauer wohnten in der York Street. Aber auch in anderen Straßen, in Northam Road, Cable Street, McNaughton Street, Russel Street, boten sich die gleichen bedrückenden Bilder. Frauen standen in Gruppen zusammen, waren mehr als besorgt, besprachen ärgste Befürchtungen und hofften …, denn das Schicksal ihrer Ehemänner war letztlich ihr eigenes …

Die Crew der TITANIC war zu 95 Prozent Mitglied in der gerade erst gegründeten Seefahrer-Gewerkschaft. In deren Büroräumen im Terminus Terrace landeten besonders viele besorgte Anfragen. Ein Journalist beschrieb seine Beobachtungen: „Am späten Nachmittag starb alle Hoffnung. Die wartende Menge löste sich auf, schweigende Männer und weinende Frauen machten sich auf den Heimweg. In den bescheideneren Häusern von Southampton gab es keine Familie, die nicht einen Freund oder Verwandten verloren hatte. Kinder, die aus der Schule kamen, spürten die Tragödie; kummervolle kleine Gesichter wandten sich den dunklen, vaterlosen Häusern zu."

Während Reporter in New York versuchten, Informationen von Überlebenden zu erhalten, interviewten die Kollegen in Southampton Angehörige. Einer der Journalisten schrieb einen Artikel über die York Street aus der Perspektive einer Bewohnerin. Deren Ehemann war zwar auf der OLYMPIC unterwegs, aber sie schilderte bildhaft die traurige Geschichte der Frauen in ihrer Straße:

„Mrs. May auf der anderen Straßenseite verlor ihren Mann und ihren ältesten Sohn. Der Sohn hatte vor einem Jahr geheiratet, und seine Frau hat vor sechs Wochen ein Baby bekommen … Mrs. Allen um die Ecke verlor ihren Ehemann George. Und die junge Frau dort drüben in Schwarz, das ist Mrs. Barnes; sie hat ihren Bruder verloren. Die Frau, die den Laden betritt, ist Mrs. Gosling. Sie verlor einen Sohn. Und die Witwe Mrs. Preston aus der Prince Street verlor ebenfalls einen Sohn."

Mrs. May selbst bestätigte: „Ja, es ist wahr, Mann und Sohn sind weg. Es war das erste Mal, dass Arthur gemeinsam mit seinem Vater auf See war, und es wäre gar nicht dazu gekommen, wenn Arthur nicht wegen des Kohlestreiks arbeitslos geworden wäre. Er hat versucht, einen Job an Land zu finden, aber es hat nicht geklappt. Also heuerte er als Heizer auf der TITANIC an."

Einen Tag später schrieb selbiger Journalist: „Ich habe den Tag in den Häusern der Witwen verbracht, in Häusern ohne Nahrungsmittel oder Brennstoff und, in manchen Fällen, ohne Möbel. Ich habe Frauen ohnmächtig werden und Kinder vor Hunger schreien sehen. Während des Kohlestreiks wurden viele Geldverdiener arbeitslos. Deshalb wurden Möbel verkauft oder verpfändet und zahlreichen Familien gar die Wohnung gekündigt. Dann kam die TITANIC. Heizer, Stauer und Schmierer, die seit Wochen nicht gearbeitet hatten, heuerten eifrig auf dem großen Schiff an, um ihre Familien zu retten. Heute schreien Hunderte Frauen nach Nahrung für sich und Milch für ihre Babys."

NOCH GUT 50 JAHRE LANG WURDEN HILFSGELDER VERTEILT

Es waren erschütternde Berichte, so wie dieser, die Menschen veranlassten, Hilfsfonds zur Unterstützung der Hinterbliebenen zu gründen. In Großbritannien betrug die Summe, die dafür gesammelt wurde, mehr als 413.200 Pfund. Das Mansion-House-Komitee, das im März 1913 gegründet wurde, war für die Verteilung zuständig. Gut 50 Jahre später wurden bei besonderen Umständen noch immer Gelder verteilt. Der Mayor's Fund unter der Schirmherrschaft des New Yorker Bürgermeisters Gaynor hatte Spenden aus dem ganzen Land erhalten. Insgesamt kamen 161.600 Dollar zusammen, die anschließend vom Amerikanischen Roten Kreuz verteilt wurden. Es vergab zusätzliche 100.000 Dollar, die von der Zeitung New York American und dem Frauenhilfswerk gesammelt worden waren. In den USA waren die Fonds für kurzfristige Unterstützung bestimmt, in England zahlte man stattdessen langfristig kleinere Summen in Form von Renten aus.

DIE KATASTROPHE IN ZEITGENÖSSISCHEN ZEICHNUNGEN

Die Illustrationen zeitgenössischer Zeichner spiegeln einen guten Eindruck von der Reaktion in der Öffentlichkeit jener Zeit wider. Die hier dargestellten Beispiele stammen aus verschiedenen Zeitungen und Sonderausgaben vom April 1912. Da bemängelt ein Zeichner, dass es an Bord Hinweisschilder auf alle möglichen Sportmöglichkeiten und Unterhaltungen gab, aber im Notfall schon alle Rettungsboote aus ihren Davits verschwunden waren (o.).

Ein anderer zeigt, wie die Natur die Waage des Schicksals in ihre Richtung bewegt und alle internationalen Vorschriften dagegen wirkungslos sind. Ein anderer versucht die Hilflosigkeit der Menschen an Bord angesichts des steigenden Wassers darzustellen. Beeindruckt waren die Menschen auch von dem Befehl „Frauen und Kinder zuerst!" und empfanden es als heroisch, ihn konsequent zu befolgen. Bedrückend war auch die lange Liste mit den Namen der Toten.

HINTERBLIEBENE

Freude ist nur auf wenigen Gesichtern derjenigen Angehörigen zu sehen, die am 29. April 1912 in Southampton auf die Rückkehr von Überlebenden warten. Zu sehr scheinen sie noch immer unter dem Eindruck der Katastrophennachricht zu stehen.

Eleanor Smith, die Witwe des Kapitäns, dessen Schicksal nie eindeutig geklärt wurde, und ihre zwei Jahre alte Tochter Helen, die nun ohne Vater aufwachsen musste.

Besonders groß war die Trauer in Southampton, jener Hafenstadt, aus der sich der größte Teil der 885 Besatzungsmitglieder rekrutiert hatte. Hart betroffen waren die Bewohner der Milbank Street. Eine Zeitung zeigte ein Foto der Straße: Man hatte mit kleinen Zetteln diejenigen Häuser markiert, in denen Familien den Ehemann, den Vater oder den Sohn verloren hatten. Sie veröffentlichte auch das Foto einer Tafel vor dem Büro der White Star Line in Southampton, auf die Reedereimitarbeiter die Namen von überlebenden Besatzungsmitgliedern geheftet hatten.

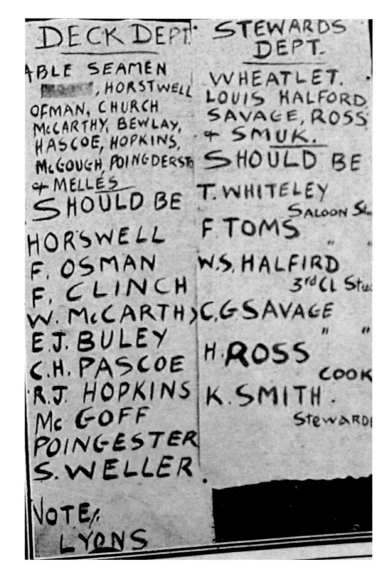

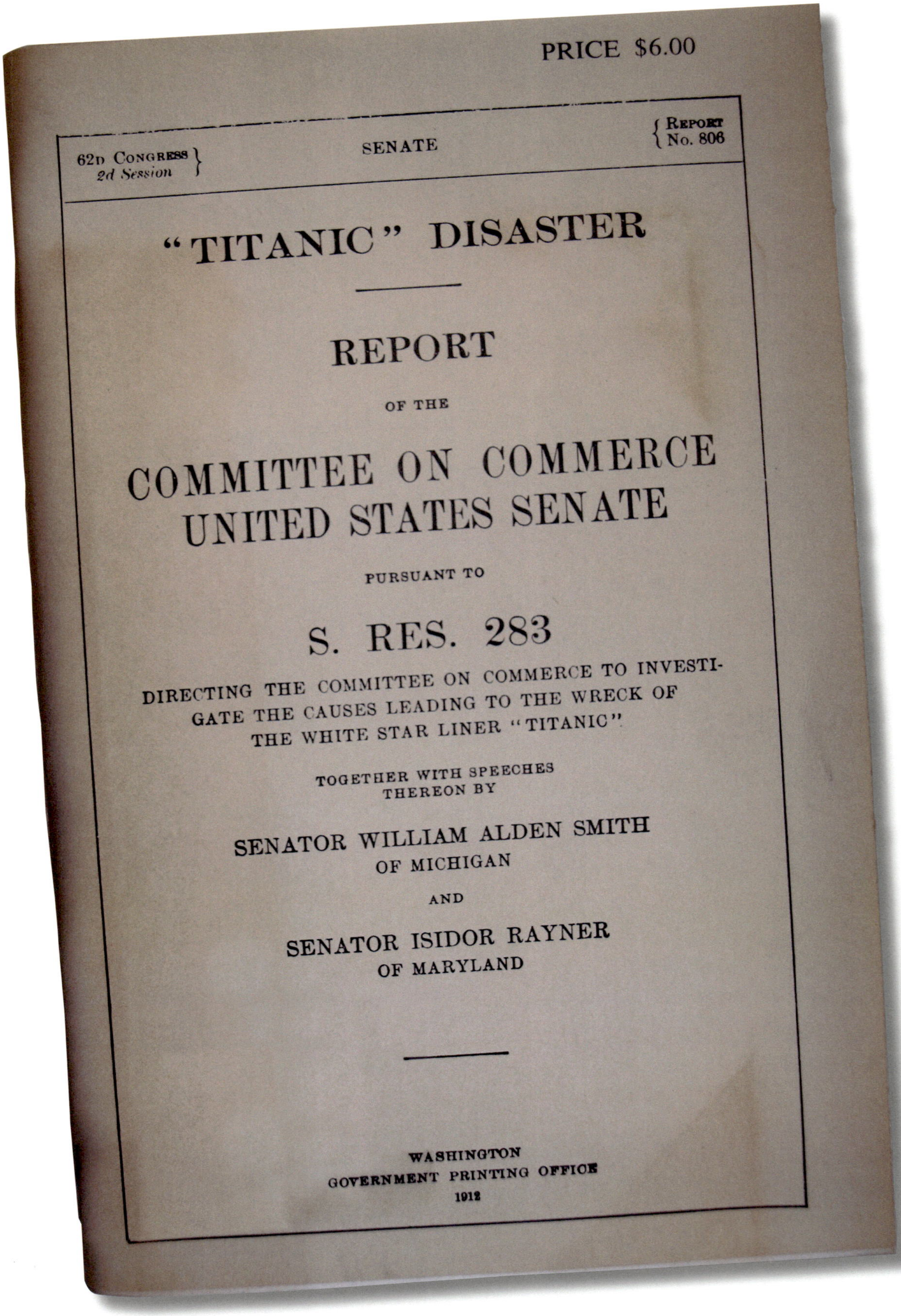

PRICE $6.00

| 62D CONGRESS 2d Session | SENATE | REPORT No. 806 |

"TITANIC" DISASTER

REPORT

OF THE

COMMITTEE ON COMMERCE UNITED STATES SENATE

PURSUANT TO

S. RES. 283

DIRECTING THE COMMITTEE ON COMMERCE TO INVESTIGATE THE CAUSES LEADING TO THE WRECK OF THE WHITE STAR LINER "TITANIC"

TOGETHER WITH SPEECHES
THEREON BY

SENATOR WILLIAM ALDEN SMITH
OF MICHIGAN

AND

SENATOR ISIDOR RAYNER
OF MARYLAND

WASHINGTON
GOVERNMENT PRINTING OFFICE
1912

DIE NEW YORKER UNTERSUCHUNG

Peinliche Fragen für die Überlebenden und der Kampf um Entschädigungen.

New York, 18. April 1915: Es war eine der ersten Amtshandlungen von Senator William Alden Smith. Als Vorsitzender des kurzfristig einberufenen Ausschusses zur Untersuchung der Umstände, die zum Untergang der TITANIC führten, ging er gleich nach dem Anlegen der CARPATHIA an Bord. Er wurde zur Kabine des Arztes gebracht, in der Bruce Ismay darauf wartete, an Land gehen zu können. Die beiden sprachen fast eine halbe Stunde lang hinter verschlossenen Türen. Einzelheiten wurden nie bekannt. Doch als Senator Smith das Schiff wieder verließ, sagte er Zeitungsreportern an der Pier, er habe nicht den Eindruck, dass die White Star Line oder gar britische Behörden seiner Untersuchung irgendwelche Schwierigkeiten bereiten würden.

Smith war kein Freund von John Pierpont Morgan, dem die International Mercantile Line und damit auch die White Star Line gehörten. Mit wohlwollenden Befragungen brauchte also niemand zu rechnen. Er versuchte Fahrlässigkeit nachzuweisen, um Entschädigungen für Betroffene herauszuholen. Grundlage dafür war ein seit 1898 rechtskräftiges Gesetz, das nach dem Schiffsunglück der LA BOURGOGNE erlassen wurde. Darin wurde festgelegt, dass Passagiere bzw. deren Angehörige eine Gesellschaft auf Schadensersatz verklagen dürfen, wenn Fahrlässigkeit nachgewiesen wird. Dieses Vorgehen war als „Harter Act" in der Schifffahrt bekannt. Nach diesem Gesetz konnte Smith den amerikanischen Konzern IMM haftbar machen, obgleich es sich bei der TITANIC um ein britisches Schiff gehandelt hatte.

Dem Untersuchungskomitee, das schon einen Tag später in einem Saal des New Yorker Waldorf-Astoria Hotels seine Arbeit aufnahm, gehörten sechs Senatoren unterschiedlicher Bundesstaaten an. Sie waren nicht ausgewählt worden, weil sie nautischen Sachverstand besaßen. Die Besetzung hatte politische Hintergründe. So waren denn manche ihrer Fragen mehr als naiv. Die Befragung war öffentlich, die Medien berichteten ausführlich und so erfuhren die Menschen nach und nach, was auf der TITANIC geschehen war.

Im Fokus der Öffentlichkeit stand die Person von Bruce Ismay, der moralisch allein schon deshalb verurteilt wurde, weil er als Chef der Reederei trotz des Befehls „Frauen und Kinder zuerst!" in ein Boot gestiegen war, während viele keinen Platz fanden, um sich zu retten. Denselben Vorwürfen sahen sich andere männliche Überlebende der TITANIC ausgesetzt, obgleich sie teilweise sogar in die Boote befohlen worden waren, um zu rudern.

Ismay drückte zu Beginn seiner Aussage zunächst sein Bedauern über den großen Verlust an Menschenleben aus, war dabei aber so nervös, dass sein Gesicht zuckte – was dazu führte, dass Augenzeugen dies als ein verlegenes Lächeln interpretierten und somit an seiner Aufrichtigkeit zweifelten.

Schon früh war der Verdacht aufgekommen, die TITANIC hätte trotz der Gefahr durch Eisberge nicht ihr Tempo gedrosselt, weil sie einen Geschwindigkeitsrekord aufstellen wollte. Obgleich die Maschinenleistung der

TITANIC keinesfalls mit der MAURETANIA, die damals das legendäre Blaue Band als schnellstes Schiff auf dem Nordatlantik innehatte, konkurrieren konnte, hält sich diese Behauptung bis heute. Auch der Verdacht, die TITANIC hätte gleich bei der Jungfernfahrt ihr Schwesterschiff OLYMPIC unterbieten wollen, ließ sich nie ganz ausräumen. Zwar konnte niemand nachweisen, dass Bruce Ismay entsprechende Anweisungen gegeben hatte, doch könnte allein seine Anwesenheit Kapitän Smith dazu bewegt haben können, so schnell wie möglich zu fahren.

Ismay selbst sagte aus, die Drehzahl sei nach dem Einfahren der Maschinen langsam von 70 auf 72 und schließlich auf 75 Umdrehungen pro Minute gesteigert worden. Diese Aussage stand jedoch im Widerspruch zu der des Heizers John Thompson, der berichtete, die Maschinen seien nie langsamer als 74 Umdrehungen gelaufen und hätten an jenem verhängnisvollen Sonntag 77 Umdrehungen gemacht. „Diese Geschwindigkeit muss das Schiff auch bei der Kollision gehabt haben."

Während der Befragungen konnte Ismay nicht nachgewiesen werden, dass er Kenntnis irgendeines fahrlässigen Verhaltens an Bord gehabt hätte. Auch die nicht ausreichende Zahl der Rettungsboote war ihm nicht anzulasten. Diese war tatsächlich höher, als es die damals geltenden Vorschriften vorsahen. Ismay wies ausdrücklich darauf hin, dass die britischen Vorschriften auch von den USA anerkannt waren.

DAS RÄTSELHAFTE SCHIFF IN FÜNF MEILEN ENTFERNUNG

Ein weiterer wichtiger Zeuge war der Zweite Offizier Charles Lightoller, der ranghöchste Offizier, der den Untergang überlebt hatte. Smith wollte von ihm wissen, ob es Panik unter den Passagieren gegeben hätte und deshalb die Rettungsboote nicht voll besetzt wurden, aber auch, ob Mitglieder der Mannschaft beim Einbooten bevorzugt wurden, denn 30 Prozent der Geretteten gehörten zur Besatzung. Lightoller sagte, er hätte jedem Boot nur zwei oder drei Matrosen zugewiesen. Bei dieser Zahl hätten aber nur 60 Besatzungsmitglieder gerettet werden können. Tatsächlich aber waren es 216. Der Zweite sagte dazu: „Ich habe nur die Backbordseite des Schiffes befehligt und kann nicht sagen, was auf der Steuerbordseite geschehen ist."

Eine überraschende Wendung brachte die Aussage des Vierten Offiziers Joseph Groves Boxhall. Er berichtete von den Lichtern eines anderen Schiffes, das sie beim Abfieren der Boote deutlich gesehen hätten. Deshalb hätte er auch eine Rakete nach der anderen abgefeuert und mit der Morselampe Notsignale gesendet, um auf die Havarie aufmerksam zu machen. Smith fragte: „Wie weit war nach dem, was Sie erkennen konnten, das Schiff von der TITANIC entfernt?"

„Ich schätze etwa fünf Meilen", antwortete der Vierte Offizier. Boxhall konnte sogar mit bloßem Auge das rote Backbordlicht erkennen. Er hatte den Eindruck, das Schiff würde wenden, und betätigte wieder die Morselampe, erhielt aber keine Antwort. Dann beauftragte er einen Steuermann, weitere Raketen abzuschießen, während er die Signallampe nutzte und das Schiff mit dem Fernglas beobachtete. Einige der Stewards an Deck glaubten, schwache Antwortsignale gesehen zu haben, aber Boxhall selbst konnte nichts erkennen.

Für die Ausschussmitglieder war es ein rätselhafter Vorgang. Hatte Boxhall tatsächlich ein Schiff gesehen, und weshalb hatte dieses nicht auf die Notsignale reagiert? Reporter fragten in einer Pause den Vorsitzenden, ob Boxhall vielleicht die CARPATHIA gesehen hatte. Das aber war unmöglich. Sie war zu diesem Zeitpunkt viel zu weit entfernt und traf erst mehrere Stunden nach dem Untergang an der Unglücksstelle ein. Einige Besatzungsmitglieder, die das mysteriöse Schiff ebenfalls gesehen hatten, meinten, es sei ein so kleines, es könnte gut auch ein Fischereifahrzeug gewesen sein.

Aber auch von der CALIFORNIAN aus hatte man rätselhafte Lichter beobachtet. Sie hatte aus Sicherheitsgründen in einem Eisfeld gestoppt. Ihr Kapitän Stanley Lord sagte aus, er glaubte, in jener Nacht ein näher kommendes Licht gesehen zu haben, und fügte hinzu: „Es war eine sehr eigenartige Nacht. Wir hatten schon eine ganze Zeit mit den Sternen gehadert und diese für Lichtsignale gehalten. Wir konnten nicht erkennen, wo der Himmel aufhörte und das Wasser begann. Wissen Sie, es herrschte totale Flaute." Einer seiner Offiziere glaubte fest, es sei kein Schiff, sondern nur ein Stern. „Daraufhin habe ich nichts mehr gesagt. Ich ging nach unten und wies den Ingenieur an, die Kessel unter Dampf zu halten. In dem Moment sahen wir die näher kommenden Signale, und ich sagte: Da kommt ein Dampfer. Geh'n wir doch in den Funkraum, um zu sehen, was es Neues gibt."

Im Funkraum fragte Lord den Funker Cyril Evans, mit welchen Schiffen er Verbindung habe. „Nur mit der

Titanic", antwortete Evans. Kapitän Lord aber war sich sicher, es könne nicht die Titanic sein, dafür war es zu klein. Aber vielleicht hatte dieses Schiff im Süden keine Funkstation an Bord und Evans deshalb nichts von ihm gehört. Auf jeden Fall wies der Kapitän den Funker an, der Titanic zu melden, man liege selbst im Eis fest.

Noch immer hatten die Seeleute von der Californian aus die Lichter im Blick, man war sich aber nicht sicher, um was für Lichter es sich handelte. Um 1.15 Uhr sagte der Zweite Offizier: „Ich glaube, das Schiff hat eine Rakete abgefeuert."

Durch sein Fernglas sah der Zweite Offizier deutlich die zwei weißen Raketen, die in Abständen von drei oder vier Minuten emporstiegen. Sie erreichten allerdings nicht die für Notraketen übliche Höhe. Also rief er über das Sprachrohr den Kapitän. Lord wollte wissen, ob es sich um sogenannte Reedereisignale handelte, also um Raketen, mit denen sich Schiffe auf See zu erkennen gaben.

Wenig später sahen sie weitere Raketen, eine sechste, dann eine siebte und achte. „Schauen Sie mal hin", sagte der Offizier und zeigte auf den unbekannten Dampfer. „Es kommt mir merkwürdig vor, wie das Schiff im Wasser liegt – die Lichter stehen so komisch" Dann verschwand das Schiff nach Südosten. Um 2.15 Uhr war es nicht mehr zu sehen. Der Zweite Offizier schickte den Offiziersanwärter los, um dem Kapitän seine Beobachtungen mitzuteilen. Der wollte jedoch nur wissen, ob es sich um weiße Raketen gehandelt habe. Als dies bejaht wurde, legte sich Kapitän Lord wieder schlafen.

ROTE SIGNALRAKETEN SIND ERST SEIT 1948 VORGESCHRIEBEN

Funker Evans von der Californian hatte seit sieben Uhr morgens Dienst gemacht und war gegen 23.30 Uhr schlafen gegangen. Daher versuchte die Brückenwache, mit der Morselampe Kontakt zu dem unbekannten Schiff aufzunehmen, erhielt aber keine Antwort. Dass die Raketen keine sofortige Rettungsaktion der Californian auslösten, lag an der üblichen Praxis der Lichterführung jener Zeit. 1894 war das Handbuch „Erkennen von Nachtsignalen der Dampferlinien" erschienen, in dem private Signale aufgelistet waren, die nach dem Handelsschifffahrtsgesetz erlaubt waren. 28 Seiten lang war die Liste der unterschiedlichen Signale. Sie umfasste pyrotechnische Lampen, Raketen, Leuchtkugeln für Reedereien und Yachtclubs. Tagsüber identifizierten sich kleinere Schiffe mit Signalflaggen und nachts mit Signallampen. Im Jahr 1904 erhielt das Signalbuch eine Ergänzung: „Das Handelsministerium hat auch den Gebrauch einer Rakete mit einem weißen Stern genehmigt. Sie darf von Fischereibooten verwendet werden." Erst seit 1948 sind rote Raketen als Notsignale vorgeschrieben.

Kapitän Lord wurde nie wegen unterlassener Hilfeleistung angeklagt, aber von der Öffentlichkeit verurteilt. Dagegen konnte man kein Rechtsmittel einlegen. War die Californian das rätselhafte Geisterschiff, das von der Titanic aus beobachtet worden war? Das Schiff, das nach Beobachtungen zu klein war, um für ein Passagierschiff gehalten zu werden? Es gab keinen weiteren Beweis für andere Schiffe in der Nähe des Unglücksortes. So wurden die Widersprüche unaufgeklärt mit den Akten abgelegt und vermerkte: „Ein weiteres Schiff hätte nicht westwärts fahren können, ohne die Californian im Norden oder die Titanic im Süden zu passieren ...

Es blieb jahrzehntelang ein Rätsel. Bis zum Jahr 1962. Damals, kurz vor seinem Tod, gab Henrik Næss, Leitender Offizier des norwegischen Seglers Samson, eine eidesstattliche Erklärung ab. Der Segler war eine hölzerne Bark der Acties Sælfænger Dpsk Company aus Trondheim. Sie fuhr unter Kapitän C. I. Ring, war gut 45 Meter lang mit einer Tonnage von 506 tons. Naess sagte, sein Schiff wäre in Sichtweite der Titanic gewesen und er habe die abgefeuerten Raketen gesehen. Sie waren auf Seehundjagd in illegalen Gewässern vor der nordamerikanischen Küste. Er wusste, dass sie entdeckt worden waren und hielt die Leuchtsignale für eine Aufforderung, beizudrehen und das Schiff durchsuchen zu lassen. Dabei wären die Kisten voller Seehundfelle entdeckt worden und eine hohe Strafe fällig gewesen. Daher flüchteten sie Richtung Nordosten gen Island. Dort hörte die Besatzung von der Tragödie, die sich ganz in ihrer Nähe abgespielt hatte. Henrik Næss vertraute sich umgehend dem norwegischen Konsul in Reykjavik an und schrieb später seine Erinnerungen, die 1926 in der norwegischen Presse veröffentlicht wurden, jedoch keine große Beachtung fanden.

Erst 60 Jahre später hat David L. Eno, ein Sachverständiger der US-Bundesregierung, mit Unterstützung der Titanic Historical Society in Island und Norwegen recherchiert. Dabei stieß er auf Hinweise, die diese alte Geschichte bestätigten. Hilfe bei der Rettung der 1.500 Menschen hätte die verhältnismäßig kleine Samson allerdings gar nicht leisten können.

AUSWIRKUNGEN BIS HEUTE

Unter dem Eindruck der Befragung wurden
Sicherheitsvorschriften in der Seefahrt geändert.

Die Zeugenaussagen vor dem amerikanischen Untersuchungsausschuss über die nicht ausreichende Anzahl der Rettungsboote sorgten an Bord anderer Schiffe für erhebliche Unruhe. Die White Star Line musste schnell reagieren und ließ am frühen Morgen des 21. April 1912 zusätzliche 40 Rettungsboote auf die OLYMPIC bringen, darunter neue Klappfaltboote. Damit sollte nun für jeden Menschen an Bord ein Platz in einem Rettungsboot garantiert sein.

Doch einen Tag später kam von der Geschäftsleitung die Anweisung, 24 zusätzliche Boote halte man für ausreichend, die übrigen sollten wieder an Land gebracht werden. Für die Heizer, von deren Kollegen auf der TITANIC kaum einer überlebte, hatte, war dies das Signal für einen Streik. Sie meinten, die Anzahl der Boote und auch die zur Verfügung gestellten Klappboote seien nicht genug. Kapitän Haddock versuchte mit ihnen zu verhandeln, blieb aber zunächst erfolglos.

Der Kapitän verholte die OLYMPIC danach auf die Reede vor Spithead, um am nächsten Tag mit ausreichendem Wasserstand auslaufen zu können. Ihm wurde schnell unterstellt, er wollte damit das Desertieren weiterer Besatzungsmitglieder verhindern. Tags darauf verhandelte er mit der Gewerkschaft für Seeleute über eine Ersatzcrew. Um die Sicherheit der Boote unter Beweis zu stellen, ließ er zudem sechs Boote zwei Stunden lang um das Schiff herumrudern.

Am Abend brachte ein Tender 168 neue Heizer, doch während sie an Bord gingen, desertierten weitere 53 Männer der Decksbesatzung. Ihnen war auch die neue Heizercrew zu unerfahren. Der Kapitän rief daraufhin einen Kreuzer der britischen Marine zu Hilfe. Dieser sollte die Besatzungsmitglieder wieder zurückbringen. Doch auch das war vergeblich, um 15 Uhr sagte die White Star Line die gesamte Reise ab und beorderte die auf Reede liegende OLYMPIC zurück in den Hafen von Southampton. Erst am 6. Mai 1912, nachdem Lord Mersey, Leiter des britischen TITANIC-Untersuchungsausschusses, die Rettungsboote begutachtet und als sicher bezeichnet hatte, konnte die OLYMPIC zu ihrer nächsten New-York-Reise auslaufen.

Der Vorfall zeigte, wie sensibel die Menschen mittlerweile auf das Thema Sicherheit auf der damals wichtigen Weltschifffahrtsroute reagierten. Schwere Kritik an den Sicherheitsvorkehrungen übte auch William Alden Smith, als er am 28. April 1912 im Sitzungssaal des Senates der Vereinigten Staaten die Ergebnisse der Untersuchungskommission vorstellte. Im Gegensatz zu seiner sonst üblichen weitschweifigen Art zu reden, wurde Smith sehr konkret.

Demnach sei das Schiff zwar ohne Kostenbegrenzungen gebaut worden, es sei also das modernste Schiff seiner Zeit geworden. Aber Werft und Reederei seien sich ihrer Sache so sicher gewesen, dass weder Schotten noch Rettungs- und Signaleinrichtungen ausreichend getestet worden seien. William Alden Smith: „Offiziere und Mannschaften kannten sich untereinander nicht und waren mit dem Schiff noch nicht vertraut. Die Ruhe der Jungfernfahrt wurde nicht von Alarmmanövern oder Übungen gestört. Als dann das Unglück eintrat, waren Passagiere und Besatzungsmitglieder in keiner Weise darauf vorbereitet und fast völlig gelähmt."

DIE INTERNATIONALE EISPATROUILLE NAHM AM 7. FEBRUAR 1914 IHRE TÄTIGKEIT AUF.

Der Senator bezeichnete den TITANIC-Kapitän E. J. Smith zwar als einen erfahrenen Schiffsführer, der das uneingeschränkte Vertrauen der Reederei genossen habe. Er schränkte aber auch ein: „Es gibt keine vernünftige Erklärung für seine Gleichgültigkeit gegenüber der Gefahr in einer Situation, in der andere, weniger selbstgerechte Schiffsführer die Wachen verdoppelt oder die Maschinen gestoppt hätten. Man glaubte, die Wissenschaft des Schiffbaus sei nunmehr vollkommen. Man glaubte endlich das Meer bezwungen zu haben. Obwohl die Atmosphäre vor Warnsignalen und Funksprüchen knisterte, ließ er die Heizer in den Kesselräumen ihre Feuerungen unaufhörlich beschicken, so dass das Schiff an dieser gefährlichen Stelle seine bis dahin höchste Geschwindigkeit erreichte."

Senator Smith kritisierte weiter, dass insbesondere die Zwischendeckpassagiere zu spät alarmiert wurden und Fluchtwege nicht zu finden waren, dass nicht alle Boote voll besetzt wurden, dass die Seeleute nicht richtig mit den Booten umgehen konnten und undiszipliniert waren, dass sich Mannschaftsmitglieder, die sich um Passagiere kümmern sollten, gar nicht auf ihren Stationen einfanden und halbvolle Boote von dem sinkenden Schiff wegruderten, ohne sich um Menschen zu kümmern, die im Wasser trieben.

Lobend hob Senator Smith den Einsatz der beiden Funker hervor, kritisierte aber die Gesellschaft, für die sie tätig waren. Er verurteilte das Durcheinander auf den Funkfrequenzen und forderte internationale Abkommen zur Regulierung zu treffen. Außerdem müssten Funkstationen künftig Tag und Nacht besetzt sein. Lobend erwähnte er auch den Einsatz von Kapitän Arthur Henry Rostron, der mit der CARPATHIA zur Rettung so vieler Menschen beigetragen hatte. Der Senator forderte eine goldene Medaille im Wert von 1.000 Dollar zu prägen und sie dem Nautiker als Dank zu überreichen. Dem stimmte der Senat sofort zu.

Unter dem Eindruck der vorgelegten Untersuchungsergebnisse trat am 12. November 1913 eine Konferenz zusammen mit dem Ziel, einen internationalen Mindeststandard für die Sicherheit auf Handelsschiffen zu schaffen. Das Resultat war die erste Version der „International Convention for the Safety of Life at Sea" (Internationales Übereinkommen zum Schutz des menschlichen Lebens auf See), kurz SOLAS genannt. Dieses Übereinkommen ist noch heute in Kraft und wird ständig aktuellen technischen Entwicklungen angepasst.

Passagiere auf Kreuzfahrtschiffen spüren dies während jeder Seereise. Ganz gleich, wie oft sie schon an Bord eines Schiffes gewesen sind, zu Beginn einer jeden Reise müssen sie die nach internationalem Seerecht vorgeschriebene Seenotrettungsübung absolvieren und die Schwimmwesten anlegen. Dabei erfahren sie, wo im Notfall ihre Sammelplätze, wo die Rettungsboote sind und welchem Boot sie zugeteilt wurden. Alle diese Angaben hängen zusätzlich an der Innenseite der Kabinentür. Rettungswege sind zudem mit international genormten und beleuchteten Symbolen gekennzeichnet. Die von William Alden Smith geforderten Regeln im Seefunkverkehr wurden umgehend eingeführt und sind ebenfalls, mit Anpassung an die moderne Technik, bis heute gültig.

Die Katastrophe war auch Auslöser dafür, eine internationale Eispatrouille ins Leben zu rufen, die am 7. Februar 1914 ihre Tätigkeit aufnahm. Die Erkundung der Eisberge im Nordatlantik übernahmen anfangs zwei Kutter der United States Coast Guard, die 1931 ein drittes Schiff für ozeanografische Beobachtungen im Bereich Grand Banks in Dienst stellte. Nach dem Zweiten Weltkrieg wurde das gefährdete Gebiet verstärkt aus der Luft beobachtet. Seit Januar 2009 ist New London im amerikanischen Connecticut der Standort der International Ice Patrol. Sie verfügt über vier Flugzeuge. Finanziert wird sie von 16 seefahrenden Nationen.

WIE ES HEUTE IST

Passagiere auf Kreuzfahrtschiffen erleben die Auswirkungen der Titanic-*Katastrophe. Sie müssen an Rettungsübungen teilnehmen, die Mannschaften müssen regelmäßig Rettungsmanöver üben, die Zahl der Rettungsboote wurde erhöht, Schilder weisen den Weg zur nächsten Sammelstation und erklären mit leicht verständlichen Symbolen, wie Boote auch von Menschen bedient werden können, die keine seemännische Ausbildung haben.*

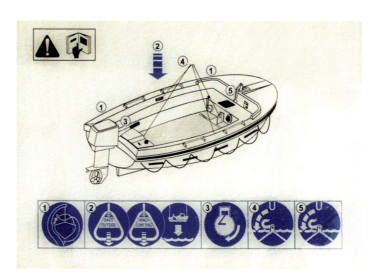

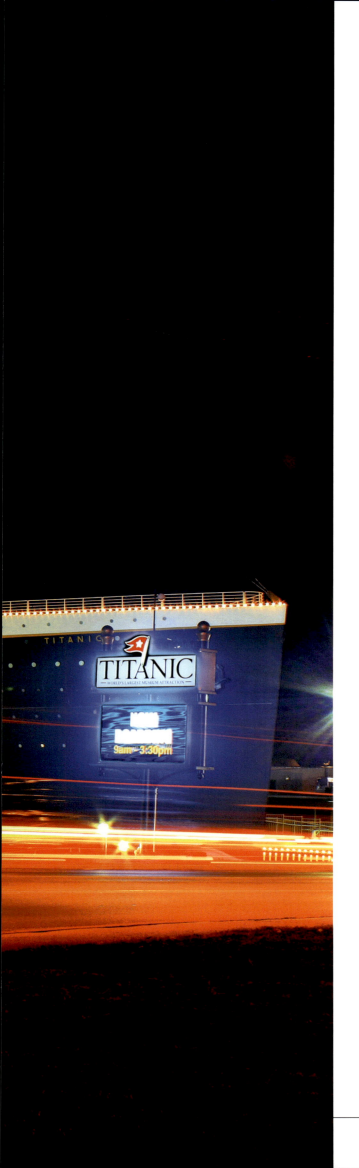

MUSEEN

Das Schicksal der TITANIC fasziniert Menschen. Davon profitieren rund 200 Museen, Erlebnisparks und multimediale Informationszentren weltweit.

Die Autos vor dem Plakat an der Fassade des Ulster Folk and Transport Museums in Holywood, dem Vorort von Belfast, wirken winzig. Darüber ragen die drei Propeller der TITANIC auf, so wie sie vor gut 100 Jahren im Dock der Werft Harland & Wolff auf die Arbeiter gewirkt haben müssen, die das Riesenschiff ausgerüstet haben. Der Weg zu den Exponaten führt durch einen verglasten Gang, in dessen Seitenscheiben Szenen vom Bau und vom Auslaufen der TITANIC geätzt sind. So eingestimmt erreicht man die runde zentrale Ausstellungshalle. In deren Mitte versinkt der Bug der TITANIC in einer spiegelglatten Fläche – in einer mehrere

Quadratmeter großen Vitrine. Besonders beeindruckend sind die kleinen Figuren am Rande des Modells, die vor Augen führen, wie die Menschen an Bord zwischen Erster, Zweiter, Dritter Klasse und Besatzung verteilt waren. Farbig sind die Figuren der Überlebenden, grau diejenigen der Ertrunkenen oder Erfrorenen. Die grauen Figuren überwiegen, besonders in der Dritten Klasse und bei der Besatzung. Gedacht wird auch derer, die beim Untergang in dem eiskalten Wasser keine Chance hatten.

In anderen Vitrinen sind mehr als 500 Gegenstände zu sehen, die von der gesunkenen TITANIC geborgen wurden. Dazu gehören Geschirrteile, Bestecke und persönliche Gegenstände. Daneben gibt es großflächige Displays mit Plänen des Schiffes, die auf Berührung reagieren. Tippt man mit dem Finger auf eine bestimmte Stelle des Plans, dann wird diese herausvergrößert, und es sind Details zu Entstehung und Bau zu sehen. Das Museum hat sich auch zur Aufgabe gemacht, den Lebensalltag der Menschen zu Beginn des 20. Jahrhunderts darzustellen und Erinnerungen und Dokumente daran zu bewahren. Dazu gehört eine Sammlung von rund 300.000 Fotografien, in die auch die Harland & Wolff Collection integriert ist.

DER ALLTAG DER WERFTARBEITER

Zusammen mit den Fotos geben ausgestellte Gegenstände Einblicke in den Alltag der Werftarbeiter. Sie zeigen, wie die Menschen Tag für Tag zu Fuß, in Straßenbahnen oder auf Fahrrädern in Scharen zur Arbeit strömten. Eine Box mit Namensstempeln erlaubt eine Vorstellung davon, wie sich alle nach Ankunft auf dem Werftgelände registrierten, damit ihre geleisteten Arbeitsstunden abgerechnet werden konnten.

Auf den Fotos fällt die unterschiedliche Kopfbedeckung der Arbeiter auf. Die meisten tragen flache Schirmmützen, wenige einen Bowler. Eine Tafel daran erklärt die Unterschiede. Die praktischen flachen und preiswerten Mützen wurden von den einfachen Arbeitern bevorzugt, während die Vorarbeiter Hüte trugen. Deshalb wurden sie „the hats" genannt. Schutzhelme sind zu jener Zeit noch gar nicht zu sehen.

Das Museum lenkt den Blick verstärkt auf den Arbeitsalltag der Werftarbeiter und die ihnen damals zur Verfügung stehenden Werkzeuge. Der Besucher erfährt Näheres über die Lebensbedingungen, den Familienalltag der einfachen Leute, aber auch über das Leben der Angestellten von wohlhabenden Passagieren, die ebenfalls mit an Bord gingen.

Besonders realitätsnah sind die Arbeiten des Belfaster Künstlers William Conor, der in seinen Zeichnungen festhält, mit welchen Geräten und unter welchen Umständen die Werftarbeiter am Rumpf der TITANIC arbeiteten.

Darüber hinaus gibt das Museum Einblicke in das Leben in Ulster vor 100 Jahren. In wieder aufgebauten Originalgeschäften, Häusern oder Werkstätten schlüpfen Mitarbeiter des Museums in historische Rolle und berichten von ihrem Alltag und dem Leben ihrer Familien. Neben solchen Details zeigt die Ausstellung aber auch, welche Auswüchse der Mythos TITANIC teils genommen hat und welchen Kitsch er hervorbrachte. Da stehen Bierkrüge mit einem Schiff auf dem Deckel, das im Schaum versinkt, da gibt es TITANIC-Modelle, geschnitzt, aus Steingut geformt, aus Plastik gegossen, aus Blech gestanzt. Hätten manche dieser Modelle keinen schwarzen Rumpf und vier gelbe Schornsteine, niemand würde darin die TITANIC erkennen.

Die Stadt Branson im US-Bundesstaat Missouri zählt gut 6.000 Einwohner und liegt weit entfernt von jedem tiefen Gewässer, auf dem ein Seeschiff eingesetzt werden könnte. Selbst bis in die nächsten größeren Städte, St. Louis und Kansas City, sind es jeweils rund 300 Kilometer. Doch trotz ihrer abgeschiedenen Lage zählt die Stadt Jahr für Jahr rund acht Millionen Besucher, denn zu den Attraktionen des Ortes zählt unter anderem die TITANIC. Wer den Country Highway 76 herunterfährt, sieht sie schon von weitem dort liegen. (Foto S. 146)

Wegen ihrer abgeschiedenen Lage suchten die Stadtväter von Branson nach einem attraktiven Wirtschaftsfaktor und Besuchermagneten. So bezeichnet sich die Stadt heute als „The Live Entertainment Capital of the World" oder als „familienfreundliches Las Vegas". Besucher haben die Auswahl zwischen mehr als 50 Theatern und zahlreichen Museen, darunter eines von landesweit nur sechs die Präsidenten der USA. Zu den Höhepunkten aber zählt das TITANIC Museum mit zahlreichen Fundstücken des Havaristen und einem originalgetreuen Nachbau des zentralen Treppenhauses.

Das alles ist eingebaut in einem halben Rumpf des Schiffes. Davor, gleich neben dem Kassenhaus, erhebt sich ein künstlicher Eisberg. Größtes Exponat ist das Treppenhaus der TITANIC. Schauspieler in historischen Kostümen bevölkern die Szenerie. Sie verkörpern Menschen, die in der Nacht des Untergangs eine wichtige Rolle gespielt haben und erklären die Geschehnisse an Bord. Den ehrwürdigen bärtigen Kapitän Smith trifft man ebenso wie die „unsinkbare Molly Brown" und die legendären Bordmusiker.

HEIRATEN AUF DER TITANIC-NACHBILDUNG

Kinder können versuchen, auf Planken, die sich zunehmend neigen, die Balance zu halten. Sie können in ein Bassin fassen, dessen Wasser ebenso kalt ist, wie der Ozean in jener Nacht; sie können in die Rolle von Passagieren schlüpfen und während des Rundganges mehr über deren weiteres Schicksal erfahren. Sie können aber auch erleben, wie hart die Arbeit der Heizer war, indem sie selbst Kohle in ein imaginäres Feuer schaufeln. Erwachsene können die Technik des Schiffes erkunden, sich über Rettungseinrichtungen informieren und an einer Reihe wechselnder Aktivitäten teilnehmen. Es gibt einen Wettbewerb für die Schnitzer von Eisfiguren, wie sie noch heute auf allen Kreuzfahrtschiffen anzutreffen sind, spezielle Weihnachtsfeiern und man kann „an Bord" sogar heiraten. Ein sehr ähnlich strukturiertes Museum gibt es auch in Pigeon Forge, Tennessee.

Eine weitere Erlebniswelt rund um die TITANIC ist in Orlando im Bundesstaat Florida in der Nähe von Disney World, Sea World und Universal Studios aufgebaut. Sie erstreckt sich als interaktives Museum auf rund 2.000 Quadratmeter Fläche und zeigt ebenfalls das große Treppenhaus, dazu das Verandacafé und die Kommandobrücke. Höhepunkte sind die dort veranstalteten Galaabende im Stil des letzten Dinners auf der TITANIC.

Insgesamt existieren weltweit etwa 200 Museen zum Thema TITANIC.

Ein eigenes Museum betreibt die TITANIC Historical Society in Indian Orchard, Massachusetts. Im selben Bundesstaat liegt das Fall River Marine Museum mit einer TITANIC-Abteilung.

In Großbritannien haben sich Ausstellungen im Maritime Museum Southampton, im National Maritime Museum Greenwich sowie im Merseyside Maritime Museum Liverpool dem Thema gewidmet.

HALIFAX

Eine besondere Beziehung zu dem Schiff hat Halifax im kanadischen Neuschottland. Erste Funkmeldungen hatten im April 1915 berichtet, die havarierte, aber noch schwimmfähige TITANIC werde mit allen Passagieren an Bord in diesen Hafen geschleppt, was sich als Falschmeldung herausstellte. Wenige Tage danach lief stattdessen der Kabelleger MACKAY-BENNET mit trauriger Ladung ein. Er war gechartert worden, um nach Überlebenden zu suchen, fand aber nur noch Tote, die meist erfroren in ihren Schwimmwesten im Wasser trieben. Die Toten wurden auf drei Friedhöfen in Halifax bestattet. Die Mannschaft der MACKAY-BENNET fischte aber auch eine Reihe größerer Wrackteile auf, die heute im Maritime Museum of the Atlantic in Halifax zu sehen sind.

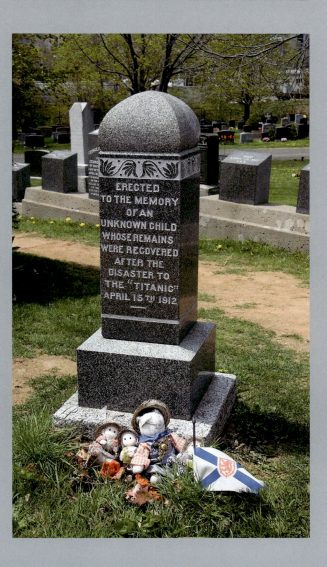

DAS ULSTER FOLK
AND TRANSPORT MUSEUM

Für ein Museum in Holywood, einem Vorort von Belfast, ist es eine zentrale Aufgabe, an den Lebensalltag jener Menschen zu erinnern, die an der TITANIC gebaut haben. Neben dem klassischen Museumskonzept aus Exponaten in Vitrinen gibt es dort auch multimediale Erlebnistafeln. Sie zeigen Pläne der TITANIC. Beim Antippen mit dem Finger vergrößern sich Details und erleichtern so das Verständnis für technische Funktionen und konstruktive Details. Aber es sind auch Gegenstände zu sehen, die aus der TITANIC geborgen wurden.

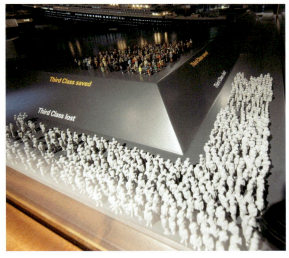

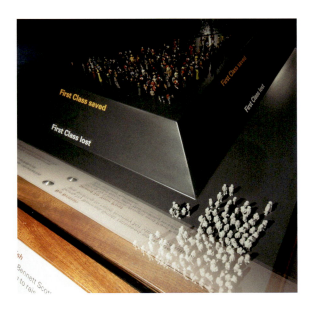

Besonders beeindruckend ist das große, mehrere Meter lange Modell des sinkenden Schiffes. Kleine Figuren an allen vier Ecken zeigen deutlich, wie die Überlebenschancen von Passagieren der Ersten, Zweiten und Dritten Klasse sowie der Mannschaften waren. Farbig sind die Figuren, die Überlebende symbolisieren, grau diejenigen der Toten. Die grauen Figuren überwiegen ...

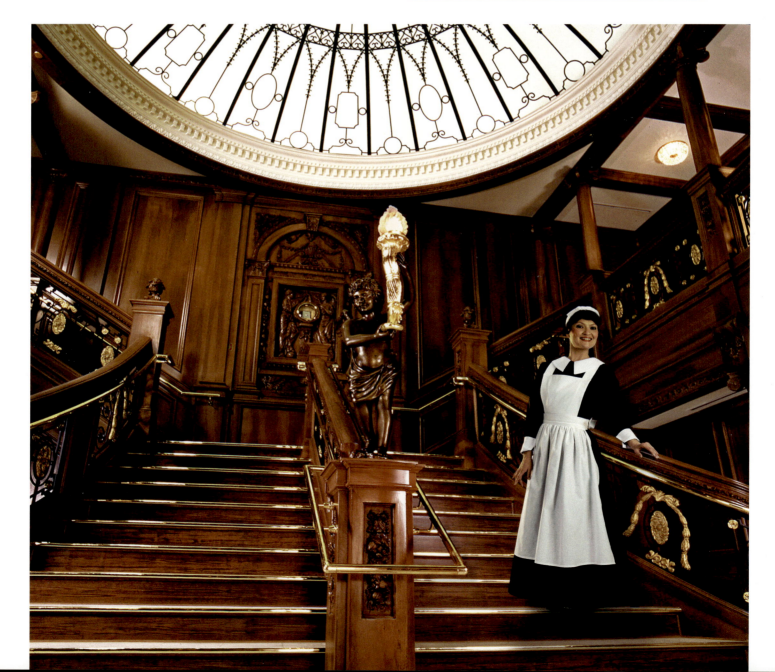

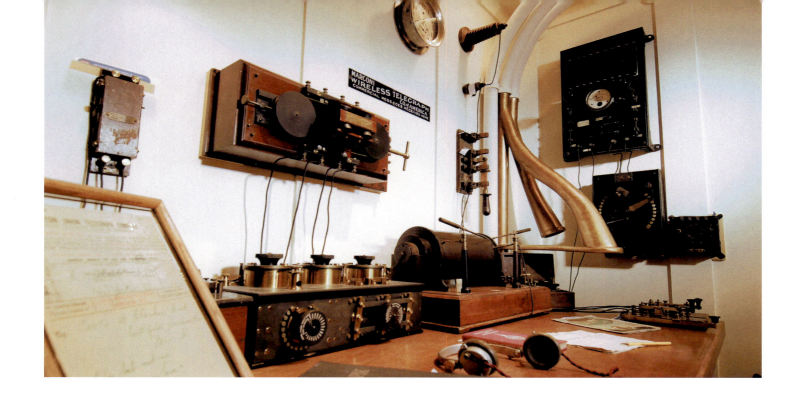

MUSEUM BRANSON

Größtes Exponat im Museum von Branson ist die Nachbildung des großen Treppenhauses der Titanic. *Mitarbeiter in zeitgenössischen Kostümen sollen den Eindruck perfekt machen, sich an Bord zu befinden. Auch Kapitän Smith tritt auf. Kinder können sich als Heizer versuchen und Kohlen unter die Kessel schaufeln. Die Funkstation wurde nachgebaut, aber es gibt auch museale Abteilungen mit Fotos und aus dem Wrack geborgenen Exponaten.*

FILME

Der erfolgreichste Film spielte 1,8 Milliarden Dollar ein.

Es ist eine absurde Perspektive: Das größte Schiff der Welt, geschleppt von einem Taucher. Für den Film „Hebt die TITANIC!" *„Raise the* TITANIC!" *(1980) ließ Regisseur Jerry Jameson ein detailgetreues 17 Meter langes Modell bauen. Handlung des Films ist eine fiktive Geschichte aus der Zeit des Kalten Krieges.*

Der Untergang der TITANIC hat einer Anzahl von Filmen als Vorlage gedient. Einige Beispiele sollen genannt werden: Die Unterhaltungsindustrie hatte soeben die laufenden Bilder entdeckt. Kinematografen, wie man Filmleute damals nannte, hatten viel Publikum in ihren Bann gezogen, seit am 5. Februar 1894 in einem Vaudeville - einem Unterhaltungstheater in Manhattan – der erste Film öffentlich vorgeführt worden war. Zuschauer gierten nach neuen Themen und strömten in Vorführhäuser, die äußerlich mondänen Theatern oder Opernhäusern glichen.

Der erste Spielfilm über die TITANIC-Katastrophe entstand wenige Wochen nach dem Unglück. Er versprach gute Einnahmen. Über die TITANIC hatten Kameraleute bei der Abfahrt in Southampten Filme gedreht, die nun neu zusammengeschnitten wurden und jeweils zehn Minuten dauerten. Dazwischen geschnittene Texttafeln erläuterten dem Publikum, was es zu sehen bekam, und im Saal spielte ein Pianist improvisierte Melodien, die zum Thema passten. Einer dieser Filme zeigte beispielsweise Kapitän Smith bei einer Inspektion des Schiffes sowie die technische Ausrüstung und die erste und einzige Einschiffung der Passagiere. Die eigentliche Katastrophe war nicht zu sehen. Die Handlung setzte sich unmittelbar und ohne dramaturgische Überleitung an Bord der CARPATHIA fort und zeigte die Geretteten sowie deren Ankunft in New York.

Doch das Publikum wollte mehr als nur Reportageszenen. Der ebenso dramatische wie romantische Stoff um den Untergang des Luxusliners war geeignet als Drehbuch für einen Spielfilm. Die allerdings dauerten damals meist nur zehn Minuten. Deshalb kam man in den Étienne-Studios des Produzenten Étienne Arnaud auch mit weniger als einer Woche Drehzeit aus. Es war der achte von insgesamt 15 Filmen, die er in diesem Jahr drehte – und authentischer ließ sich die Hauptrolle in diesem TITANIC-Film wirklich nicht besetzen: Arnaud engagierte Dorothy Gibson, eine Schauspielerin mit Broadway-Erfahrung. Etwas machte sie für die Rolle sehr viel wertvoller als andere – sie hatte selbst den Untergang der TITANIC überlebt. Und sie trüge in dem Film genau das Kleid, das sie an jedem letzten Abend vor dem Untergang getragen hatte. So behauptete es zumindest die Werbung.

155

Die Sängerin, Tänzerin und Schauspielerin hatte von 1906 an mit erfolgreichen Auftritten am Broadway eigenes Geld verdient und gemeinsam mit ihrer Mutter eine Europareise unternommen. Für die Rückreise hatten sie die TITANIC gebucht. Als Frauen und Kinder aufgefordert wurden, in die Boote zu gehen, gehörte sie zu den ersten, die dem Folge leisteten. Sie stieg in das Boot Nr. 7, in dem ausschließlich Passagiere der Ersten Klasse saßen. Gerettet wurde sie von der CARPATHIA.

Der Filmwerbung zufolge soll sie auch an der Ausarbeitung des Drehbuches für „Saved From The TITANIC" beteiligt gewesen sein. Die Handlung dazu allerdings war einfach: Eine junge Frau erzählt ihren Eltern und ihrem Verlobten von den Erlebnissen beim Untergang der TITANIC und den Erfahrungen aus Sicht als Passagier. Von der beabsichtigten Ehe raten die Eltern nun ab, denn der Verlobte ist Seemann, und diese Erzählung hat den Eltern all die Gefahren des Meeres vor Augen geführt. Dieser Film ist nicht mehr aufzuspüren. Angeblich soll er 1914 in den Eclair Studios verbrannt sein. Filme bestanden damals aus Zelluloid, das sehr schnell Feuer fing.

1998 glaubte man, es seien Teile einer Kopie in Deutschland aufgetaucht, doch sie wurden als Ausschnitte aus dem deutschen Stummfilm „In Nacht und Eis" identifiziert. Hierbei handelte es sich ebenfalls um einen Stummfilm, der in den Berliner Continental-Studios entstanden war. Wegen der spannenden Handlung um den Untergang eines Schiffes war dieser mit rund 30 Minuten dreimal länger als die üblichen Spielfilme jener Zeit. Für die Dreharbeiten ging das Filmteam an Bord des deutschen Luxusdampfers KAISERIN AUGUSTE VICTORIA. Beim Untergang versank lediglich ein Modellschiff in einem Teich. Allerdings wich die Handlung stark vom realen Unglück der TITANIC ab. Im Film explodieren Kessel, schossen Flammen aus den Schornsteinen und sangen die Passagiere angesichts des nahen Todes einen Choral nach dem anderen.

1929 folgte als deutsch-britische Koproduktion unter dem knappen Titel „Atlantik" ein erster Tonfilm in englischer, deutscher und französischer Sprache. Zugrunde lag ein Bühnenstück von Ernest Raymond. Die Hauptrolle, den deutschen Schriftsteller Heinrich Thomas, spielte der bekannte Österreicher Fritz Kortner, der auch Erfolge am Wiener Burgtheater und später als Regisseur zu verzeichnen hatte.

Als nächstes ist der deutsche TITANIC-Film zu nennen, der bereits 1940 vom Reichspropagandaministerium zur Unterstützung der psychologischen Kriegsführung gegen England geplant, aber erst 1942/43 gedreht wurde. Der Film zeigt die Katastrophe als Sieg verbrecherischer Geschäftsinteressen über seemännische Verantwortung.

Den beliebtesten TITANIC-Film drehte James Cameron von September 1995 an. Mit Produktionskosten von 210 Millionen US-Dollar gilt TITANIC auch heute noch als einer der teuersten Filme aller Zeiten. Der Produzent überzog damit sein Budget um 50 Millionen US-Dollar. Doch die Investition hatte sich gelohnt, der Film spielte 1,8 Milliarden US-Dollar ein.

Für die Dreharbeiten scheute Cameron keinen Aufwand. Er ließ ein Modell der TITANIC anfertigen, das nur 34 Meter kürzer war, als das Original. Salons und Kabinen, Flure und Wände wurden nachgebaut und sahen aus wie echt. Damit die Außenaufnahmen realistisch wirkten, kaufte 20th Century Fox ein 160.000 Quadratmeter großes Gelände an der mexikanischen Pazifikküste im Bundesstaat Baja California und ließ dort vom 31. Mai 1996 an ein voll funktionsfähiges Filmstudio errichten.

SCHIFFSMODELL WIRD ALTEISEN

Mit Sprengungen wurde der Untergrund für zwei große Becken vorbereitet. Eines fasste 64 Millionen Liter Wasser und war für das riesige Modell bestimmt. Es konnte darin um 270 Grad gedreht werden. In einem kleineren Becken entstanden die luxuriösen Inneneinrichtungen der Ersten Klasse, die im Laufe der Handlung immer tiefer ins Wasser sanken. Das Modell war zwar im exakten Maßstab aufgebaut worden, aber es gab einige Kompromisse. So wurden etwa die Rettungsboote und Schornsteine um zehn Prozent verkleinert, überflüssige Teile des Oberbaus und eines der vorderen Decks entfernt. Später traten Modelle an ihre Stelle. Um die Untergangsszenen realistisch aussehen zu lassen, ließ sich die gesamte Plattform neigen. Nach den Dreharbeiten wurde das Schiff demontiert und als Alteisen verkauft, um die Produktionskosten etwas zu schmälern.

Die Kostüme, auch der geringsten Nebendarsteller, wurden detailgetreu geschneidert, um das Jahr 1912 aufleben zu lassen. Die Handlung des Filmes ist zwar fiktiv, sie lehnt sich aber sehr eng an das wirkliche Geschehen an. Gerade diese Kombination macht den Film so attraktiv. Doch trotz aller Bemühungen ums Detail entdeckten TITANIC-Kenner eine Reihe von Filmfehlern. So zieht beispielsweise Rauch aus allen vier Schornsteinen ab, obwohl nachweislich nur drei von ihnen wirklich in den Kesselraum führten. Aus Anlass des 100. Jahrestages wurde dieser Film nun an den technischen Fortschritt angepasst und soll im April 2012 als Blue Ray auf den Markt kommen. Käufer der Disc werden den Film dann in 3D sehen können.

Die Realisierung von James Cameron wurde ein Kultfilm. Und wie so oft bei erfolgreichen Filmen keimte der Wunsch, die Erfolgsserie fortzusetzen. Doch wie soll man das machen, wenn mit dem Untergang das Ende besiegelt ist und Tauchfahrten bewiesen haben, dass man es auch nicht wieder heben kann?

Im Jahr 2010 brachte das US-Filmlabel The Asylum den Film TITANIC 2, die Rückkehr, als DVD auf den Markt. Im Mittelpunkt steht ein Nachbau des berühmten Schiffes, der im Jahr 2012, also 100 Jahre nach dem Untergang zu einer Gedächtnisfahrt aufbrechen soll. Wieder soll das äußerlich historisch nachgebaute, innerlich aber hoch moderne Schiff unsinkbar sein, wieder ist die allererste Gesellschaft an Bord und wieder scheitert das Schiff an den Kräften der Natur.

Wegen seiner Symbolträchtigkeit reizte der Untergang der TITANIC auch zu Theater-Inszenierungen. Das bekannteste Stück verfasste sicherlich der Schriftsteller Hans Magnus Enzensberger, der „Untergang der TITANIC" einmal als sein Hauptwerk bezeichnet hat.

Es ist in 33 Gesänge unterteilt. Sie werden von 16 lyrischen Zwischentexten unterbrochen. Die TITANIC ist für Enzensberger ein Symbol für das Scheitern des Fortschritts ebenso wie für die soziale Ungleichheit. Er kommt zu dem Schluss: „Wir sitzen alle im selben Boot. Doch: Wer arm ist, geht schneller unter."

Die Katastrophe, die so viele Paare getrennt und so viele Liebesbeweise hinterließ, reizte auch zu Musical-Inszenierungen. „TITANIC – Das Musical" wurde am 23. April 1997 am Lunt-Fontanne Theatre am Broadway in New York uraufgeführt. Die wesentlichen Charaktere sind ein junges Paar aus der Dritten Klasse, das von einem Neufang in Amerika träumt, sowie ein altes Ehepaar in der Ersten Klasse, das noch immer so verliebt ist wie zu der Zeit, als es sich kennenlernte. Viele der übrigen Rollen entsprechen realen Personen, die wie Thomas Andrews (der Konstrukteur), Frederick Barrett (einer der Heizer; es gab auf dem Schiff zwei mit diesem Namen) und Harold Bride (der Funker) sowie die Millionäre Ida und Isidore Strauß (Mitinhaber der Kaufhauskette Macy's), J. J. Astor und Benjamin Guggenheim, an Bord waren.

SPIELFILME

Eine Übersicht der bekanntesten Filme, die zum Thema TITANIC gedreht wurden.

1912	Saved From The TITANIC
1912	In Nacht und Eis
1929	Atlantic
1943	TITANIC, Propagandafilm
1953	Untergang der TITANIC
1958	Die letzte Nacht der TITANIC
1979	S.O.S. TITANIC, Fernsehfilm
1980	Hebt die TITANIC
1996	TITANIC, Fernsehzweiteiler
1997	TITANIC
1999	Mäusejagd auf der TITANIC

Insgesamt soll sich die Zahl der TITANIC-Filme auf rund drei Dutzend belaufen.

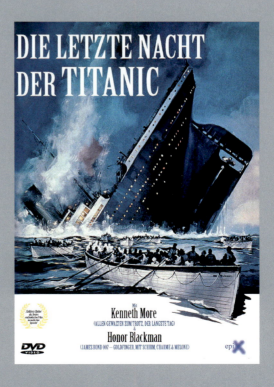

IN DER HAUPTROLLE EINE ÜBERLEBENDE

Der erste Film über den Untergang der TITANIC hatte am 14. Mai 1912 Premiere. Die Hauptrolle spielte Dorothy Gibson, die den Untergang selbst überlebt hatte. Im Film trug sie dasselbe Kleid, wie bei ihrer Rettung. Laut Plakat war es eine Weltsensation.

1952 drehte Regisseur Jean Negulesco den Film „Der Untergang der Titanic" mit Barbara Stanwyck. Im Mittelpunkt der Handlung steht ein Familiendrama. 1953 wurde er mit einem Oscar ausgezeichnet. Cineasten behaupten, dieser Film hätte wohl James Cameron zu seinem erfolgreichen Film inspiriert.

A NIGHT TO REMEMBER

Im Jahr 1958 kam der Film „A Night to Remember" (deutsch: Die letzte Nacht der TITANIC) in die Kinos. Er beruht auf dem gleichnamigen Buch des Schriftstellers Walter Lord, der von William MacQuitty produziert wurde. Der ehemalige Vierte Offizier Joseph Boxhall arbeitete als technischer Berater mit. Der sehr eindringliche Film gewann 1959 den Samuel Goldwyn International Award und den Golden Globe.

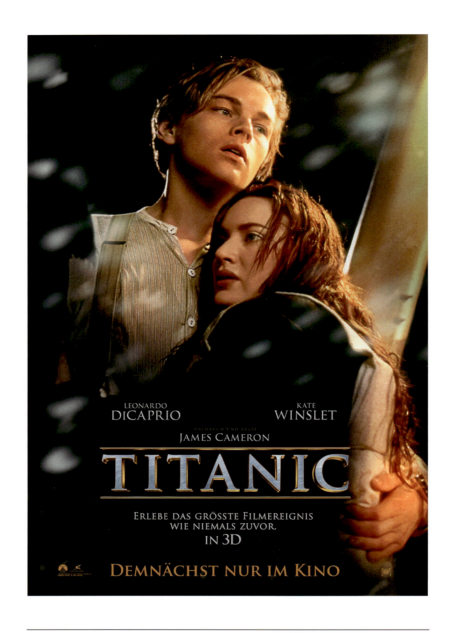

TITANIC

Der Film TITANIC von James Cameron aus dem Jahr 1997 erhielt elf Oscars. Das Plakat wirbt für die neue Fassung von 2012, die zum 100. Jahrestag des Untergangs als 3D-Fassung in die Kinos kam. Die Fotos zeigen Regisseur James Cameron bei den Dreharbeiten mit Leonardo DiCaprio und Kate Winslet. Beide Schauspieler machte der Film in der ganzen Welt bekannt. Mit einem weltweiten Einspielergebnis von mehr als 1,8 Mrd. US-Dollar belegte TITANIC bis 2009 den ersten Platz in der Liste der erfolgreichsten Filme.

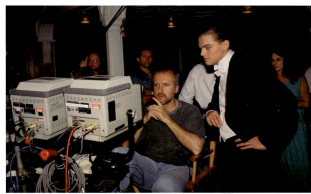

DIE SUCHE NACH DEM WRACK

Jahrelang forschten Wissenschaftler, Schatzsucher und Ozeanografen auf dem Meeresboden nach Überresten der TITANIC.

Gerüchte von sagenhaften Werten an Bord der TITANIC, die diese reichsten Menschen der Welt bei sich gehabt haben sollten und die wohl noch immer in der Tiefe des Atlantiks ruhen müssten, ließen die Fantasie nicht ruhen. Immer wieder tauchten abenteuerliche Ideen auf, das Wrack zu heben. Schon im März 1914 veröffentlichte der amerikanische Architekt Charles Smith seinen Plan, ein U-Boot mit Elektromagneten so lange in der Nähe der Unglücksstelle tauchen zu lassen, bis es von der TITANIC angezogen würde. Dann könnten größere Elektromagnete herabgelassen werden, mit denen das Wrack heraufgezogen werden könnte. Er fand jedoch keine Geldgeber.

Im Jahr 1963 schlug der amerikanische Physiker Robbert Gibbons vor, den Ozeanboden mit einem Netz automatischer Fernsehkameras abzusuchen. Im selben Jahr gehörte er zu den Gründern des Vereins „TITANIC-Enthusiasten von Amerika", der sich mittlerweile in „Historische Gesellschaft für die TITANIC" umbenannt hat. Doch auch bei den Vereinsmitgliedern fand er keine finanzielle Unterstützung.

Drei Jahre später geisterte die Idee des Briten Douglas Wooley durch die Medien, das Wrack der TITANIC in Hunderte von Plastikcontainern zu verpacken, das Wasser darin mit Strom in Wasser- und Sauerstoff zu zerlegen und so an die Meeresoberfläche tragen zu lassen. Doch an welcher Stelle das Wrack sich überhaupt befand, das wusste auch er nicht.

Ein weiterer Plan des britischen Flugzeugingenieurs John Pierce aus dem Jahr 1979 sah vor, das Wrack in eine riesige Hülle zu packen, sie mit flüssigem Stickstoff zu füllen, der das Wasser gefrieren lassen und die TITANIC so in einem Eisblock an die Oberfläche tragen würde. Aber auch er hatte keine Ahnung, wo das Wrack lag.

1973 begann der US-Meeresbiologe Dr. Robert Ballard sich dafür zu interessieren, wie das Wrack überhaupt gefunden werden könnte. Ein Jahr später gelang es erstmals dem amerikanischen Geheimdienst, zu einem verunglückten sowjetischen U-Boot hinabzutauchen, das in 4.880 Meter Tiefe liegt. Zwar glückte es nicht, das Boot zu bergen, es aber immerhin zu orten und Stahltrossen an ihm zu befestigen. Die Technik für solche Tauchgänge in extreme Tiefen war also endlich vorhanden.

Ballard, der mittlerweile Leiter der Tiefseeabteilung des Ozeanografischen Instituts von Woods Hole im Bundesstaat Massachusetts geworden war, unternahm im Jahr 1978 Versuche mit einer druckfesten Tiefseekamera, die an einem Bohrgestänge herabgelassen wurde und mit Hilfe starker Scheinwerfer sogar noch in dunkler Meerestiefe Bilder bis zu 30 Meter Entfernung aufnehmen konnte.

Im Sommer 1985 startete eine gemeinsame Expedition des Ozeanografischen Institutes von Woods Hole, des französischen Institutes für Meeresforschung und -nutzung sowie der National Geographic Society unter der Leitung von Dr. Robert Ballard und Jean-Louis Michel im Seegebiet vor Neufundland. Finanziert wurde sie von der US-Marine, die damit die Gelegenheit ergriff, ein Argo genanntes Tiefsee-Kamerasystem in der Praxis zu testen.

GEPÄCKSTÜCKE IN 3.800 METER TIEFE

Am 1. September 1985 entdeckte die Expedition als erstes Wrackteil einen von Trümmern umgebenen Dampfkessel auf dem Fernsehschirm. Stück für Stück erkundete man von da an das in zwei Teile zerbrochene Wrack, das in rund 3.800 Meter Tiefe in Tiefseesanddünen inmitten eines Feldes von kleinen Teilen lag, die es auf dem Weg in die Tiefe verloren hatte. Auf dem Bildschirm zeigten sich Gepäckstücke, Kisten mit Wein, Geschirrstücke und andere Gegenstände. Die Bilder waren aufsehenerregend und gingen um die Welt.

Im Sommer darauf kehrte Ballard an die Fundstelle zurück. Diesmal tauchte er mit dem U-Boot ALVIN, das drei Mann aufnehmen konnte. Der zusätzliche Unterwasserroboter Jason ließ sich sogar in das Wrack hineinsteuern. Wieder entstanden spektakuläre Fotos und gaben einen Eindruck vom Zustand des Wracks. Die meisten Holzteile mit Ausnahme von Teakholz waren von Mikroben gefressen worden, rötliche Rostflecken bedeckten die eisernen Teile. Einen Riss, den der Eisberg verursacht haben könnte, entdeckte das Team nicht. Es schien eher, als wären Nietverbindungen der Außenhaut geplatzt.

Im März 1995 kamen Schiffbauingenieure nach Auswertung der Unterlagen zu dem Schluss, fehlerhafte Nietverbindungen, unzureichendes Material und ein zu gering dimensioniertes Ruderblatt hatten die schwerwiegenden Schäden verursacht. Ein größeres Ruder hätte möglicherweise noch ein rechtzeitiges Ausweichmanöver ermöglicht. Bei seiner letzten Tauchfahrt legte Ballard mit dem Greifarm seines U-Bootes zwei Tafeln auf dem Wrack ab. Auf der einen steht: „Zum Gedenken an die Seelen derer, die am 15. April 1912 mit der TITANIC untergingen." Auf der anderen „Jeder, der nach uns hierher kommt, möge diesem Schiff seinen Frieden lassen."

Ballards Wunsch wurde jedoch nicht respektiert. Im Jahr 1987 charterte eine Investorengruppe um den Amerikaner George Tulloch aus Connecticut das U-Boot NAUTILE und den Roboter Robin, um das Wrack zu erkunden. Die Expedition machte während fast zwei Monaten nicht nur mehr als 100 Fotos, sie barg auch Teller, Flaschen, Koffer, Ausrüstungsgegenstände und persönliche Gegenstände von Passagieren, wie Brillenetuis, Toilettenspiegel und Rasierpinsel. Sterbliche Überreste von Menschen wurden nicht gefunden. Trotzdem empfanden viele Menschen die Aktion als Grabschändung.

Der US-Kongress verabschiedete eine Resolution, die das in internationalen Gewässern liegende Wrack zur Gedenkstätte erklären sollte. England und Frankreich unterstützten dies nicht.

1991 hatte die französische Regierung jedoch die Nachkommen der TITANIC-Passagiere eingeladen, auf persönliche Gegenstände Anspruch zu erheben. Der amerikanische Kongress hat mittlerweile ein Gesetz verabschiedet, demzufolge der Verkauf von Fundstücken aus der TITANIC in den USA verboten ist.

Einer der Gegenstände fand aber eine würdige Verwendung. Die TITANIC-Überlebende Edith Haisman erhielt jene Taschenuhr, die ihr Vater trug, als er zusehen musste, wie seine 16 Jahre alte Tochter und ihre Mutter in der Nacht des Schiffbruchs ein Rettungsboot bestiegen. Er selbst überlebte nicht. Edith Haisman verstarb 1997 im Alter von 100 Jahren in einem Altersheim in Southampton, dort wo die TITANIC zu ihrer ersten und letzten Fahrt ablegte. Die Uhr liegt mittlerweile im Museum der englischen Hafenstadt.

EXPEDITION ZUM WRACK

Eine Mannschaft des Ozeanografischen Institutes von Woods Hole unter der Leitung von Dr. Robert Ballard entdeckte 1985 von einem Forschungsschiff aus mit einem ferngesteuerten Kamerasystem die ersten Wrackteile und filmte sie. Später folgten Tauchfahrten mit einem Tiefsee-U-Boot. Danach bargen amerikanische Unternehmen immer wieder Gegenstände aus dem Wrack. Eine Resolution, das in internationalen Gewässern liegende Wrack zu einer Gedenkstätte zu machen, trat nicht in Kraft.

DAS MÜTZENBAND UND SEINE GESCHICHTE

Wie ein Elfjähriger ein Souvenir vor dem Untergang rettete.

Mützenbänder zierten einst die Kopfbedeckungen aller Matrosen und ließen erkennen, auf welchem Schiff sie Dienst taten. Von der TITANIC ist wahrscheinlich nur ein einziges Mützenband erhalten geblieben. Dies ist einem kleinen Jungen zu verdanken, der auf dem gigantischen Schiff reiste und ungemein begeistert war. Auch seine Lebensgeschichte ist erzählenswert.

Marshall Brines Drew wurde am 30. März 1904 in dem kleinen Ort Greenport in Suffolk County an der Ostküste der USA geboren. Sein Vater John William Drew war Bildhauer und schuf aus Marmor monumentale Kunstwerke. Er kam ursprünglich aus Cornwall, aus der lieblichen Küstenregion im Süden Englands. Marshalls Mutter starb zwei Wochen nach der Geburt ihres Sohnes. Danach kümmerten sich ein Onkel und eine Tante, James und Lulu Drew, um den Säugling und adoptierten ihn schließlich.

Die kleine Familie reiste im Herbst 1911 mit der Olympic, dem Schwesterschiff der TITANIC, nach Europa, weil sie in der alten Heimat Cornwall Verwandte besuchen wollten, die Marshall noch nie gesehen hatte. Für die Rückfahrt in die USA buchten die drei eine Kabine auf der TITANIC. Onkel James wollte unbedingt die Jungfernfahrt mitmachen, ihn reizte das ganze Tamtam – zumindest war es Marshall so in Erinnerung geblieben.

Nachdem die Familie in Southampton an Bord gegangen war, nahm sie die Gelegenheit wahr, als Passagiere der Zweiten Klasse auch die Einrichtungen der Ersten Klasse besichtigen zu dürfen. Sie sahen den Gymnastikraum mit den modernen Sportgeräten und schließlich auch den Friseursalon, der zugleich Souvenirs verkaufte. Dort stach Marshall ein gesticktes Mützenband ins Auge. Es sah fast genau so aus, wie es die Matrosen an ihren Uniformmützen trugen. In goldenen Buchstaben war der Name TITANIC gestickt, rechts und links wurde die Souvenir-Version flankiert von der US-Flagge und dem britischen Union-Jack. Marshall wollte es unbedingt als Erinnerung haben! Sein Onkel schenkte es ihm. Als der Junge mit seiner Tante in das Rettungsboot Nummer 10 stieg, hatte er das Mützenband in der Hosentasche. Sein Onkel James überlebte das Unglück nicht.

Marshalls Vater, der drei lange Tage sorgenvoll ausgeharrt und auf die Rückkehr gewartet hatte, empfing seinen Jungen und Tante Lulu in New York. Nach dem Tod von Onkel James blieb Marshall bei der Tante, bis diese

1914 erneut heiratete. Danach kümmerte sich sein Großvater Henry Christian um ihn, ein Veteran des amerikanischen Bürgerkrieges.

Marshall Brines Drew selbst heiratete im Jahr 1930 und wurde später Vater einer Tochter, die er Bette nannte. Er war Kunstlehrer an der Grover Cleveland Highschool in New York. Nach seiner Pensionierung lebte er auf Rhode Island, wo er am 6. Juni 1986 im Alter von 82 Jahren starb. Seine letzte Ruhestätte fand er auf dem River-Bend-Friedhof in Westerly auf Rhode Island. Auf seinem Grabstein steht zu lesen: Marshall Brines Drew, Lehrer, Künstler, Freund – Überlebender der TITANIC-Katastrophe am 15. April 1912.

In seinem Nachlass fand sich das Mützenband der TITANIC. Es blieb in der Familie, gelangte auf Umwegen zu den Verwandten in Cornwall und wurde am 11. April 2003 vom Auktionshaus Henry Aldridge and Sons in Southampton als vermutlich einzig verbliebenes Mützenband der TITANIC versteigert. Ein Amerikaner, der nicht namentlich genannt werden möchte, erhielt für 53.000 US-Dollar den Zuschlag.

Für dieses Buch wurde das Mützenband exklusiv und in limitierter Auflage nachempfunden.

MYSTERY

Hatten Autoren das
Unglück vorhergesehen?

Familie Marshall, die vor der englischen Südküste lebte, wollte es sich nicht entgehen lassen, das größte Schiff der Welt vorbeiziehen zu sehen, wenn es den Hafen von Southampton verließ und mit der Atlantikpassage die Jungfernfahrt antrat. So standen Mutter und Kinder gemeinsam mit Vater Jack Marshall auf der Aussichtsplattform ihres Hauses auf der Isle of Wight und schauten hinaus aufs Meer. Plötzlich schrie die Mutter auf: „Da treiben Hunderte Menschen im Wasser! Ich sehe sie um Hilfe schreien! Seid ihr denn blind? Wollt ihr sie alle ertrinken lassen? Die Titanic wird untergehen!"

Tochter Joan Marshall sollte diese Vision ihrer Mutter niemals vergessen. Noch 1956, als sie ihr Buch „Far Memory" veröffentlichte, schrieb sie, wie gereizt von diesem Moment an die Stimmung in ihrer Familie war: „Mutter war übernervös, Vater beunruhigt. Niemand wagte, das Gespräch auf die Titanic zu lenken, obgleich der Oceanliner in jenen Tagen in aller Munde war. Wir empfanden fast so etwas wie Erleichterung, als bekannt wurde, dass die Titanic mit einem Eisberg kollidiert war."

„WOLLT IHR SIE ALLE ERTRINKEN LASSEN?"

Berichte wie diese kursierten nach dem spektakulären Untergang der Titanic immer wieder und wurden von gewissen Medien spektakulär veröffentlicht. Eine Praxis, die uns ja bis ins 21. Jahrhundert erhalten geblieben ist.

Auch das bekannte britische Medium Vincent Newton Turvey berichtete seinerzeit, ihn hätten Horrorbilder von einem sinkenden Schiff gepeinigt, als die Titanic auslief. Doch gewarnt wurde niemand wegen dieser Visionen. Vermutlich hätte sie auch niemand ernst genommen.

Die Presse beiderseits des Atlantiks benannte als Beweis für die Glaubwürdigkeit von Vorahnungen eine ganze Reihe von Menschen, die kurz vor der ersten und einzigen Abfahrt der Titanic ihre Reise noch stornierten.

Die prominenteste Familie waren wohl die Vanderbilts, die mit Bau und Betrieb von Eisenbahnen in den USA ein Vermögen gemacht hatten. George Vanderbilt soll der Legende nach die Reise mit der Titanic abgesagt haben, weil seine Schwiegermutter einen solchen Unglückstraum hatte. Ob es wirklich so war, ist heute nicht mehr nachprüfbar. Tatsache aber ist, dass Gepäck und Diener bereits an Bord waren und mit dem Schiff untergingen, während die Vanderbilts selbst in Europa zurückblieben. Auch J. P. Morgan, der Eigner der Titanic, soll wegen böser Vorahnungen seine Mitreise abgesagt haben und das, obgleich bereits eine Luxuskabine für ihn hergerichtet worden sein soll. Offensichtlich waren seine Vorahnungen aber nicht so bedrückend, dass er die gesamte Reise verschoben oder aber die Schiffsleitung zu besonderer Vorsicht angehalten hätte.

Mysteriöses hatte auch schon den Bau des gigantischen Schiffes begleitet. Zumindest war einiges herbeigeredet worden. So trug der Bauauftrag die Nummer 390904. In Spiegelschrift und mit sehr viel Fantasie konnte man daraus angeblich „No Pope" erkennen. Die katholischen Werftarbeiter empfanden das als Affront ihrer meist protestantischen Vorarbeiter und Ingenieure. Die Werftleitung bekam dies zu Ohren, sie musste jede Absicht dementieren und stellte es als den Zufall dar, der es sicherlich auch war. Nachdem aber das Schiff untergegangen war, erinnerte man sich auch an diese Geschichte.

Erzählungen und Begebenheiten, die in die Abteilung Aberglauben gehörten, wurden schnell wieder vergessen, und viele Menschen glaubten ohnehin nicht daran. Doch da gab es das Buch „Futility, the Wreck of the Titan", geschrieben im Jahr 1898. Es war von dem Schriftsteller Morgan Robertson verfasst worden und handelte von einem Schiff, das den Namen TITAN trug. Nicht nur der Name war so ähnlich wie derjenige des Unglücksschiffes, auch Ausmaße und Geschichte beider Schiffe waren vergleichbar. Die TITAN war das größte Schiff ihrer Zeit, und auch sie wurde nach dem Einbau von Schotten als unsinkbar bezeichnet. Mit 260 Meter Länge war sie nur unwesentlich kleiner als die TITANIC, auch sie hatte zu wenige Rettungsboote und auch sie scheiterte an einem Eisberg. Viele Menschen lasen das Buch im Nachhinein wie eine Prophezeiung, so als hätte der Autor übersinnliche Kräfte oder Kontakt zu Außerirdischem gehabt.

Richtig ist, dass es verblüffende Ähnlichkeiten zwischen beiden Schiffen gibt. Aber es existieren auch erhebliche Unterschiede. Zum einen querte die TITAN den Atlantik in entgegengesetzter Richtung, zum anderen war sie trotz ihrer Größe ein altertümlicher Dampfer, der auch bei der damals gewaltigen Maschinenleistung von 75.000 PS nicht auf die Takelage eines Segelschiffes verzichtete. Diese wurde bei der Kollision mit dem Eisberg völlig zerfetzt. Die TITAN nahm zudem sommers wie winters denselben Kurs, weil sie sich auf ihre Stärke und Unsinkbarkeit verließ, während andere Schiffe im Sommer nördlicher und im Winter südlicher steuerten.

Schriftsteller Morgan Robertson, der selbst jahrelang zur See gefahren war, schrieb das Buch nicht in der Absicht, vor einer Überschätzung der Technik zu warnen. Dies bildete nur den Hintergrund seiner Erzählung um den Abstieg des Marineoffiziers John Rowland, der nach einer gescheiterten Liebesbeziehung anfing zu trinken und schließlich als einfacher Matrose auf der TITAN landete.

Die Ähnlichkeit bei Ausstattung und Ausmaß beider Schiffe vorauszuahnen war damals für einen Seemann kein Kunststück. Schon 1857 war mit der 211 Meter langen GREAT EASTERN ein riesiges Schiff vom Stapel gelaufen, das ebenfalls in seinen Abmessungen der Zeit weit voraus war. Der Hang der Ingenieure zu immer größeren technischen Leistungen war unübersehbar, die Frage der Sicherheit wurde aber offenbar unterschätzt. Auch die Namensähnlichkeit ist letztlich kein Mysterium. Der Hang zur Antike entsprach dem Zeitgeist jener Jahre.

DIE FRAGE DER SICHERHEIT WURDE SCHON LANGE UNTERSCHÄTZT

Einen ähnlich warnenden Artikel schrieb 1886 auch der britische Journalist William Thomas Stead in der Pall Mall Gazette. Er neigte offensichtlich zum Spiritualismus und hatte in vielen seiner Schriften von sinkenden Schiffen oder sogar vom eigenen Tod durch Ertrinken berichtet. Am 22. März 1886 veröffentlichte er eine fiktive Story mit der Überschrift „How the Mail Steamer Went Down in Mid-Atlantic, by a Survivor" („Wie der Postdampfer mitten im Atlantik sank, Bericht eines Überlebenden"). Darin schilderte er den Untergang eines Ozeandampfers nach der Kollision mit einem anderen Schiff und den hohen Verlust an Menschenleben wegen nicht ausreichend vorhandener Rettungsboote. Er kam zu folgender Schlussfolgerung: „Das ist exakt das, was passieren kann und passieren wird, wenn Schiffe mit zu wenig Rettungsbooten in See stechen."

Seine Spiritualität rettete ihm aber keinesfalls das Leben. Anfang 1912 wurde Stead von US-Präsident William Howard Taft gebeten, am 21. April des Jahres an einer Friedenskonferenz in der Carnegie Hall in New York teilzunehmen. Aus diesem Grund ging Stead am 10. April 1912 in Southampton an Bord von RMS TITANIC, den neuen Transatlantikliner, der an diesem Tag auf Jungfernfahrt nach New York auslief. Er belegte eine Kabine Erster Klasse auf dem C-Deck. Nach der Kollision der TITANIC mit dem Eisberg am späten Abend des 14. April versuchte Stead keineswegs, selbst in eines der Rettungsboote zu kommen. Stattdessen half er Frauen und Kindern in die Boote. Nachdem alle Rettungsboote weg waren, begab er sich in den Rauchsalon der Ersten Klasse auf dem A-Deck. Dort wurde er zuletzt gesehen. Er saß vollkommen ruhig in einem Ledersessel und las ein Buch. Seine Leiche wurde nie gefunden.

100 FRAGEN

In 100 Jahren seit dem Untergang stellen sich viele Fragen.
Aber es gibt ebenso viele Antworten.

1 Wann wurde mit dem Bau der TITANIC begonnen?
Am 31. März 1909.

2 Auf welcher Werft entstand das damals größte Schiff der Welt?
Bei Harland & Wolff in Belfast. Das war Anfang des 20. Jh. die größte Werft der Welt.

3 Wie viele Menschen arbeiteten in den Baudocks?
Harland & Wolff beschäftigte seinerzeit mehr als 15.000 Menschen.

4 Wie waren die Arbeitszeiten?
Montag bis Freitag wurde von 7.50 Uhr bis 19.30 Uhr gearbeitet, samstags nur vormittags.

5 Wie lagen die Arbeitspausen?
Morgens ruhte die Arbeit einmalig für 10 Minuten, mittags gab es eine halbe Stunde Pause.

6 Wie viel Urlaub erhielten die Arbeiter?
Zu Weihnachten und Ostern gab es je zwei Tage frei, im Juli außerdem eine Woche Urlaub. Arbeitsfreie Tage wurden damals allerdings nicht bezahlt.

7 Wie viel verdiente ein Werftarbeiter?
Ein einfacher Arbeiter erhielt als Lohn etwa zwei Pfund pro Woche, das wären heute 8,60 Euro. Für ein Abendessen einschließlich einem Glas Bier in einer Kneipe musste er zu jener Zeit etwa 35 Eurocent ausgeben.

8 Aus welchem Material wurde die TITANIC gebaut?
Der Rumpf bestand aus drei Zentimeter dicken Stahlplatten. Drei Millionen Niete hielten sie zusammen.

9 Wer hat die TITANIC entworfen?
Leiter des Konstruktionsbüros von Harland & Wolff war Schiffbauingenieur Thomas Andrews. Den Entwurf kontrollierte Werftdirektor Lord Pirrie, während Geschäftsführer Alexander Carlisle alle Arbeiten koordinierte.

10 Wie war der Rumpf konstruiert?
Der Rumpf war doppelwandig und durch Schotten in 16 wasserdichte Abteilungen unterteilt. Man ging davon aus, dass selbst nach dem Volllaufen von zwei Abteilungen das Schiff nicht sinken könne.

11 Es gibt das Gerücht, ein Arbeiter sei aus Versehen zwischen den beiden Wänden der Außenhaut eingeschlossen worden. Entspricht das der Wahrheit?
Nein, diese Episode ist unwahr. Sie gehört zu den vielen Fabeln, die im Nachhinein dem Themenkreis TITANIC hinzugefügt wurden.

12 Wie schwer war der Schiffsrumpf der TITANIC?
Der Stahl hatte ein Gewicht von 23.600 Tonnen. Dabei waren die drei Anker eingerechnet, die zusammen 28 Tonnen auf die Waage brachten.

13 *Wann war der Stapellauf?*
Die TITANIC rauschte am 31. Mai 1911 vom Belfaster Baudock in ihr Element.

14 *Wie lange brauchte sie, um vom Helgen zu rutschen?*
Die Zeit wurde gemessen. Es dauerte exakt 62 Sekunden.

15 *Gab es bereits beim Stapellauf besondere Vorkommnisse?*
Ja, ein erstes Todesopfer. Der Arbeiter James Dobbins wurde eingeklemmt und starb am nächsten Tag im Krankenhaus.

16 *Wurde eine Flasche Champagner am Bug zerschlagen?*
Nein, eine solche Zeremonie war damals weder bei der Werft noch bei der Reederei üblich.

17 *War das Schiff nach dem Stapellauf seetüchtig?*
Nein, es hatte noch keine Maschine. Schlepper zogen es an einen Werftliegeplatz, den sogenannten Ausrüstungskai. Später wurde es im Trockendock komplett fertiggestellt.

18 *Wie lange dauerte die Ausrüstung?*
Sie nahm zehn Monate in Anspruch.

19 *Wie viele Rettungsboote waren ursprünglich für die TITANIC geplant?*
In den ersten Plänen von Alexander Carlisle waren 64 Rettungsboote vorgesehen. Dann haben die Eigner diese auf 32, später sogar auf 16 Boote reduziert. Damit wurden die bestehenden Vorschriften exakt eingehalten, und der Platz an Deck konnte anderweitig genutzt werden.

20 *Sind dabei die vier klappbaren Boote eingerechnet?*
Nein, die Berthons genannten Klappboote wurden zusätzlich angebracht. Damit waren die diesbezüglichen Vorschriften sogar übererfüllt.

21 *Wie viele Kessel wurden benötigt, um dem Dampf für die Kolbendampfmaschinen und die Turbine zu erzeugen?*
Es gab 29 Heizkessel tief unten im Schiffsrumpf.

22 *Wie viel Kohle verbrauchte dieses Schiff für seine Dampfmaschinen?*
Die TITANIC konnte ingesamt 5344 Tonnen Kohle bunkern. Bei einer Reisegeschwindigkeit von 21 Knoten schaufelten die Heizer täglich 560 bis 580 Tonnen Kohle in die Feuerlöcher.

23 *Wie viele Propeller trieben die TITANIC an?*
Es waren insgesamt drei. Die beiden seitlichen wurden von den Kolben-Dampfmaschinen angetrieben, der mittlere von der Turbine.

24 *Wie groß waren diese Propeller?*
Die beiden seitlichen Propeller hatten jeweils drei Blätter und einen Durchmesser von sieben Metern. Sie wogen jeweils 34 Tonnen. Der mittlere Propeller hatte vier Blätter und wog bei einem Durchmesser von fünf Metern 20 Tonnen.

25 *Wir groß waren die Schornsteine?*
Jeder war 19 Meter hoch, sechs Meter breit und sieben Meter lang.

26 *War der vierte Schornstein wirklich eine Attrappe?*
Ja, das Schiff benötigte eigentlich nur drei Schornsteine. Lord Pirrie hatte aber die Idee, einen vierten anzubringen, weil es „majestätischer" aussähe. Man nutzte diesen Schlot als Abluftschacht für den Turbinenraum und die Hauptküche. Viele Gemälde zeigen aber, dass Rauch aus allen vier Schornsteinen quillt. Selbst bei manchen Fotos wurde Rauch über dem vierten Schornstein „hinzugefügt".

27 *Gab es Telefone an Bord?*
Es gab eine Zentrale und 50 Anschlüsse. Diese waren für den Betrieb des Schiffes bestimmt. Sie befanden sich auf der Kommandobrücke, auf dem Vorschiff, im Ausguck, im Maschinenraum sowie in den Kammern des Kapitäns, des Ersten Ingenieurs und im Küchenbereich.

28 *Gab es Telefone in Kabinen der Ersten Klasse?*
Nur in wenigen, besonders luxuriösen Kabinen waren Fernsprecher installiert.

29 *Konnte man direkte Gespräche zu Teilnehmern an Land herstellen?*
Das war zu jener Zeit noch nicht möglich. Für Nachrichten von See an Land oder auf See zu anderen Schiffen musste man Telegramme vom Funkraum aus senden.

30 *Wurde mit der TITANIC eine Probefahrt unternommen?*
Das Schiff lief am 2. April 1912 zu einer Probefahrt aus. Die Mannschaft erprobte Kursänderungen, Abdrehen nach Backbord und Steuerbord, einen Vollkreis, testete das Stoppen der Maschinen und die Vorausfahrt bei unterschiedlichen Geschwindigkeiten.

31 *Wie lange dauerte die technische Überprüfung?*
Sie nahm noch nicht einmal einen ganzen Tag in Anspruch.

32 *Weshalb waren die Konstrukteure und Eigner mit einer so kurzen Erprobung zufrieden?*
Sie ließen es bei einigen kurzen Tests bewenden, da sie wussten, dass sich die weitgehend baugleiche OLYMPIC bereits im Seebetrieb bewährt hatte.

33 *Stand die Erprobung unter Zeitdruck?*
Diese Frage ist definitiv zu bejahen. Die Eigner wollten den auf den 10. April 1912 festgelegten Beginn der Jungfernfahrt nicht gefährden.

34 *War der Kapitän während der Erprobungsfahrten an Bord?*
Ja, Kapitän Edward J. Smith und die nautischen Offiziere waren auf der Brücke.

35 *Wann kam die TITANIC in Southampton an?*
Sie erreichte den Hafen am 4. April 1912 gegen Mitternacht und machte am Kai der White Star Line fest.

36 *Durften Besucher an Bord kommen, um das neue Schiff zu inspizieren?*
Da die Innenausstattung noch nicht fertig, Malerarbeiten noch nicht erledigt, Teppiche noch nicht verlegt und Möbel noch einzubauen waren, gab es dafür keine Genehmigungen.

37 *Nahm die TITANIC neben Passagieren auch Ladung an Bord?*
Alle Oceanliner jener Zeit nahmen Ladung mit. Wegen ihrer Geschwindigkeit waren sie auch als schnelle Zulieferer für eilige Waren beliebt. Zudem war die TITANIC ein Postdampfer, sie hatte also Pakete und Briefe an Bord.

38 *Wer kam am Abreisetag, dem 10. April 1912, als erster an Bord?*
Kurz nach Sonnenaufgang betraten die ersten Mannschaftsmitglieder das Schiff.

39 Wann kam Kapitän Smith auf die TITANIC?
Er hatte die Nacht vor der Abreise bei seiner Familie verbracht und stieg um 7.30 Uhr die Gangway empor.

40 Wie viele Crewmitglieder hatte die TITANIC?
In der Mannschaftsliste waren 892 Menschen aufgeführt, die einen Job an Bord hatten.

41 Gab es darunter auch Kinder oder Jugendliche?
Ja, es gab Crewmitglieder, die 14 oder 15 Jahre alt waren. Sie arbeiteten als Hotelpagen oder waren als Liftboys eingesetzt.

42 Wie viele Frauen gehörten zur Besatzung?
Es gab 23 weibliche Besatzungsmitglieder. 18 Frauen waren Zimmermädchen, zwei Kassiererinnen, jeweils eine arbeitete als Masseurin, als Aufsicht im türkischen Bad und als Anstandsdame für allein reisende Frauen in der Dritten Klasse.

43 Wie viel verdiente damals der Kapitän?
Kapitän Smith hatte ein Jahresgehalt von 1.250 Pfund. Das entspräche heute etwa 5.400 Euro. Hinzu kam ein Bonus von 200 Pfund, wenn das Schiff während des Jahres unfallfrei blieb.

44 Wie viel verdienten andere Mannschaftsmitglieder?
Der Erste Offizier hatte ein Jahresgehalt von 300 Pfund (1.100 Euro), ein Heizer verdiente etwa 72 Pfund (300 Euro).

45 Wie teuer war ein Ticket für die Atlantiküberquerung mit der TITANIC?
In der Ersten Klasse kostete eine normale Kabine 86 Pfund. Das wären heute 740 Euro. Für die Luxussuiten mussten die Passagiere umgerechnet 2850 Euro bezahlen, in der Zweiten Klasse 56 Euro und in der Dritten Klasse kostete eine Schlafkoje 30 Euro.

46 Gab es reiche Passagiere, die von ihren Bediensteten begleitet wurden?
Ja, obgleich der Service an Bord gut war, waren 31 private Diener an Bord.

47 Wo wurde das Dienstpersonal untergebracht?
Alle wohnten in Kabinen in der Nähe ihrer Herrschaft. Ihr Essen bekamen sie in einem eigens eingerichteten Speisesaal auf dem C-Deck. Bedienteste wie Köche oder Chauffeure, die während der Überfahrt keine Aufgaben hatten, wohnten meist in Kabinen der Zweiten Klasse.

48 Durften reiche Passagiere ihre Hunde mit an Bord bringen?
Insgesamt gingen neun Hunde mit auf Überfahrt. Die TITANIC hatte an Bord einen Zwinger, in dem die Vierbeiner der Passagiere untergebracht wurden. Einige durften allerdings auch in den Kabinen ihrer Besitzer mitreisen.

49 Haben mitreisende Hunde überlebt?
Nur zwei überlebten den Untergang. Sie saßen mit ihren Besitzern in den ersten beiden fast leeren Rettungsbooten. Kurz vor dem Untergang ließ ein Passagier die übrigen Hunde aus dem Zwinger frei, aber erst nach dem Wegfieren der letzten Rettungsboote.

50 Gab es noch andere Haustiere an Bord?
Die Klavierlehrerin der Kinder von Präsident Roosevelt nahm aus Europa zwei preisgekrönte französische Hähne und zwei Hühner mit. Sie „wohnten" in der Nähe der Hundeszwinger.

51 Hatte jede Kabine einen eigenen Waschraum?
Die sanitären Anlagen auf der TITANIC waren für den Standard der Zeit ausgesprochen gut. Aber selbst in der Ersten Klasse mussten sich einige Passagiere einen Waschraum teilen.

52 Stimmt es, dass die TITANIC in Southampton auslief, obgleich in der Kohlenladung ein Feuer ausgebrochen war?
Schwelbrände im Kohlenbunker kamen zur Zeit der Dampfschiffe häufig vor. So auch auf der TITANIC. Niemand war deshalb beunruhigt, als der Kapitän den Befehl zum Auslaufen gab. Acht bis zehn Heizer jeder Schicht waren damit beschäftigt, Wasser auf schwelende Kohle zu spritzen und die jeweiligen Behälter als erste leer zu schaufeln. Nach drei Tagen war das Feuer auf der TITANIC gelöscht.

53 Gab es eine Übung mit den Rettungsbooten?
Ja, sie wurde noch in Southampton angeordnet. Aber die Mannschaften nahmen nicht vollzählig daran teil. Die Heizer weigerten sich. Der zuständige Inspektor gab sich damals damit zufrieden, dass an nur zwei der Davits geübt wurde, wie Rettungsboote herabgelassen, ausgesetzt und wieder eingeholt werden.

54 Galt Kapitän Smith als ein Unglückskapitän, unter dessen Kommando sich schon andere Havarien ereignet hatten?
Tatsächlich lief die REPUBLIC, das erste Schiff, das unter seinem Kommando fuhr, Anfang 1889 vor New York auf Grund, ein Jahr später hatte der Kapitän Probleme mit der COPTIC. Beide Vorfälle waren aber keine schweren Schiffsunglücke.

55 Hatten Frauen zu allen Räumen Zutritt?
Die drei Rauchsalons der TITANIC waren ausschließlich Männern vorbehalten. In jener Zeit galt es als unschicklich, wenn Frauen in der Öffentlichkeit rauchten.

56 Gab es auch Räume nur für Damen?
Der Lese- und Schreibraum der Ersten Klasse war so eingerichtet, dass die Damen sich dorthin zum Lesen zurückziehen konnten. Doch auch Männer hatten Zutritt.

57 Waren alle Sporteinrichtungen im Preis inbegriffen?
Das Schwimmen im Meerwasserpool kostete 25 Cent pro Person. Die TITANIC gehörte zu den ersten Passagierschiffen mit Pool. Squash spielen kostete 50 Cent pro halbe Stunde. Dafür stand aber ein spezieller Trainer zur Verfügung. Für die Nutzung von Liegestühlen an Deck wurde ein Dollar für die gesamte Überfahrt kassiert.

58 Gab es an Bord eine eigene Tageszeitung?
Das Atlantic Daily Bulletin wurde täglich an Bord gestaltet und gedruckt. Es enthielt den aktuellen Menüplan, Sportergebnisse, Börsenkurse und den neuesten Gesellschaftsklatsch. Über Politik wurde nicht berichtet.

59 Gab es eine allgemein einsehbare Passagierliste?
Es wurde eine Broschüre mit Namen und Herkunftsorten aller Passagiere der Ersten und Zweiten Klasse gedruckt und auf den Kabinen dieser Decks verteilt.

60 Wollte man mit der TITANIC bereits während der Jungfernfahrt das Blaue Band erobern?
Dieses Gerücht taucht tatsächlich immer wieder auf. Aber wegen der konstruktiv bedingten Geschwindigkeit wäre ein solches Bemühen von vornherein aussichtslos gewesen.

61 *Hätte die Kollision mit dem Eisberg verhindert werden können, wenn der Ausguck über ein Fernglas verfügt hätte?*
Hierzu befragte die britische Untersuchungskommission den berühmten Polarforscher Sir Ernest Shackleton. Er hielt ein Fernglas für wenig hilfreich. Seiner Ansicht nach musste ein Ausguck vor allem ein möglichst weites Blickfeld haben. Hätte dieser ein Hindernis entdeckt, wäre ein Fernglas allerdings sinnvoll gewesen, um selbiges zu identifizieren.

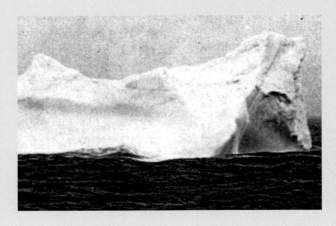

62 *Wie reagierte der Ausguck der TITANIC angesichts des Eisbergs?*
Fredrick Fleet schlug dreimal die Alarmglocke und machte Meldung an die Brücke: „Eisberg voraus!"

63 *Wie reagierten die Offiziere auf der Brücke?*
Der Erste Offizier Murdoch lief zum Telegrafen und gab Befehl in den Maschinenraum: „Stopp! Volle Kraft zurück!" Gleichzeitig rief er Steuermannsmaat Hichens zu: „Hart Steuerbord!" Dann drückte Murdoch den Alarm für den Maschinenraum und legte den Hebel um, mit dem die Schotten geschlossen wurden.

64 *Wie viel Zeit verging zwischen Fleets Meldung und dem Zusammenstoß?*
Das waren 37 Sekunden.

65 *Haben auch Passagiere den Eisberg gesehen?*
Henry Sleeper Harper aus der Ersten Klasse war in seiner Kabine, als er sah, wie der Eisberg gegen sein Fenster schrammte. Eine Gruppe von Passagieren im Rauchsalon spürte einen Stoß und ein leichtes Kratzen. Sie liefen an Deck und sahen noch einen mächtigen dunklen Schatten.

66 *Konnten Augenzeugen die Höhe des Eisbergs schätzen?*
Sie berichteten, dieser habe die Aufbauten knapp überragt. Demnach hätte er etwa 18 Meter aus dem Meer aufgeragt.

67 *Wer bemerkte zuerst, dass die Außenhaut des Schiffes beschädigt war?*
Die Heizer im Kesselraum sechs hatten gerade den Befehl „Maschine stopp!" erhalten, als auch schon Wasser durch die Bordwand hereinströmte.

68 *Wie haben die Heizer in dieser Situation reagiert?*
Sie rannten um ihr Leben, während sich bereits die Schotten schlossen. Zwei schafften es, unter den sich senkenden Stahltoren noch hindurchzukriechen.

69 *Gab es ein Entkommen, wenn ein Schott geschlossen war?*
Über Notleitern konnte man ein darüberliegendes Deck erreichen. Selbige benutzte der dritte Heizer.

70 *Flohen alle Heizer?*
Nein, die meisten der 167 Heizer blieben auf ihren Posten und sorgten dafür, dass die Generatoren zur Stromerzeugung weiterliefen. So blieb das Schiff beleuchtet. Von den Heizern haben nur einige wenige überlebt.

71 *War es ein Fehler, die Maschinen stoppen zu lassen?*
Diese Frage wurde im Nachhinein oft diskutiert. Tatsache ist: Je schneller ein Schiff fährt, desto schneller reagiert es auf Veränderungen der Ruderlagen. Ob eine Kollision wirklich zu verhindern gewesen wäre, lässt sich heute nicht mehr ermitteln.

72 *Riss der Eisberg ein langes Loch in die Bordwand?*
Jahrelang hieß es, der Rumpf sei wohl auf einer Länge von über 90 Metern aufgerissen worden. Als es Dr. Ballard gelang, zum Wrack hinabzutauchen, stellte er jedoch fest, dass die Platten der Außenhaut zwar eingedrückt, aber nicht aufgerissen waren. Sehr wahrscheinlich hatten die Niete dem großen Druck nicht standgehalten und waren geplatzt.

73 Waren Niete und Außenhautplatten aus schlechtem Stahl gefertigt?

Die Behauptung, es sei schlechter Stahl verwendet worden, der bei niedrigen Temperaturen spröde würde, tauchte tatsächlich auf. Aber auch hundert Jahre nach dem Untergang macht das Wrack auf dem Meeresboden noch immer einen guten Eindruck. Auch die OLYMPIC, die vor der TITANIC in Dienst gestellt und aus vergleichbarem Material gebaut wurde, hat ihren Dienst bis 1935 problemlos versehen.

74 Wie wurden die Passagiere alarmiert?

Alarmsirenen, wie sie heute auf jedem Schiff üblich sind, gab es auf der TITANIC nicht. Deshalb haben die Stewards alle Passagiere einzeln informiert.

75 Wurde versucht, das eindringende Wasser abzupumpen?

Heizer und Ingenieure legten Schläuche zu den Bilgenpumpen, um zu lenzen. Sie konnten das Ansteigen des Wassers jedoch nicht verhindern. Als dann das Schott zwischen Kesselraum fünf und sechs überflutet wurde, gaben sie auf.

76 Wie reagierten die Passagiere auf die Nachricht von den Beschädigungen am Schiff?

Eine unmittelbare Gefahr haben viele zunächst nicht erkannt. Sie sammelten gar abgesplitterte Eisbrocken als Souvenirs ein, und die meisten Passagiere fühlten sich auf dem großen Schiff lange Zeit sicherer als in den kleinen Rettungsbooten.

77 Wann kam der Befehl, die Rettungsboote zu besetzen?

Der berühmte Befehl „Frauen und Kinder zuerst!" erging um 00.25 Uhr. Um 23.39 Uhr war der Eisberg entdeckt worden.

78 Wurden tatsächlich Boote herabgelassen, obgleich sie nicht voll besetzt waren?

Rettungsboot Nr. 7 wurde als erstes zu Wasser gelassen. Es hatte nur 19 Menschen an Bord, obgleich es Platz für 65 bot.

79 Weshalb drängten die Menschen nicht gleich in die ersten Rettungsboote?

Zu diesem Zeitpunkt war der Bug erst wenig abgesunken. Niemand glaubte daran, dass dieses große Schiff, das immer wieder als unsinkbar bezeichnet worden war, wirklich untergehen könne. So kam auch keine Panik auf.

80 War die TITANIC das erste Schiff, das SOS funkte?

Der Morsenotruf SOS wurde bereits am 3. Oktober 1906 während der Internationalen Funkkonferenz in Berlin eingeführt. Er wurde zunächst parallel mit dem bis dahin üblichen CQD verwendet. Es ist unwahrscheinlich, dass sechs Jahre lang kein Notruf nach dem neuen Standard ausgesendet wurde.

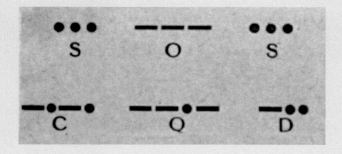

81 Wurden Passagiere der Dritten Klasse bei der Rettung benachteiligt?
Viele Auswanderer in der Dritten Klasse sprachen kein Englisch, verstanden Anweisungen der Besatzung nicht und konnten Hinweisschilder nicht lesen. So fanden nur wenige den Weg von den Unterkünften tief unten im Schiff zu den Decks mit den Rettungsbooten. Die Gittertore, mit denen die unterschiedlichen Klassen voneinander getrennt waren, blieben geschlossen, weil niemand befohlen hatte, sie zu öffnen. Außerdem verweigerten viele Frauen aus der Dritten Klasse, sich ohne ihre Männer retten zu lassen, obgleich es Stewards gab, die auch in diese Räume hinabstiegen, um Frauen und Kinder zu den Booten zu begleiten. Als diese endlich das Ausschiffungsdeck erreichten, waren viele der Rettungsboote bereits entschwunden.

82 Zu welchem Zeitpunkt war den Passagieren klar, dass die Titanic *tatsächlich sinken würde?*
Gegen 01.15 Uhr erreichte der Wasserspiegel den Schriftzug Titanic am Bug. Erst zu dem Zeitpunkt wurden die verbleibenden Rettungsboote voll besetzt.

83 Ab welchem Alter wurden mitreisende Jungs an den Rettungsbooten zurückgewiesen?
An Boot 4 wollte ein Steward den 13-jährigen Jack Ryerson nicht einsteigen lassen. Sein Vater bestand jedoch darauf, blieb aber selbst zurück. Auch dem 11-jährigen Willie Courts verweigerte man zunächst den Zutritt zu einem Rettungsboot. Seine Mutter konnte letztlich aber ein Besatzungsmitglied überreden, ihn einsteigen zu lassen.

84 Wie viele Menschen waren noch an Bord, als sich die Propeller am Heck schon aus dem Wasser hoben?
Es waren wohl mehr als 1.500 Menschen.

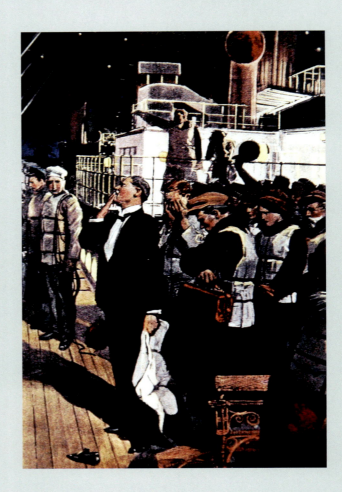

85 Es gibt widersprüchliche Zahlen über Reisende und Besatzung auf der Titanic. *Weshalb gibt es keine genauen Angaben?*
Die Passagiere wurden in Listen erfasst, sobald sie an Bord kamen. Da es in den drei letzten Häfen noch Passagierwechsel gab, wurden die Zahlen zwar erfasst, doch die Listen sind mit dem Schiff untergegangen.

86 Drohten Offiziere mit Schusswaffen?
Tatsächlich gaben Offiziere Warnschüsse ab, um die in Panik geratenen Menschen zur Ordnung zu rufen. Gezielte Schüsse sind aber offensichtlich nicht abgefeuert worden, und es wurde wohl auch niemand verletzt.

87 Fanden die Menschen in diesen letzten Augenblicken geistlichen Beistand?
Pater Thomas Byles betete den Rosenkranz, nahm Beichten ab und erteilte mehr als hundert Passagieren die Absolution.

88 *Wie versuchten sich Menschen zu retten, nachdem alle Boote abgelegt hatten?*
Einige warfen hölzernes Mobiliar ins eiskalte Wasser und sprangen hinterher. Andere warfen Türen über Bord. Es wurden Tote geborgen, die auf solchen Schwimmhilfen lagen, aber erfroren waren.

89 *Was geschah, als der Bug unter Wasser sackte?*
Das löste eine große Welle aus, die über das Deck schwappte und viele Menschen ins eisig kalte Wasser riss. Die Drahtseile des vorderen Schornsteins rissen und der Schlot krachte funkensprühend ins Meer. Er begrub mehrere schwimmende Menschen unter sich, darunter auch Passagier John Jacob Astor.

90 *Wie lange blieben die Funker auf ihren Posten und sendeten Notsignale?*
Selbst nachdem der Kapitän beide Funker von ihren Pflichten entbunden hatte, setzte Phillips weiterhin Notrufe ab, während Bride in die gemeinsame Kabine ging, um seine Wertsachen zu holen. Als er zurückkam, erwischte er einen Heizer, der Phillips Schwimmweste stehlen wollte. Gemeinsam schlugen sie diesen nieder und liefen an Deck. Da schwappte das Wasser bereits über die Brücke.

91 *Gab es zu diesem Zeitpunkt noch Strom und elektrisches Licht?*
Obgleich die Ingenieure wussten, dass sie sich selbst nicht mehr retten konnten, hielten sie die Generatoren in Gang, damit es Strom gab. Das Licht brannte bis zwei Minuten vor dem endgültigen Untergang.

92 *Was wurde aus Kapitän Smith?*
Es gibt mehrere Versionen. Fast alle besagen, er sei bis zum letzten Augenblick an Bord gewesen. Funker Harold Bride berichtete, er habe ihn auf der Brücke gesehen, als diese im Wasser verschwand. Andere wollen ihn im Wasser schwimmend in der Nähe eines Rettungsbootes gesehen haben, als er anderen half, ins Boot zu kommen, für sich selbst aber jede Hilfe ablehnte, bis er erfror. Es gibt Gerüchte, er habe sich erschossen. Auch diese Frage wird man nicht mehr klären können.

93 *Wie kalt war das Wasser zum Zeitpunkt des Untergangs?*
Die Temperatur lag bei zwei Grad unter null.

94 *Welche Überlebenschancen hatten im Wasser treibende Passagiere?*
Bei dieser eisigen Wassertemperatur werden einige durch sofortigen Herzstillstand gestorben sein, viele andere nur wenig später durch Unterkühlung.

95 *Wie lange lebten die im Wasser treibenden Menschen noch?*
Nur etwa 20 Minuten nach dem Untergang wurden die Hilfeschreie immer leiser, gegen drei Uhr herrschte absolute Stille. Am nächsten Morgen entdeckten Rettungsmannschaften viele Tote, die aufrecht in ihren Schwimmwesten trieben, aber erfroren waren.

96 *Wie reagieren Menschen auf Unterkühlung?*
Das erste Anzeichen ist starkes Zittern, das jedoch nachlässt, wenn die Körpertemperatur sinkt. Dann wird der Pulsschlag langsam und schwach, die Atmung flacher. Danach tritt eine tiefe Müdigkeit ein, es kann zu Verwirrung und Halluzinationen kommen. Kurze Zeit später verliert der Betroffene das Bewusstsein.

97 *Gab es Trinkwasser oder Notverpflegung in den Rettungsbooten?*
Alle hatten Trinkwassertanks und Dosen mit Keksen. Aber die Stellen waren nicht markiert, sodass viele Insassen diese nicht fanden.

98 *Wie lange mussten die Überlebenden in den Rettungsbooten ausharren?*
Je nachdem, in welche Richtung diese gerudert wurden, dauerte es zwischen zwei und sechs Stunden, bis man sie entdeckte.

99 *Wann wurde die zur Hilfe eilende RMS Carpathia, der Atlantikliner der Cunard Line, von dem ersten Rettungsboot entdeckt?*
Um 03.30 Uhr sichteten die Havarierten Signalraketen des Schiffes.

100 *Wer ging als Letzter an Bord der Carpathia?*
Der Zweite Offizier Charles H. Lightoller war der ranghöchste überlebende Nautiker der Titanic. Er blieb im Rettungsboot, bis alle anderen in Sicherheit waren.

TITANIC-VEREINE

Weltweit

Wäre die TITANIC nicht untergegangen und hätte sie nicht so viele Menschen mit in den Tod gerissen, dann wäre sie aus unserer heutigen Sicht einfach einer von vielen Ozeandampfern, die in jenen Jahren die Alte mit der Neuen Welt verbanden. Ihr tatsächliches Schicksal aber zieht bis heute Menschen in ihren Bann. Sie wollen mehr darüber wissen und sie wollen sich mit Gleichgesinnten darüber austauschen. So entstand rund um den Globus ein Netzwerk von TITANIC-Vereinen.

In Deutschland ist es das Titanic Informations Center Deutschland e.V.. Die Mitglieder des Vereins stehen untereinander über Facebook in Verbindung, außerdem organisiert es immer wieder Mitgliedertreffen, bei denen auch über andere Schifffahrtsthemen informiert wird. Kontakt bei Facebook unter Deutscher Titanicverein „Titanic Informations Center-Deutschland e.V."

Sehr aktiv ist der TITANIC-Verein in der Schweiz. Er gibt alle Vierteljahr eine Mitgliederzeitschrift heraus, „Die Titanic Post". Sie erscheint immer Anfang März, Juni, September und Dezember. Interessant ist auch ein Besuch auf der Homepage. Dort zeigt ein Zähler vor wie vielen Tagen, Stunden, Minuten und Sekunden das Schiff untergegangen ist.

Die Schweizer organisieren auch Reisen und Vorträge. Die bislang weiteste Reise führte nach Halifax in Kanada, wo viele TITANIC-Todesopfer ihre letzte Ruhe fanden. Aber auch Besuche in Museen, Musicals, Kinovorführungen und Ausstellungen stehen auf dem Vereinsprogramm. Auf Facebook stehen die Mitglieder untereinander in Verbindung.

IRLAND
Addergoole Titanic Society
www.addergoole-titanic.com

FRANKREICH
Association Française du Titanic
http://aftitanic.free.fr/

NORDIRLAND
Belfast Titanic Society
www.belfast-titanic.com
Nomadic Preservation Society
www.nomadicpreservationsociety.co.uk

BRASILIEN
Brazilian Titanic Society
www.titanicsite.kit.net/

ENGLAND
British Titanic Society
www.britishtitanicsociety.co.uk
Titanic Heritage Trust
www.titanicheritagetrust.org.uk/

KANADA
Canadian Titanic Society
www.canadian-titanic-society.com

KROATIEN
Hrvatsko Društvo Titanic
n/r Drazen Kozulic, Harambasiceva 44,
10000 Zagreb, Kroatien

SKANDINAVISCHE LÄNDER
Scandinavian Titanic Society
www.scandtitanic.com

DEUTSCHLAND
Titanic Informations Center
www.tictanic.de
Nordtitanien – Stammtisch
www.nordtitanen.de

USA
Titanic Historical Society
http://titanic1.org/
Die Titanic Historical Society ist die erste und größte Titanic-Gesellschaft der Welt
Titanic International Society
www.titanicinternationalsociety.org

Quelle: Titanic-Verein Schweiz

BILDNACHWEIS

20th Century Fox: 160 (1), 161 (4); Akg-images/Universal Images Group: 94, 116; Konrad Algermissen: 112; fotolia.com©Michal Adamczyk: 5; fotolia.com ©mulder712: 9; Fr Browne SJ Collection: 70, 71 (2); Fr Browne SJ Collection/Universal Images Group: 60/61, 67 l.; Internationales Maritimes Museum: 10/11, 28, 31, 38, 39 (2), 48, 63, 64, 65 (3), 66 (3), 67 r., 82, 85, 87, 88, 90/91, 92/93, 95 (3), 106/107, 113, 117, 118, 121, 122, 125, 126, 133, 134, 135 (3), 136, 137 (2), 138, 168, 174, 175 r., 177 (2), 178 l., 182/183, 184; istockphoto.com ©Hayri Er: 6; istockphoto.com©Levent Konuk: 7; istockphoto.com©Amanda Lewis: 72, 73 l.; istockphoto. com©Christopher Laas: 73 r.; istockphoto.com©Sandra Mösinger: 4; istockphoto.com©Andre Nantel: 149; istockphoto.com©Snezana Negovanovic: 8; istockphoto.com©Andrei Nekrasso: 76 o.; National Museum of Northern Ireland: 26 o., 35 (2), 52/53; Offizieller Fotograf der RMS Carpathia (gemeinfrei): 104 u.; Port of Cherbourg: 76 u., Private Collection/Bridgeman: 1, 36/37; Sammlung Eigel Wiese: 12, 33 (2), 41 (4), 42/43 (4), 44 (1), 45 (2), 46, 47, 55 (3), 59, 68, 69 r., 77, 97, 105 o., 111 (4), 157, 158 (3) gemeinfrei, 167, 172 o., 173, 178 r.; Eigel Wiese: 14, 17 (4), 18, 20 (3), 21 (4), 26, 27 o., 74/75, 145, 150 (2), 151 (3); Stephan Rehorek († 1935), Originalbild im Besitz von Henning Pfeifer, München: 80, 176; Titanic Belfast: 22/23 (5), 24/25, 27 u., 34, 171, 177 l.; Titanic Cherbourg: 170, 175 l.; Titanic Museum Branson: 146, 152/153; The Rank Organisation: gemeinfreie Pressefotos als Filmwerbung aus dem Jahr 1958: 159 (4); The Titanic Collection/ Universal Images Group – Fr Browne SJ Collection: 69 l.; The Titanic Collection/ Universal Images Group/Bridgeman: 71 l.; Topical Press Agency/Getty Images: 104 o., 105 u., 136 o.; ullstein bild – AP: 165 o.; ullstein bild – Heritage Images/ Stapleton Historical Collection: 130/131; ullstein bild – The Granger Collection: 78/79, 102/103; ullstein bild – Top Foto: 98/99, 154; ullstein bild – Roger-Viollet: 100; U.S. Coast Guard Visual Information Gallery: 142; Woods Hole Oceanographic Institution: 162, 165 m., 165 u.

Schutzumschlag Vorderseite: Bug der Titanic, Sammlung Eigel Wiese; Schutzumschlag Rückseite: Ansicht der Titanic, © F.G.O. Stuart, gemeinfrei; Schutzumschlag Klappe: Autorenbild, Eigel Wiese

Nicht bei allen Fotos konnten die Inhaber der Bildrechte ermittelt werden. Der Verlag bittet freundlich um Kontaktaufnahme: Maximilian Verlag GmbH & Co. KG, Georgsplatz 1, 20099 Hamburg

QUELLEN

Anatomy of the Titanic
Tom McCluskie
1998, San Diego

Titanic Voices
Donald Hyslop, Alastair Forsyth, Sheila Jemima
1994, Southampton

Titanic, Triumph und Tragödie.
Eine Chronik in Texten und Bildern
John P. Eaton, Charles A. Haas
1986, Sparkford

Titanic. Mythos und Wirklichkeit
Susanne Störmer
1997, Berlin

Der Weg über den Atlantik,
die goldene Ära der großen Luxusliner
John Maxtone-Graham
1999, München

Titanic. Legende und Wahrheit
John P. Eaton, Charles A. Haas
1995, New York

Titanic: Frauen und Kinder zuerst
Judith B. Geller
1999, Bielefeld

Titanic: Augenzeuge der Katastrophe
Lawrence Beesley, Rolf W. Baakaus
1997, Hamburg

Die 50 populärsten Titanic-Irrtümer
Benedikt Grimmler
2011, München

Giganten der Meere
Eigel Wiese
2008, Hamburg

Einzelne Quellen aus den Archiven des Internationalen Maritimen Museums Hamburg

IMPRESSUM

ISBN 978-3-7822-1053-9

© 2012 by Koehlers Verlagsgesellschaft mbH, Hamburg
Ein Unternehmen der Tamm Media.
In Kooperation mit dem Hamburger Abendblatt.

Alle Rechte vorbehalten.

Lektorat: Katharina Bahlcke
Layout: formlabor, Kerstin Schürmann
Produktionsmanagement: MedienSchiff Bruno, Hamburg

Printed in Germany

Ein Gesamtverzeichnis der lieferbaren Titel schicken wir Ihnen gerne zu. Bitte senden Sie eine E-Mail mit Ihrer Adresse an: vertrieb@koehler-books.de Sie finden uns auch im Internet unter: www.koehler-books.de

Bibliografische Information der Deutschen Nationalbibliothek
Die Deutsche Nationalbibliothek verzeichnet diese Publikation in der Deutschen Nationalbibliografie; detaillierte bibliografische Daten sind im Internet über http://dnb.d-nb.de abrufbar.

Für den Fotografen war es schwierig, das imposante Bild der hell erleuchteten TITANIC *in der Dämmerung mit den damaligen Mitteln einzufangen. Also retuschierte er die Lichter hinein. Dabei ließ er dann gleich Qualm aus dem vierten Schornstein quellen, der eigentlich nur ein Lüftungsabzug war.*

Postkarten mit Motiven der TITANIC *waren begehrt.*
So begehrt, dass mancher Verlag Bilder auf den Markt brachte,
die gar nicht die TITANIC *zeigten, so wie in diesem Beispiel.*
Erkennbar an der anderen Form des Rumpfes, der Aufbauten und
an dem vierten Schornstein, der in Wirklichkeit nie geraucht hat.

MARY RHODA ABBOTT · KAREN MARIE ABELSETH · OLAUS JØRGENSEN ABELSETH · MRS. ABELSON · ABRAHAM AUGUST JOHANNES ABRAHAMSON · MARY SOPHIE HALAUT ABRAHIM · LEAH AKS · FRANK PHILIP AKS · NASSEF CASSEM ALBIMONA · ELISABETH WALTON ALLEN · ERNEST FREDERIK ALLEN · HUDSON TREVOR ALLISON · CARLA CHRISTINE NIELSINE ANDERSEN-JENSEN · HARRY ANDERSON · JAMES ANDERSON · ERNA ALEXANDRA ANDERSSON · KORNELIA THEODOSIA ANDREWS · CHARLES EDWARD ANDREWS · FLORENCE AGNES ANGLE · CHARLOTTE APPLETON · ERNEST EDWARD ARCHER · EDVIN ROJJ FELIX ASPLUND · JOHAN CHARLES ASPLUND · SELMA AUGUSTA EMILIA ASPLUND · LILLIAN GERTRUD ASPLUND · MARIANA ASSAF · MADELEINE TALMAGE ASTOR · LÉONTINE PAULINE AUBART · JAMES FRANK AVERY · BANOURA AYOUB DAHER · MARIA MATHILDA BACKSTRÖM · LATIFA BACLINI · MARIE CATHERINE BACLINI · EUGENIE BACLINI · HELEN BARBARA BACLINI · EMILY LOUISA BADMAN · ALLEN MARDEN BAGGOTT · HENRY JOSEPH BAILEY · ADA E. BALL · PERCY BALL · MARA BANSKI · ELLEN BARBER · ALGERNON HENRY BARKWORTH · FREDERICK BARRETT · HÉLÈNE BAXTER · ALBINA BAZZANI · EDWARD BEANE · ETHEL BEANE · GEORGE WILLIAM BEAUCHAMP · NELLIE E. BECKER · MARION LOUISE BECKER · RICHARD F. BECKER · RUTH ELIZABETH BECKER · RICHARD LEONARD BECKWITH · SALLIE BECKWITH · LAWRENCE BEESLEY · KARL HOWELL BEHR · MABEL BENNETT · LILLIAN W. BENTHAM · NELLIE MAYO BESETTE · ROSALIE BIDOIS · LEE BING · WALTER BINSTEAD · ELLEN BIRD · DICKINSON H. BISHOP · HELEN BISHOP · MAURITZ HÅKAN BJÖRNSTRÖM-STEFFANSSON · PERCIVAL ALBERT BLAKE · HENRY BLANK · EMMA BLISS · CAROLINE BONNELL · GRACE SCOTT BOWEN · ELSIE EDITH BOWERMAN · RUTH BOWKER · JOSEPH GROVES BOXHALL · BRIDGET DELIA BRADLEY · GEORGE ANDREW BRERETON · WALTER T. BRICE · HAROLD SYDNEY BRIDE · JOHN ARTHUR BRIGHT · CAROLINE LANE BROWN · MARGARET BROWN · AMELIA MARY BROWN · ELIZABETH CATHERINE BROWN · EDITH EILEEN BROWN · EDWARD BROWN · DAGMAR JENNY INGEBORG BRYHL · DANIEL BUCKLEY · EMMA ELIZA BUCKNELL · EDWARD JOHN BULEY · CHARLES REGINALD BURGESS · WILLIAM BURKE · ELIZABETH MARGARET BURNS · A. BURRAGE · KATE BUSS · KAROLINA BYSTRÖM · EDWARD PENNINGTON CALDERHEAD · ALBERT FRANCIS CALDWELL · SYLVIA MAE CALDWELL · ALDEN GATES CALDWELL · CLEAR ANNIE CAMERON · HELEN CHURCHILL CANDEE · CHARLOTTE WARDLE CARDEZA · THOMAS DRAKE MARTINEZ CARDEZA · WILLIAM ERNEST CARTER · LUCILE CARTER · LUCILE POLK CARTER · WILLIAM THORNTON II CARTER · ELEANOR GENEVIEVE CASSEBEER · ANNIE CATON · GEORGE HENRY CAVELL · JULIA FLORENCE CAVENDISH · CARRIE CONSTANCE CHAFFEE · NORMAN CAMPBELL CHAMBERS · BERTHA CHAMBERS · JOSEPH CHARLES CHAPMAN · VICTORINE CHAUDANSON · GLADYS CHERRY · PAUL ROMAINE MARIE LÉONCE CHEVRÉ · EDITH MARTHA BOWERMAN CHIBNALL · CHANG CHIP · ALICE FRANCES CHRISTY · RACHEL JULIE COHEN CHRISTY · VIRGINIA ESTELLE CLARK · WILLIAM CLARKE · ADA MARIA CLARKE · ALICE CATHERINE CLEAVER · FREDERICK CLENCH · GURSHON COHEN · JOSEPH E. COLGAN · SIDNEY CLARENCE STUART COLLETT · SAMUEL COLLINS · JOHN COLLINS · CHARLOTTE ANNIE COLLYER · MARJORIE CHARLOTTE COLLYER · GEORGE COMBES · MARY ELIZA COMPTON · SARA REBECCA COMPTON · KATE CONNOLLY · SELENA COOK · MALVINA HELEN CORNELL · HELEN CORR · ROBERT COUPER · WINNIE COUTTS · WILLIAM LOCH COUTTS · NEVILLE LESLIE COUTTS · FREDERICK CRAFTER · ALFRED CRAWFORD · LAURA MAE CRIBB · JAMES CRIMMINS · CATHERINE ELIZABETH CROSBY · HARRIETTE REBECCA CROSBY · GEORGE FREDERICK CROWE · CHARLES CULLEN · FLORENCE BRIGGS CUMINGS · ANDREW CUNNINGHAM · CHARLES EDWARD DAHL · PETER DENNIS DALY · MARGARET MARCELLA DALY · EUGENE PATRICK DALY · ROBERT WILLIAMS DANIEL · SARAH DANIELS · SIDNEY EDWARD DANIELS · ORIAN DAVIDSON · ELIZABETH AGNES MARY DAVIES · JOHN MORGAN DAVIES JR. · MARY DAVIS · MARY E. DAVISON · GUILLAUME JOSEPH DE MESSEMAEKER · ANNA DE MESSEMAEKER · THEODOOR DE MULDER · EVA GEORGETTA DEAN · BERTRAM VERE DEAN · ELIZABETH GLADYS DEAN · ARGENE DEL CARLO · MARGARET DELIA DEVANEY · J. DIAPER · ALBERT ADRIAN DICK · VERA DICK · JOHN DILLEY · THOMAS PATRICK DILLON · WASHINGTON DODGE · WASHINGTON DODGE · RUTH DODGE · FREDERICK DOEL · ADA JULIA DOLING · ELSIE DOLING · A. DORE · EDWARD ARTHUR DORKING · MAHALA DOUGLAS · MARY HÉLÈNE DOUGLAS · ELIZABETH DOWDELL · LULU THORNE DREW · MARSHALL BRINES DREW · JENNIE DROPKIN · COSMO EDMUND DUFF GORDEN · LUCY CHRISTIANA DUFF GORDON · JOSEPH PIERRE DUQUEMIN · FLORENTINA DURAN Y MORE · ASUNCION DURAN Y MORE · ANNE ELISABETH JUDITH DYKER · FRANK DYMOND · OLIVE EARNSHAW · JOHN BERTRAM ELLIS · VIRGINIA ETHEL EMANUEL · CAROLINE LOUISE ENDRES · HENRY SAMUEL ETCHES · ELIZABETH MUSSEY EUSTIS · ALFRED FRANK EVANS · FRANK OLIVER EVANS · WILLIAM STEPHEN FAULKNER · LUIGI FINOLI · CECIL WILLIAM FITZPATRICK · EDWARD FLARTY · FREDERICK FLEET · ANTOINETTE FLEGENHEIM · MARGARET FLEMING · JOHN IRWIN FLYNN · JOHN FOLEY · WILLIAM C. FOLEY · CHOONG FOO · MARY FORTUNE · ETHEL FLORA FORTUNE · ALICE ELIZABETH FORTUNE · MABLE HELEN FORTUNE · JAMES FORWARD · LAURA MABEL FRANCATELLI · ISAAC GERALD FRAUENTHAL · HENRY WILLIAM FRAUENTHAL · CLARA FRAUENTHAL · WALTER FRANCIS FREDERICKS · HEDWIG MARGARITHA FRÖLICHER · MAXIMILIAN JOSEF FRÖHLICHER-STEHLI · MARGARETHA EMERENTIA FRÖHLICHER-STEHLI · ALBERT ERNEST FRYER · LILY MAY FUTRELLE · ETHEL GARSIDE · SHAWNEENE GEORGE · JACOB WILLIAM GIBBONS · PAULINE CAROLINE GIBSON · DOROTHY WINIFRED GIBSON · AMALIE HENRIETTE GIEGER · MARY KATHERINE GILNAGH · MARY AGATHA GLYNN · GEORGE GODLEY · KATHERINE GOLD · SAMUEL L. GOLDENBERG · NELLA GOLDENBERG · EMILY ALICE GOLDSMITH · FRANK JOHN WILLIAM GOLDSMITH · ARCHIBALD GRACIE · EDITH GRAHAM · MARGARET EDITH GRAHAM · THOMAS G. GRAHAM · BLANCHE GREENFIELD · WILLIAM BERTRAM GREENFIELD · MARY GREGSON · EDWARD JOHN GUY · JOHN HAGGAN · ALBERT M. HAINES · ELIN MATILDA HAKKARAINEN · RICHARD HALFORD · ANNA HÄMÄLÄINEN · VILJO UNTO JOHANNES HÄMÄLÄINEN · BORAK HANNAH · JENNIE LOUISE HANSEN · GEORGE ACHILLES HARDER · DOROTHY HARDER · WILLIAM HARDER · REGINALD HARDWICK · JOHN T. HARDY · HENRY SLEEPER HARPER · MYNA HARPER · ANNIE JESSIE HARPER · IRENE HARRIS · GEORGE HARRIS · FREDERICK HARRIS · ARAGON DRUMMOND HARRISON · ESTHER ADA HART · EVA MIRIAM HART · JOHN EDWARD HART · FREDERICK HARTNELL · HAMMAD HASSAB · WALTER JAMES HAWKSWORTH · CLARA JENNINGS HAYS · MARGARET BECHSTEIN HAYS · HANORA HEALY · A. HEBB · OSKAR ARVID HEDMAN · LING HEE · LAINA HEIKKINEN · HILDA MARIA HELLSTRÖM · SAMUEL ERNEST HEMMING · CHARLES GEORGE HENDRICKSON · JANE HERMAN · ALICE HERMAN · KATE HERMAN · MARY DUNBAR HEWLETT · ROBERT HICHENS · IDA SOPHIA HIPPACH · JEAN GERTRUDE HIPPACH · HELGA ELISABETH LINDQVIST HIRVONEN · HILDUR ELISABETH HIRVONEN · ELIZABETH HOCKING · ELLEN HOCKING · ANNA LOUISA HOGEBOOM · GEORGE ALFRED HOGG · ANNIE MARGARET HOLD · MARY ALINE HOLVERSON · HARRY HOMER · ELIINA HONKANEN · ROBERT JOHN HOPKINS · ALBERT EDWARD JAMES HORSWILL · MASABUMI HOSONO · MAY ELIZABETH HOWARD · FREDERICK MAXFIELD HOYT · JANE ANNE HOYT · SIDNEY JAMES HUMPHREYS · ALBERT HUNT · WALTER HURST · LEO JAMES HYLAND · ABRAHAM JOSEPH HYMAN · AMELIE ICARD · BERTHA ILETT · JOSEPH BRUCE ISMAY · AMY FRANCIS CHRISTY JACOBSOHN · IVAN JALŠEVAC · CARL OLOF JANSSON · ANNIE JANE JERMYN · MARIE MARTHE JERWAN · VIOLET CONSTANCE JESSOP · ARCHIE JEWELL · BERNT JOHANNES JOHANNESEN · **DIE ÜBERLEBENDEN** · OSKAR LEANDER JOHANSSON PALMQUIST · ELISABETH VILHELMINA JOHNSON · HEROLD THEODOR JOHNSON · ELEANOR ILEEN JOHNSON · JAMES JOHNSTON · THOMAS WILLIAM JONES · CARL JONSSON · CHARLES JOHN JOUGHIN · CHARLES E. JUDD · EIRIK JUSSILA · MIRIAM KANTOR · EINAR GERVASIUS KARLSSON · FRANZ KARUN · MANCA KARUN · F. KASPER · NORA AGNES KEANE · PERCY EDWARD KEEN · FLORENCE KELLY · ANNA KATHERINE KELLY · MARY KELLY · GEORGE KEMISH · JOHN KENNEDY · MARION KENYON · EDWIN NELSON KIMBALL JR. · GERTRUDE KIMBALL · ANTON KINK · LUISE KINK-HEILMANN · LUISE GRETCHEN KINK-HEILMANN · GEORGE KNIGHT · THOMAS KNOWELS · NESHAN KREKORIAN · EMILIE KREUCHEN · ALI LAM · AURORA ADELIA LANDERGREN · FANG LANG · LOUISE LAROCHE · SIMONE MARIE ANNE ANDRÉE LAROCHE · JULIETTE MARIE LOUISE LAROCHE · BESSIE LAVINGTON · ALICE LEADER · ELIZABETH MAY LEATHER · REGINALD ROBINSON LEE · FAHIM LEENI · BERTHA LEHMANN · JESSIE WILLS LEITCH · AMELIA LEMORE · BERTHE LEROY · GUSTAVE J. LESUEUR · ARTHUR ERNEST READ LEWIS · CHARLES HERBERT LIGHTOLLER · EINO WILLIAM LINDQVIST · WILLIAM CHARLES LINDSAY · SIGRID LINDSTÖM · ELIZABETH LINDSEY LINES · MARY CONOVER LINES · ALEXANDER JAMES LITTLEJOHN · GRETCHEN FISKE LONGLEY · ALICE ADELAIDE LOUCH · HAROLD GODFREY LOWE · WILLIAM A. LUCAS · WILLIAM LUCAS · NIKOLA LULIC · OLGA ELIDA LUNDIN · THURE EDVIN LUNDSTRÖM · EUGENIE ELISE LURETTE · CHARLES DONALD MACKAY · MARGARET MADIGAN · GEORGETTE ALEXANDRA MADILL · FRIDTJOF ARNE MADSEN · ROBERTA ELIZABETH MARY MAIONI · WILLIAM JAMES MAJOR · ANTONINE MARIE MALLET · ANDRÉ CLEMENT MALLET · HANNA MAMEE · MARGARET MANNION · PIERRE MARÉCHAL · EVELYN MARSDEN · ANNIE MARTIN · F. MARTIN · MABEL EDWING MARTIN · MARY GRAHAM CARMICHAEL MARVIN · FRANK ARCHIBALD ROBERT MASON · PAUL ACHILLE MAURICE GERMAIN MAUGE · ISAAC HIRAM MAYNARD · MILE BERTHA ANTONIE MAYNÉ · THOMAS MAYZES · WILLIAM MCCARTHY · CATHERINE MCCARTHY · THOMAS JOSEPH MCCORMACK · AGNES MCCOY · ALICIA MCCOY · BERNARD MCCOY · BRIDGET DELIA MCDERMOTT · JAMES MCGANN · JAMES ROBERT MCGOUGH · GEORGE FRANCIS MCGOUGH · MARY MCGOVERN · ANNIE MCGOWAN · WILLIAM MCINTYRE · MRS. MCLAREN · ARTHUR MCMICKEN · ELIZABETH ANNE MELLINGER · MADELEINE VIOLET MELLINGER · JOHN WILLIAM MELLORS · LEILA MEYER · KARL ALBERT MIDTSJØ · CHRISTOPHER MILLS · LILLIAN E. MINAHAN · DAISY E. MINAHAN · PHILIPP EDMUND MOCK · ELLEN MARY MOCKLER · BEILA MOOR · MEIER MOOR · ALFRED GEORGE MOORE · JOHN J. MOORE · BERTHA BRIDGET MORAN · FRANK HERBERT MORRIS · ALBERT JOHAN MOSS · OMINE MOUBAREK · GERIOS MOUBAREK · HALIM GONIOS MOUBAREK · MANTOURA BOULOS MOUSSA · FATIMA MOUSSELMANI · KATHERINE MULLEN · BRIDGET ELIZABETH MULVIHILL · WILLIAM JOHN MURDOCH · NORA MURPHY · MARGARET JANE MURPHY · CATHERINE MURPHY · ADELE NAJIB KIAMIE · SAHID NAKID · WAIKA NAKID · MARIA NAKID · ADELE NASSER · EDMOND ROGER NAVRATIL · MICHEL MARCEL NAVRATIL · HENRY NEAL · MARJORIE ANNE NEWELL · MADELEINE NEWELL · HELEN MONYPENY NEWSOM · WALTER HENRY NICHOLS · JAMILA NICOLA-YARRED · ELIAS NICOLA-YARRED · BERTA OLIVIA NILSSON · HELMINA JOSEFINA NILSSON · JUHA NISKÄNEN · HENRY NOSS · ALFRED NOURNEY · WILLIAM NUTBEAN · ELIZABETH NYE · ANNA SOFIA NYSTEN · JOHANNA O´BRIEN · JOHN O´CONNOR · BRIDGET O´DRISCOLL · ELLEN O´DWYER · PATRICK O´KEEFFE · HANORA O´LEARY · VELIN ÖHMAN · DOÑA FERMINA OLIVIA Y OCANA · HARRY OLIVER · ALFRED OLLIVER · ARTUR KARL OLSEN · OSCAR WILHELM OLSSON · ALFRED FERNAND OMONT · FRANK OSMAN · HELEN RAGNHILD OSTBY · CHARLES OTHEN · PERCY THOMAS OXENHAM · JULIAN PADRON MANENT · EMILIO PALLAS Y CASTELLO · LUTIE DAVIS PARRISH · CHARLES H. PASCOE · JOHN PEARCE · ALBERT VICTOR PEARCEY · EDITH PEARS · GEORGE PELHAM · MARIA JOSEFA PEREZDE SOTO Y VALLEJO PEÑASCO Y CASTELLANA · WALTER JOHN PERKIS · MARY ANNE PERREAULT · EDGAR LIONEL PERRY · ERNST ULRIK PERSSON · CATHERINE PETER / JOSEPH · MICHAEL PETER / JOSEPH · ANNA PETER / JOSEPH · WILLIAM CHAPMAN PETERS · ARTHUR GODFREY PEUCHEN · RICHARD PFROPPER · HAROLD CHARLES WILLIAM PHILLIMORE · ALICE FRANCES LOUISA PHILLIPS · KATE FLORENCE PHILLIPS · BERK PICKARD · ROSA PINSKY · HERBERT JOHN PITMAN · JOHN ALEXANDER PODESTA · JOHN THOMAS POINGDESTRE · FRANK PORT · EMILIO ILARIO GUISEPPE PORTALUPPI · LILY ALEXENIA POTTER · GEORGE ALEXANDER PRANGNELL · FRANK EINNOLD PRENTICE · ALICE PRICHARD · ARTHUR JOHN PRIEST · HAROLD JOHN PRIOR · ALFRED PUGH · ROBERT WILLIAM PUSEY · JANE QUICK · WINIFRED VERA QUICK · PHYLLIS MAY QUICK · THOMAS RANGER · FREDERICK DENT RAY · LILLIAN RENOUF · ENCARNACION REYNALDO · GEORGE ALEXANDER LUCIEN RHEIMS · CHARLES RICE · EMILY RICHARDS · WILLIAM ROWE RICHARDS · SIBLEY GEORGE RICHARDS · LUCY RIDSDALE · HANNAH RIORDAN · ELISABETH WALTON ROBERT · MARY KEZZIAH ROBERTS · ANNIE ROBINSON · CHARLES HALLACE ROMAINE · EDITH LOUISE ROSENBAUM · HORACE LEOPOLD ROSS · SARAH A. ROTH · LUCY NOËL MARTHA ROTHES · ELIZABETH JANE ANNE ROTHSCHILD · GEORGE THOMAS ROWE · EMILY RUGG · SAMUEL JAMES RULE · EDWARD RYAN · EMILY MARIA RYERSON · EMILY BORIE RYERSON · SUSAN PARKER RYERSON · JOHN BORIE RYERSON · WILLIAM EDWY RYERSON · ADOLPHE SAALFELD · EMMA SÄGESSER · ANNA KRISTINE SALKJELSVIK · ABRAHAM LINCOLN SALOMON · AGNES CHARLOTTA SANDSTRÖM · BEATRICE IRENE SANDSTRÖM · MARGUERITE RUT SANDSTRÖM · JULIUS SAP · CHARLES SAVAGE · JOSEPH GEORGE SCARROTT · EMMA SCHABERT · JEAN SCHEERLINCK · FREDERICK WILLIAM SCOTT · EDWARD SELF · HARRY SENIOR · AUGUSTE SERREPLAN · FREDERIC KIMBER SEWARD · WILFRED DEABLE SEWARD · FREDERICK SHEATH · IMANITA PARRISH SHELLEY · ALFRED CHARLES SHIERS · ELLEN NATALIA SHINE · ELIZABETH WEED SHUTES · LYYLI KAROLIINA SILVÉN · SPENCER SILVERTHORNE · ALICE SILVEY · ALFRED SIMMONS · ALFONS SIMONIUS-BLUMER · MAUDE SINCOCK · ANNA SINKKONEN · ANNA SOFIA SJÖBLOM · HILDA MARY SLAYTER · MARY SLOAN · MAUD SLOCOMBE · WILLIAM THOMPSON SLOPER · MARY ELOISE SMITH · MARION ELSIE SMITH · KATHERINE E. SMITH · JULIA SMYTH · EUSTACE PHILIP SNOW · JOHN PILLSBURY SNYDER · NELLE SNYDER · H. SPARKMAN · FREDERIC OAKLEY SPEDDEN · MARGARETTA CORNING SPEDDEN · ROBERT DOUGLAS SPEDDEN · MARIE EUGENIE SPENCER · MAX STÄHLELIN-MAEGLIN · AMY ZILLAH ELSIE STANLEY · SARAH AGNES STAP · CHARLES EMIL HENRY STENGEL · AMY MAY STENGEL · MARTHA STEPHENSON · JOHN STEWART · MARTHA EVELYN STONE · JUHO NIILOSSON STRANDÉN · THOMAS ALBERT STREET · VICTOR FRANCIS SUNDERLAND · JOHAN JULIAN SUNDMAN · JOHAN CERVIN SVENSSON · MARGARET WELLES SWIFT · GEORGE THOMAS MACDONALD SYMONS · TILLI TAUSSIG · RUTH TAUSSIG · ELMER ZEBLEY TAYLOR · JULIET CUMMINS TAYLOR · JAMES TAYLOR · WILLIAM HENRY TAYLOR · GUNNAR ISIDOR TENGLIN · FRANK TERRELL · MARIAN LONGSTRETH THAYER · JOHN BORLAND THAYER JR. · ALFRED THEISSINGER · THAMINE THOMAS · BENJAMIN JAMES THOMAS · ALBERT CHARLES THOMAS · ASSAD ALEXANDER THOMAS / TANNOUS · JOHN WILLIAM THOMPSON · GERTRUDE MAYBELLE THORNE · FLORENCE KATE THORNEYCROFT · THOMAS THRELFALL · GEORGE TERRILL THRESHER · FRANCIS A. TOMS · ELLEN MARY TOOMEY · WILLIAM HENRY TÖRNQUIST · HANNA YOUSSEF TOUMA · MARIA YOUSSEF TOUMA · GEORGES YOUSSEF TOUMA · ROBERT TRIGGS · JESSIE L. TROUT · EDWING CELIA TROUTT · GILBERT MILLIGAN TUCKER · ANNA SOFIA TURJA · HEDWIG TURKULA · DAVID VARTANIAN · PHILIP FRANCIS VIGOTT · ELLEN WALLCROFT · ANNIE MOORE WARD · WILLIAM WARD · FLORENCE LOUISE WARE · ANNA SOPHIA WARREN · ELIZABETH INGLIS WATT · ROBERTHA JOSEPHINE WATT · SUSAN WEBBER · AUGUST H. WEIKMAN · MATHILDE FRANÇOISE WEISZ · WILLIAM CLIFFORD WELLER · DART WELLS · JOAN WELLS · RALPH LESTER WELLS · AUGUST WENNERSTRÖM · ADA MARY WEST · CONSTANCE MIRIUM WEST · BARBARA JOYCE WEST · JOSEPH THOMAS WHEAT · EDNESER EDWARD WHEELTON · ELLA WHITE · ALFRED WHITE · WILLIAM GEORGE WHITE · THOMAS ARTHUR WHITELEY · MARY WICK · MARY NATHALIE WICK · ELEANOR WIDENER · JAMES GEORGE WIDGERY · CHARLES WILHELMS · ELLEN WILKES · ELIZABETH ANNE WILKINSON · CONSTANCE WILLARD · RICHARD NORRIS WILLIAMS II · CHARLES EUGENE WILLIAMS · WALTER JOHN WILLIAMS · HELEN ALICE WILSON · ALFRED EDGAR WINDEBANK · JAMES WILLIAM CHEETHAM WITTER · HUGH WOOLNER · MARION WRIGHT · WILLIAM WRIGHT · WALTER WYNN · SELINI YAZBECK · HARRY YEARSLEY · MARIE GRICE YOUNG